贵州财经大学经济学研究文库

农业政策、收入流动性与农村经济发展研究

李明桥 / 著

中国社会科学出版社

图书在版编目（CIP）数据

农业政策、收入流动性与农村经济发展研究/李明桥著. —北京：中国社会科学出版社，2018.12
ISBN 978 - 7 - 5203 - 1907 - 2

Ⅰ.①农… Ⅱ.①李… Ⅲ.①农业政策—研究—中国②农民收入—研究—中国③农村经济发展—研究—中国 Ⅳ.①F320②F323

中国版本图书馆 CIP 数据核字（2017）第 321067 号

出 版 人	赵剑英
责任编辑	卢小生
责任校对	周晓东
责任印制	王 超

出　　版	中国社会科学出版社
社　　址	北京鼓楼西大街甲 158 号
邮　　编	100720
网　　址	http://www.csspw.cn
发 行 部	010 - 84083685
门 市 部	010 - 84029450
经　　销	新华书店及其他书店
印　　刷	北京明恒达印务有限公司
装　　订	廊坊市广阳区广增装订厂
版　　次	2018 年 12 月第 1 版
印　　次	2018 年 12 月第 1 次印刷
开　　本	710×1000　1/16
印　　张	15
插　　页	2
字　　数	222 千字
定　　价	66.00 元

凡购买中国社会科学出版社图书，如有质量问题请与本社营销中心联系调换
电话：010 - 84083683

内容提要

2004—2017 年，中央政府连续多年发布以"三农"为主题的"中央一号文件"，表明现阶段"三农"问题在经济建设中具有重要地位。在"中央一号文件"纲领性和指导性的作用下，各级政府实施了一整套强农惠农政策体系，促进农民增收，推动资源要素向农村配置，加大对农业基础设施尤其是水利设施的投入力度，为农业增产提供条件，协调推进城乡改革，增强农村经济发展活力，促进城乡区域经济协调发展。在这个过程中，中央和地方两级政府采取了一系列的政策措施来促进农业增产、农村发展和农民增收，包括实施退耕还林政策、全面取消农业税、建立新型农村合作医疗制度、推行农村养老保险政策以及 2011 年"中央一号文件"计划今后十年水利投资翻番等政策措施。可以预计，在今后较长的时期内，中央和地方政府会继续采取一系列农业政策措施来推动农村区域经济的发展。

现阶段，研究农业政策对农村区域经济的影响具有重要的现实意义，然而，现存文献主要关注农业政策实施效果，鲜见研究农业政策如何影响农户行为，进而作用于农村区域经济的发展的文献。研究农业政策如何影响农户行为，有助于了解农业政策影响农户行为的微观机制；研究因农业政策而变化的农户行为对农村区域经济的影响，有助于了解农业政策通过农户行为影响农村区域经济的微观传导机制，这种微观传导机制会对农村区域经济产生深远影响。本书通过研究三个农业政策如何影响农户经济行为，农户行为又会怎样影响农村区域经济，以探索农业政策影响农村区域经济的微观传导机制。

本书选择新农合、退耕还林和农业补贴三个农业政策作为研究的对象，一方面，是因为这些政策推行范围较广、涉及农户多、持续时间长，从而对农村区域经济具有深远影响；另一方面，也因为数据原因和笔者研究偏好，尤其是退耕还林政策和农业补贴政策是笔者在导师的支持和帮助下，不仅获得了宝贵的研究数据，而且还多次下乡调研，获得了难得的实地考察机会，从而对农户实际情况有更清晰的认识，激起了研究兴趣和爱好。

与此同时，我国农村较高的收入差距和严重的收入两极分化问题却没有引发社会剧烈动荡，原因在于居民收入水平不是一成不变的，低收入居民可通过持续不断的努力变为高收入阶层，这种激励机制避免了富者越富、贫者越贫的收入僵化现象，也说明今天的穷人可能会变成明天的富人；反之亦然。陷入"中等收入陷阱"的南美国家不但收入差距较高，而且收入流动性较低，这意味着富者越富、贫者越贫，穷人难以通过自身努力成为富人。只要有希望成为富人，现在贫困并不重要，但是，一旦希望都不存在了，那么社会必然会动荡不安，这就是南美国家的困局。

居民收入流动性越高，社会能承受的收入差距就越大。因此，我国农村能承受多大的收入差距，取决于收入流动性的高低。虽然改革开放打破了传统的收入分配体制和格局而使收入差距迅速扩大，但是，极大地激励了居民工作的积极性、主动性和能动性，使农村社会出现了大量的"万元户"等白手起家者，这意味着居民收入流动性较高。也说明我国较高收入差距伴随着较高的收入流动性，收入流动性的正面作用抵消了收入差距的负面影响，从而保证了社会稳定，促进了农村经济持续增长。改革之初，中国人口主要集中在农村地区，农村地区的安定团结至关重要，可喜的是，研究发现，农村地区居民收入流动性比城市更高，这意味着农村居民更容易提高收入水平，这保证了农村地区的社会和谐。相比较而言，城市收入流动性相对较低，社会治安状况也不如农村。因此，本书进一步研究农村收入流动性对农村经济发展的影响。

目　录

第一章 绪论

第一节 研究背景、意义与目的

从 1949 年新中国成立到 1978 年改革开放，我国试图在这较短的时期内从农业国转变为资本密集型或技术密集型的发达国家。为实现这一战略目标，中央和地方两级政府都采取了一系列政策措施。一方面，为加快我国工业化进程，政府一度通过价格"剪刀差"从农业部门获取利润来补贴城市工业的发展，同时，通过价格"剪刀差"，政府可以加快资本积累速度，从而促进国有重工业的发展，实现其优先发展重工业的战略目标；另一方面，通过严格的户籍制度限制人口的自由流动，这样，既可以保证农业拥有充足的劳动力，又不会使城市因为大量的农村人口流入而产生高失业率，有利于新中国成立初期的政权稳固。这种经济发展模式与新中国成立初期资本贫乏的基本国情相适应，从而在较短时间内建立了我国的重工业体系。但是，这种模式不仅没有促进中国经济的高速增长，反而导致了中国二元经济结构问题更为突出（林毅夫，2010）。

1978 年之后，中国采取了渐进式的经济改革模式。改革首先从农业、农村和农民问题入手，中共中央从 1982—1986 年连续五年发布"中央一号文件"，改革的目的是充分调动农民的积极性以促进农业生产，因此，采用了家庭联产承包责任制取代人民公社制度，促进农业生产。这项改革取得了突出的成效，使粮食产量从 1978 年的 30477 万吨增加到 1987 年的 40298 万吨，粮食产量的增加很大程度上解决了农村人口的温饱问题。与此同时，1985年1月1日中央颁布的《关于进一步活跃农村经济的十项政策》即"中央一号文件"明确了中央政府对于发展乡镇企业的肯定态度。由于家庭联产承包责任制充分调动了农民从事农业生产的积极性，使农业部门释放出了大量的农村剩余劳动力，但是，严格的户籍制度使农村劳动力不能流向城市。发展乡镇企业恰好能解决农村剩余劳动力问题，而且乡镇企业根据居民的消费需求提供相应的商品，从而能够满足居民在计划经济时期不能满足的各项消费需求。因此，一方面，乡镇企业对劳动力的需求有大量农村剩余劳动力作为保障；另一方面，居民对乡镇企业的产品需求旺盛，使以劳动密集型为主的乡镇企业得到了飞速发展，成为推动中国经济发展的重要动力之一，以至于有些学者曾经提出，中国应该是三元经济即农村、乡镇和城市的格局。改革开放初期，农业劳动力积极性的提高和中央政府对乡镇企业持肯定态度，农村区域经济获得了良好的发展机会。

由于农村经济改革在较短时间内取得的突出成效，增强了我国进行城市经济改革的动力和信心。改革开放前，国有企业主导城市经济，充分调动国有企业的生产积极性，提高其劳动生产率有助于城市经济增长。1984年伊始，我国陆续颁布了《国营企业成本管理条例》《关于进一步扩大国营工业企业自主权的暂行规定》和《关于国营企业工资改革问题的通知》等一系列促进国有企业自主经营和自负盈亏的政策性文件。与此同时，改革也相应地建立了国有资产管理委员会，对国有企业的资金状况进行监管。国有企业在经济变革的背景下发展趋势明显，关乎国民经济命脉的国有企业发展成为中央直属的国有企业，其他国有企业要么划归为地方政府所有，要么转变为集体所有制企业，要么被私人收购转变为民营企业。改革之后的国有企业产权明晰、政企分开、管理科学，极大地提高了生产效率，虽然国有企业在国民经济中的比重不断下降，但国有企业在特定行业领域的重要性与日俱增。在改革国有企业的同时，为了学习国外先进的生产技术、管理经验和吸引外商投资，我国把一部分沿海城市作为经济特区来探索城市经济的发展模式。深圳特区的成功实践使深圳成为继北京、上海之后的第三大城市，特区经济发展，既有利于我国通过吸引外资来促进城市经济的发展，又有利于我国探讨城市经济的发展模式。如果说乡镇企业提供的商品只能满足居民一般需求的话，那么经济特区提供的商品能够满足居民较高层次的消费需求。虽然存在严格限制人口流动的户籍制度，但是，经济特区的发展还是促进了人口的流动，经济特区的当地居民劳动力供给远远不能满足企业的用工需求，城乡工资差距曾一度推动中国发生了世界上史无前例的人口流动。国有企业的发展和经济特区模式的建立推动了我国城市经济的增长。

毫无疑问，城市地区的改革开放促使了中国经济的飞速发展，工业化进程逐渐加快，使我国由工业化初期进入到工业化中期，综合国力和人民生活水平都有大幅提高。但是，为加快工业化发展进程，所积累的资本大量流入到城市地区和工业部门，对于发展农业和农村经济所投入的资金严重不足，由此导致的严重后果表现是：从 20 世纪 80 年代末开始，农业基础设施投资不足，农村经济发展速度下降，农民收入增速放缓。最为突出的表现为我国粮食产量从 1998—2003 年连续五年下降，粮食安全事关国家的长治久安，是国民经济的命脉；城乡居民人均收入比逐年扩大，这表明我国二元经济格局不但没有因为经济的发展而缩小，反而更为严重，从而使城乡区域经济发展不平衡的现象更为突出。我国已经进入工业化中期阶段，城乡区域经济发展不平衡会反过来制约我国的经济发展进程。

进入 21 世纪以后，为实现我国经济持续增长、增强发展的动力和源泉，首要任务就是实现区域经济协调发展。区域经济协调发展包括两个方面的内容：东部、中部和西部地区的协调发展以及城市和农村经济的协调发展。就东部、中部和西部的协调发展而言，早在 2000 年，我国就通过大规模的基础设施建设和增强西部城市地区集聚经济能力，促进西部地区经济的发展，即西部大开发战略。该战略使西部地区 GDP 年均增长超过 12%，西部地区 GDP 在全国所占比重有所上升。东部、西部地区发展速度的差距因西部大开发而缩小。东部、西部地区城乡居民人均收入比逐年扩大的趋势有所缓解。西部大开发不仅仅推动了西部地区经济的发展，而且市场经济、开放经济的观念也逐渐被西部地区的居民所接受，西部地区地方政府的执政水平也有了较大的提升。

相对于西部大开发战略所取得的成效而言，推动农村区域经济发展的任务更为迫切和艰巨，原因是多方面的，包括：长时期的农业基础设施投资不足，导致粮食产量出现下降；城市地区经济的快速增长，吸引了大量农村劳动力流向城市，使农村地区从事农业生产的劳动力多为老人和妇女，不利于农业生产效率的提高；农民"因病致贫"和"因病返贫"的现象严重而普遍，不仅不利于农民增收，而且不利于农村区域经济的发展；农村地区土地碎片化现象严重，不利于农业生产的规模经济等，导致推动农村区域经济的发展困难重重。"中央一号文件"在国家全年工作中具有纲领性和指导性的作用。中央政府在 1982—1986 年连续五年发布以"三农"为主题的"中央一号文件"，使"中央一号文件"成为中共中央重视农村问题的专有名词。2004—2011 年连续八年发布以"三农"为主题的"中央一号文件"，说明现阶段社会主义现代化建设中"三农"问题是重中之重。在"中央一号文件"的纲领性和指导性的作用下，各级政府实施了一整套强农惠农政策体系，促进农民增收，推动资源要素向农村配置，加大对农业基础设施尤其是水利设施的投入力度为农业增产提供条件，协调推进城乡改革，增强农村经济发展活力，促进城乡区域经济协调发展。在这个过程中，中央和地方两级政府采取了一系列政策措施来促进农业增产、农村发展和农民增收，其中包括实施退耕还林政策、全面取消农业税、建立新型农村合作医疗制度、推行农村养老保险政策以及 2011 年"中央一号文件"，计划今后十年水利投资翻番等政策措施。在今后较长的一段时间内，中央和地方政府会继续采取一系列农业政策来促进农村区域经济的发展。

农业政策对区域经济的影响一直是国内外研究的重点和热点，然而，现存文献主要关注农业政策实施后的效果，而鲜见研究农业政策如何影响农户行为，进而作用于农村区域经济的发展的文献。农业政策影响农户行为，进而作用于农村区域经济的发展即为农业政策的微观传导机制，这种微观传导机制会对农村区域经济产生长远的影响。本书通过研究三个农业政策如何影响农户经济行为，农户经济行为的变化又会怎样影响农村区域经济，以探索农业政策影响农村区域经济的微观传导机制。之所以选择新型农村合作医疗（以下简称"新农合"）门诊补偿政策、退耕还林政策和农业补贴政策作为研究的对象，一方面，是因为这些政策推行范围较广、涉及农户多、持续时间长，从而对农村区域经济具有深远影响；另一方面，也因为数据原因和笔者研究偏好，尤其是"退耕还林"政策和农业补贴政策是笔者在导师的支持和帮助下，不仅获得了宝贵的研究数据，而且还多次下乡调研，获得了难得的实地考察机会，从而对农户实际情况有了更清晰的认识，激起了研究兴趣和爱好。研究意义在于：一旦研究出了农业政策对农村区域经济的长期影响，就会发现农业政策影响农村区域经济的微观传导机制，就可以因此而提出各种政策建议以提高农业政策对农村区域经济的长远影响，这有助于农业增产、农村发展和农民增收，最终实现农村区域经济的可持续发展。

第二节　研究框架

一　研究思路与框架

农业政策能否成功实施，不但归因于政策推行的宏观环境，关键决定于农户受政策激励所采取的应对策略（陈飞，2010）。就我国现阶段一系列农业政策实施的效果而言，需要相应的经济理论和科学的估计方法，借助调查数据进行系统的研究分析。例如，农民的健康状况是否因为新农合门诊补偿政策的实施而有所改观、实施退耕还林政策对农户生产决策行为产生怎样的影响、农户在农业与非农业之间配置家庭劳动力与物质资本受到哪方面政策因素的影响。以上因农业政策而变化的农户经济行为又会对农村区域经济产生什么样的影响。本书通过研究农户这三方面的经济行为，探索农业政策影响农村区域经济发展的微观传导机制，即农业政策如何作用于农户经济行为，进而对农村区域经济的发展产生影响。

　　具体而言，可以概括为以下几个层次：首先，简要地介绍本书研究的背景、意义和目的以便于读者了解本书的研究动机；其次，系统地综述研究农业政策的相关文献，并做出相应的评述，以便发现以往研究的空白和不足，进一步突出本书创新之处；再次，依据相关理论和方法，从新农合门诊补偿政策、退耕还林政策和农业补贴政策视角研究政策如何影响农户经济行为，从而作用于农村区域经济的发展；最后，总结归纳农业政策影响农村区域经济发展的内在机理，提出提高农业政策影响农村区域经济发展的相关政策建议，并进一步指出本书的不足和未来的研究展望。上述逻辑分析框架可以用图1-1表示。

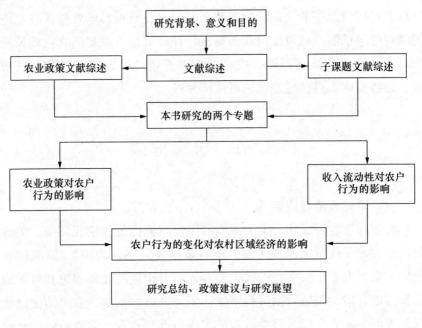

图1-1　本书分析框架

二　主要创新点

　　本书的创新之处包括研究视角创新、研究方法创新和研究数据创新三个方面。

首先，本书研究视角为探索农业政策间接影响农村区域经济发展的效应。研究农业政策的间接效应要分两步进行：第一，研究农业政策如何影响微观农户的经济行为，既是研究的重点，也是难点；第二，研究农户经济行为的变化如何作用于农村区域经济。

研究视角创新在于分别研究农业政策对农户经济行为的影响。俗话说，"身体是革命的本钱"。因此，研究农户健康需求的经济行为首当其冲，大多研究表明，农户健康状况恶化，不仅对家庭收入产生巨大冲击，而且对整个家庭的健康状况造成不良影响。因此，研究实施新农合门诊补偿政策影响农户健康需求的经济行为有重要的理论价值和现实意义。

第一，农户配置农地退耕还林还是从事农业生产受到退耕还林的政策影响，研究退耕还林的政策影响农户农地配置的行为，有利于了解政府公信力如何影响农业政策效果。第二，农户家庭在农业与非农业之间配置家庭劳动力和物质资源，一方面会影响农业的粮食产量，另一方面会对农村非农经济产生影响。因此，研究农业补贴如何影响家庭劳动力和物质资源的配置意义不言而喻。第三，研究农户经济行为的变化如何影响农村区域经济的发展，有利于发现农业政策影响农村区域经济的间接效应。

其次，就估计方法创新而言，本书运用基于倾向分为基础的配对估计方法来估计新农合门诊补偿政策对农户健康需求行为的影响。近期，项目估计方法或称为政策实施的因果效应估计方法，在理论计量和应用计量的运用中取得了重大突破。新的项目估计方法是在原有项目估计方法中衍生和发展起来的，它是对原有项目估计方法的扬弃，在避免原有估计方法不足的同时，放松了估计方法运用的前提假设。当然，新项目估计方法的优势和特点也伴随着复杂且不易理解的估计系数和标准误表达式。但是，就运用计量经济学进行实证研究而言，没有必要关注新项目估计方法的烦琐推导过程和表达式，只要领悟其运用前提条件和应注意的问题。由于新项目估计方法比原有项目估计方法更为复杂，所以，国内学者较少运用新的项目估计方法来估计政策实施的因果效应，这样，就不能避免原有项目估计方法的缺陷和不足，使估计结果的准确性降低。就国内运用新的项目估计方法来估计政策实施因果效应的文献而言，没有具体说明如何在较多的项目估计方法中，例如，基于事前变量或是基于倾向分为基础的配对估计方法、偏差纠正配对估计方法，选取某一估计方法的原因，不同的估计方法拥有其不同的前提假设，只有根据具体问题选择其适合的估计方法，才能使估计结果较为准确，否则运用新项目估计方法的优势和特点就不能体现出来，甚至还不如原有项目估计方法，以致估计结果得不到广泛认同。本书不但运用了新的项目估计方法，而且还详细说明了应用某一估计方法的具体原因，使估计结果具有较高的可信度；当通过普通最小二乘法得到的 R^2 较小时，表明残差项在很大程度上是因变量变化的原因，基于此情况，本书还采用了双边随机前沿模型估计了农户家庭如何配置家庭劳动力和农业补贴资金。双边随机前沿模型以分解残差项为基础，以研究不可观测且感兴趣的因素如何影响因变量。利用双边随机模型进行估计的前提条件是能推导出似然函数和条件密度分布函数，只要这样，才能进行估计。为此，本书在现有文献的基础之上推出似然函数和条件密度函数，从而估计出了本书需要的参数。

最后，本书使用的数据之一是对农村贫困地区农户进行的问卷调查，该数据反映了贫困地区农户的基本经济状况。现阶段，中央和地方政府实施了一系列强农惠农政策措施，推动农村贫困地区农户提高农业生产，增加农业收入。在此背景下，中国农业科学院和贵州大学合作，从 2005 年开始，对贵州省农村贫困地区农户的基本经济状况进行跟踪调查，以获得反映贫困地区农户经济状况动态变化的数据。该调查项目主要收集公共政策与农村贫困方面的信息，数据独特新颖，具有较强的针对性和时效性。该数据已经进行了四轮调查，其中，最近一轮调查数据为 2011 年，形成了质量较高的面板数据，能反映农村近期的动态变化过程，该数据对本书研究农业政策的间接效应具有不可替代的作用。

第三节 使用数据的简要说明

本书使用了中国农业科学院和贵州大学对贫困地区农户进行的《"公共政策与农村贫困"项目调查》数据，以及美国北卡罗来纳大学和中国疾病预防控制中心合作进行的中国健康与营养调查数据（CHNS）。

《"公共政策与农村贫困"项目调查》以收集贫困地区农户生产、生活方面的信息为主，该项目调查包括以下七个方面的信息：第一，家庭成员基本情况；第二，家庭生活与公共设施或服务情况调查表；第三，土地情况和农业生产经营调查；第四，家庭五年重大生活事件及其收支情况；第五，家庭借款及人情礼收支情况；第六，有关生活用水方面的信息；第七，家庭成员身体健康状况。该项目调查通过分层随机抽样的方式确定贵州省×县三个行政村（A村、B村和C村）的农户作为调查对象。这三个行政村到县城的距离依次递减、地形结构变化多样以及户主民族比例不同，这表明三个行政村能广泛代表×县农村地区的基本经济状况，而×县人均收入高于贵州省收入分布的中位数，且低于贵州省人均收入，说明×县人均收入对贵州省人均收入具有广泛的代表性，而贵州省又是中国最贫困的省份之一。因此可以说，该项目调查数据能够广泛代表中国贫困地区农户基本的经济状况。而且，从2005年至今，在中国农业科学院和贵州大学的大力支持下，该数据已经连续进行了三轮调查，由于调查的地区人口流动相对较小，每轮跟踪调查损失的样本较小，形成了完整的面板数据。一些学者使用该数据在国际著名刊物上发表多篇学术论文，说明该数据具有较强的权威性和可信度。

笔者有幸参加了该数据的第二轮、第四轮以及第二轮的回访调查，历时近一个月实地访问的经历使笔者深深地体会到绝对贫困农户的含义。在深深叹息的同时，也观察到一些看似无法理解的农户行为，背后蕴含着丰富的经济学哲理，以至于带领我们实地调查的老师时常对我们说农民是最聪明的群体之一。由于贫困地区农户收入主要依赖于农业生产，因此，实施各项农业政策对贫困地区农户的影响效果远远大于对其他地区农户的影响，而且，促进农村区域经济的发展应该优先考虑农村的贫困地区。因此，本书运用贫困地区农户的调查数据分析退耕还林政策如何影响农户配置耕地的生产决策行为；农业生产补贴政策如何影响农户配置家庭劳动力和物质资本的行为。

中国健康与营养调查数据（China Health and Nutrition Survey, CHNS）是由中国疾病与预防控制中心与北卡罗来纳大学共同合作进行的调查项目。该数据调查年份为 1989 年、1991 年、1993 年、1997 年、2000 年、2004 年、2006 年和 2009 年共进行了 8 轮调查，涵盖了东北地区的辽宁和黑龙江，华东地区的江苏、山东和河南，华中地区的湖北和湖南以及西南地区的广西和贵州共 9 个省份，这些地区基础设施水平、经济发展程度和居民健康状况都各不相同。该数据采用跟踪调查的方式进行，每次获得的有效样本量从最低的 3600 份到最高的 7200 份。该数据持续时间较长且能在相应的官方网站进行免费下载，因此，该数据无论是在学术上还是在政策层面都具有广泛的影响。在国内缺乏大量公开数据的背景下，学术界对 CHNS 的利用可谓是"层出不穷"。该数据提供了农村居民的婚姻状况、性别、受教育水平、是否享有新农合报销、户口类型、健康状况、医疗花费、新农合报销比例等方面的信息，这些信息有利于本书研究新农合门诊补偿政策对农户健康需求行为的影响。

第二章　文献综述

第一节　国外农业政策文献综述

一　早期农业政策文献综述

第一次世界大战后，外贸出口的锐减导致农产品价格和农户收入骤降，受此影响，人们改变了市场经济和政府在农业经济中地位和作用的认识，同时，农业政策对于发展农业经济的重要性得到了广泛的认同（Benedict，1953）。1929 年，美国农业局通过实施《农业市场法案》来刺激农产品价格和提高农户收入，随后又实施了一系列农业政策包括政府参与农产品出口业务和收购等政策来提高农产品价格（Davis，1935）。虽然在 20 世纪二三十年代，农业经济学家通过建议实施各种农业政策来应对经济大萧条。但是，诺斯等（Nourse et al.，1937）在缺乏数量分析和相应经济模型的背景下，研究发现，在该时期，美国农业局的作为表明需要更多政策干预农业市场。

西方发达国家实施一系列农业政策来解决因市场失灵所导致的各种农业问题。农业产量受气候、自然灾害等因素的影响较大，农产品供给波动较为强烈，使农业部门缺乏盈利机会（Schultz，1945）。政策经济学家意识到，就国内农业生产而言，农产品需求弹性越小，供给量对价格影响就越大，那么严格控制国内农产品供给，价格涨幅就会越高。政府应该主导农产品的期货价格，这样，才有利于农户对农业生产进行投资，使农户获得确定性的农业收益（Johnson，1947）。考虑到国际出口市场导致国内农产品价格的下跌，需要重新评估新贸易政策。建议实施贸易壁垒政策以免国内农产品价格受到进口农产品价格的影响。与此同时，实施控制供给量政策，保持农产品价格稳定（Davis，1935）。

二 现代农业政策文献的综述

随着时间的推移，经济学家提高了对农业政策效果的认识。运用前沿理论模型和数理分析工具对数据进行研究分析，对以往农业问题的解释更为合理，也能够回答农业政策的因果效应（Danel，Julian and Joseph，2010）。

早在 20 世纪 30 年代，美国政府就开始实施农业补贴，主要是通过农产品价格支持和供给控制来降低《新贸易法案》对经济的影响。因此，农产品价格支持和供给控制对社会福利水平的影响是重要的研究领域之一。例如，霍韦尔（Howell，1954）运用无差异曲线的方法来评估农产品价格保护和直接补贴两种农业政策如何影响农户的福利水平，该研究发现，直接补贴比价格保护更能提高农户福利水平；瓦拉斯（Wallace，1962）首次运用现代分析方法来研究农业政策对福利水平的影响。假设在完全竞争市场条件下的非贸易农产品，政府可以通过市场配额或价格补贴的方式使农业生产者获得高于市场出清的价格。瓦拉斯比较了市场配额和价格补贴两种政策的福利效果，研究发现，市场配额政策有利于农业生产者，不利于其消费者，同时对纳税人没有影响；价格补贴政策有利于农业生产者和消费者，但不利于纳税人，而且价格补贴政策使农业生产者获得的福利水平大于其在市场配额条件下的福利水平。因市场配额导致的市场损失是否大于价格补贴的市场损失取决于供给弹性和需求弹性的相对大小。达迪斯（Dardis，1967）和乔斯林（Josling，1969）在瓦拉斯研究的基础之上，比较不同政策转移支付效率。测度农业政策转移支付效率，有助于发现农业生产者福利水平与消费者、纳税人以及整个社会福利水平之间的内在联系。戈德纳（Gardner，1983）运用乔斯林（1974）的剩余转换曲线，比较了不同政策下的边际转移支付效率和平均转移支付效率。研究发现，选取价格补贴还是市场配额取决于消费者和纳税人对农业生产者转移支付的多少和实施相应政策所动用政府资金机会成本的大小。阿尔斯顿等（Alston et al.，1990），布洛克、萨拉弗和科拉（Bullock，Salhofer and Kola，1999）扩展了戈德纳的研究，研究发现，如果农业政策之间不是相互排斥的话，那么政策组合使纳税人向农业生产者进行转移支付，不会导致农业生产和消费的扭曲，即政策组合提高了转移支付的效率。

美国政府在1996年废除了农产品价格支持和供给控制的农业补贴政策，取而代之的是实施种植业保险政策。该政策的目标是帮助农民管理融资风险，实施灾害补偿项目，因此，研究的侧重点由价格支持和供给控制转向种植业保险。研究种植业保险政策涵盖的领域较广，既包括信息不对称导致的逆向选择和道德风险问题，又包括投保费率和理赔额度的制度等问题。例如，杰里（Jerry，1986）研究了种植业保费制定与农户预期收益率之间的关系，以及没有考虑预期收益率变化趋势情况下理赔测算的偏误问题。研究发现，理论分析和实证研究都表明，种植业保险改变了农户的风险分担模式，这对于制定保费费率是极其重要的。如果美国种植业保险项目征收保费和理赔不是基于农业生产者个体农业收益，而是基于农业产区的农业总收益，那么在没有逆向选择和道德风险的条件下，种植业保险项目能更有效地弥补农业生产者的农业损失（Mario，1991）。在过去的二十年里，美国联邦政府实施了针对特定地区或特定作物的"专项"保险，埃桑（Ethan，2011）研究发现，对林果业"专项"保险的供给和需求大于其他种植业"专项"保险的供给和需求，而且受保的农作物价格小幅下降；该研究还发现，虽然"专项"保险大幅度提高了农产品的供给，但是，消费者的福利提高较少。除以上研究领域之外，由于种植业受到气候等因素的影响，需要更为广阔的域空间来分摊种植业的风险，因此，再保险问题是种植业保险特有的研究领域之一。布鲁斯（Bruce，2010）研究发现，种植业保险的需求动机为期望收益和降低风险，多数农户认为，对农产品收益进行保险可以有效地降低农业生产的经营风险。由于缺乏再保险市场，私营种植业保险公司在有些领域不能发挥作用，政府应根据这些情况，适当地调整种植业保险政策。如果没有再保险作保证，由于气候因素使不同农业产区受到相同的影响，那么私营种植业保险市场就不能发挥分担种植业农业风险的作用。通过美国种植业保险市场的实证研究，马里奥（Mario，1997）发现，如果不同农场收益是随机独立的，那么没有参加再保险公司的投资组合面临风险是参加再保险公司的 20—50 倍，该研究还发现，再保险合同能有效地覆盖种植业保险公司的系统风险。

第二节　国内农业政策文献综述

在简要综述国外农业政策发展历程基础之上，进一步梳理研究我国农业政策的重点领域。研究农村区域经济的发展，离不开对农业政策的研究，尤其对于改革初期的中国而言，农业在我国经济发展中占据重要地位，农业发展趋势对经济增长产生重要的影响（Perkins，1994；Anita，Ben and Jonathon，1999；David and Richard，1998），农业劳动力占国家劳动力的半数以上，且消费支出的大部分主要用于购买农产品。要提高农业劳动生产率和降低贫困人口数量的关键在于实施有效的农业政策，因此，这是学术界研究中国农业政策的重点。极端天气、自然灾害等因素频繁影响粮食产量，使农业生产缺乏稳定性，价格波动较大，不利于农户对农业生产进行投资。为降低农业生产的不确定性，各国政府纷纷实施农业保险政策分散农业生产经营的风险，因此，研究农业保险政策也是国内研究农业政策的重要领域之一。我国经济体制改革之初大幅度提高了生产效率，于是研究 20 世纪 80 年代农业政策对农业劳动生产率的影响成为研究我国农业政策效果重要领域之一。

1978—1984 年，家庭联产承包责任制不但提高了农业全要素生产率，而且粮食增产之中的 50% 归因于家庭联产承包责任制；价格机制的调整通过影响中间要素投入间接地推动农业产量的增长，然而，其他与市场化相关的改革对农业全要素生产率和粮食产量没有发生作用（Lin，1992）。改革开放初期，农业部门内部劳动力结构也发生了相应的变化，种植业劳动力比重下降，而从事养殖业、林果业和园林的劳动力比重上升。与此同时，种植业产量也随之增长，这表明通过分流种植业劳动力，提高了劳动生产率（Nicholas，1983；Fan，1991；Jin et al.，2002）。提高劳动生产率不仅是因为农业部门劳动力结构的变化，更依赖于农业生产组织模式的制度变革和农业部门的技术创新。增加中间要素投入、技术创新和制度变革都能提高粮食产量。在改革之初，快速增长的粮食产量归因于家庭联产承包责任制的推行，但是，家庭联产承包责任制进一步提高粮食产量的潜力有限，又由于中间要素资源紧缺，因此，农业技术创新是推动粮食产量增长的主要因素（Fan，1991）。1980—1985 年，水稻、小麦和玉米全要素生产率的增长归因于农业新技术的应用（Jin，2002）。农业新技术能否普及是农业技术创新提高粮食产量的前提条件。农户受教育程度越高，推广农业新技术就越容易（Lin，1991），因此，提高农户受教育程度关系到农业新技术推广的速度。以上研究表明，从实施家庭联产承包责任制的农业政策至今，农业劳动生产率显著提高（Lin，1992；John，John and Zhu，1989）。

随着农业劳动生产率的提升，也出现了研究农业政策与粮食产量的文献。例如，陈飞（2010）等使用纳洛夫（Nerlove，1958）的适应性预期模型，研究了我国农业政策、粮食产量与粮食生产调整能力三者之间的关系。因为播种面积和单位产量共同决定了粮食产量，所以，分别研究农业政策对播种面积和单位产量的影响，不仅可以发现粮食产量变动原因，而且可以避免因直接研究农业政策影响粮食产量而产生的内生性问题，这样的处理方法可以在很大程度上减少模型的内生性问题，可以避免为解决内生性问题而寻找工具变量的方法。研究发现，1995—2008 年，无论农户对播种面积还是单位产量的调整能力都在增强，农业政策对粮食生产均具有显著的正向影响，其中，固定资产投资和农业支出政策的作用最为突出。预期价格对粮食产量的影响较弱，说明市场的价格机制作用不明显。汪小勤（2009）基于农业公共投资视角研究了 1994—2007 年的农业技术效率。研究发现，农业公共投资的差距在很大程度上能解释各地区农业技术效率和农业产量增长的差异，因此，缩小中西部地区农业产量的差距，首先要加大对这些地区的农业公共投资。赵德余（2010）基于政治经济学角度解释了粮食政策变迁的观念逻辑，研究发现，粮食目标政策随着宏观经济环境和粮食部门改革与发展的变化而变化，粮食政策设计所依赖的理论基础为新古典价格理论。

我国庞大的贫困人口规模随着经济增长而迅速变小，中国反贫困对于世界反贫困做出了重要的贡献。我国贫困人口主要集中在贫困地区，尤其是贫困、落后、生存环境及恶劣的农村地区贫困人口所占比例更高。这些地区非农经济不发达，生产生活主要依靠农业生产，因此，各级政府出台的各项农业政策很大程度上降低了贫困人口的规模。因此，研究农业政策如何影响农村贫困人口的生产生活是重要领域之一。例如，改革之后15年时间里提高的经济效益在历史上是史无前例的（Stanley，1994）。世界银行（2001）指出，中国实施家庭联产承包责任制的农业政策使亿万农户从绝对贫困中解脱出来，中国成为全世界反贫困最为成功的国家（McMillan，2002）。大量的研究表明，对农业研究项目的投资有助于提高农业经济回报率（Alston et al.，2000），而且有利于降低农村贫困人口（Fan，Hazell and Thorat，2000a；Fan et al.，2000b；Hazell and Haddad，2001；Kerr and Kovavalli，1999）。Fan（2002）等研究了公共投资政策在经济增长和农村贫困中的作用，研究发现，政府投入教育方面所获得的首位经济效益为降低贫困人口；投入农业研究方面所获得的降低贫困人口经济效益为第三位；投入农村通信设施方面所获得的降低贫困人口经济效益为第二位。研究表明，在农业增产和反贫困之间，政府会做出偏好性选择。樊胜根（2003）等在此基础上研究了对中国农业研究项目的投资与城市贫困率两者之间的关系。研究表明，以往对于农业研究项目的投资，有助于降低城市贫困率，这主要归因于农业研究有助于降低农产品价格，从而降低了城市贫困率。并估计出对农业研究项目的投资每增加一万元促使城市脱贫的人数与促使农村脱贫的人数相当。该研究表明，随着我国快速城市化，对于城市贫困人口而言，加大对农业研究项目的资金支持，是十分重要的。然而，政府近期对于农业研究项目提供的资金支持处于相对稳定水平，这不利于解决城市和农村的贫困问题。金莲（2007）等估计了农村义务教育对贫困的影响。研究发现，实施改善贫困地区教学设施政策显著影响学龄儿童教育。就"以县为主"的投资和管理机制而言，贫困地区实施农村义务教育政策面临资金缺口的巨大压力，而且教育质量也面临严峻考验。史耀波（2007）等研究了劳动力移民对农村反贫困的影响。研究发现，劳动力移民对农村地区反贫困的影响以20世纪90年代为临界点，在这之后，劳动力移民对农村贫困率持续下降的作用明显。陈前恒（2008）研究了最容易获得发展性扶贫项目支持的农户特征。研究发现，获得发展性扶贫项目可能性最大的农户是那些非牲畜资产多、曾经有村委任职经历或是积极参加村委组织活动的农户，与此相反，外出务工时间短、平均受教育程度高的农户获得发展性扶贫项目的可能性小。帅传敏（2008）等评估了中国农村扶贫项目管理效率。研究发现，无论在管理效率还是管理水平上，非政府机构主导的扶贫开发项目都优于政府机构主导的扶贫开发项目，非政府机构和政府机构的扶贫模式各不相同，政府机构的后续管理机制有待完善。

农业生产不但面临不可预测的自然风险，例如，极端气候、地震、火山喷发等自然灾害，而且还面临农产品市场价格大幅波动的风险。双重风险使农业生产利润波动较大，农产品供给也随之出现大幅变动。世界上大多数国家都建立了农业保险制度来稳定农业生产，提高农户收益，优化农业资源配置。我国也实施了农业保险制度来促进农业生产、农民增收和农村发展。研究政策性农业保险的目的在于探讨怎样制定最优的保险制度以使农民面临最低的农业生产经营风险，同时农业保险公司也能实现资金的收支平衡，从而促进我国粮食生产和粮食安全。

我国农业经济领域对农业保险的研究取得了丰硕的成果，以下综述一些近期具有代表性的文献。高涛（2009）等模拟了政策性农业保险巨灾风险分担机制。研究发现，加强农业保险公司商业化的风险分散机制，规范各级政府巨灾风险准备金制度的运行，推动农业保险市场发挥降低农业生产经营风险的作用，首要任务就是制定新的农业保险巨灾风险分担比例。于洋（2009）研究了政策性补贴对中国农业保险市场的影响。研究发现，政策性农业保险的出台在很大程度上缓解了中国农业保险市场供求失衡的现象，保费收入与保费赔付额度具有长期相关性。施红（2010）研究了政府对农业保险公司的激励机制问题。研究发现，农业保险公司追求利润最大化，而政策性农业保险补贴目标是实现农户福利水平最大化，两者之间存在一定的矛盾。该研究建议，根据农业保险公司的营利目标和风险偏好，政府应该制定低风险低补贴和高风险高补贴的农业保险补贴政策，以激励农业保险公司既实现自己利润目标又能兼顾农户福利水平。丁少群（2011）等从政策性农业保险的特征和现状研究了我国政策性农业保险。研究发现，各地推行的政策性农业保险试点主要关注财政的扶持力度，而在经营技术上的投入不足。各地政策性农业保险试点并没有分散农业巨灾风险的问题，该研究建议，实施巨灾风险准备金制度和国外普遍实施的农业再保险制度。罗向明（2011）等研究了不同地区农业保险补贴力度对农民福利的影响。研究发现，财政资金对农业补贴的力度由高到低依次为东部、中部和西部地区。高力度补贴导致制定的理赔金额越高，农户参加农业保险的积极性就越高，因此，东部、中部和西部地区农户参加农业保险的积极性依次递减，这就会影响到不同地区农户的生产决策行为，并最终影响农户福利水平。罗向明（2011）等研究了欠发达地区农业保险补贴安排模式。研究发现，农业保险使农户规避了从事农业生产的风险和不确定性，有利于农户增加对农业生产的投资，扩大粮食种植规模。因此，中央政府应该大幅度提高对欠发达地区政策性农业保险的扶持，这有利于减少欠发达地区的贫困人口规模。郭颂平（2011）等研究了中国政策性农业保险补贴模式的选择。研究发现，地方政府为促进经济发展，把更多的财政资金用于支持产业的发展，而中央政府对于发达地区的财政投入较高。地方和中央的双重财政投入偏好，使中西部地区对政策性农业保险的实际需求与有效需求偏离程度高于东部沿海地区。

第三节　对国内外农业政策文献的评述

本书梳理和回顾了国内外农业政策的研究和发展历程。就国外农业政策研究方法的发展历程而言，随着经济理论的不断创新以及数理分析工具的广泛应用，对农业政策的研究遵循由简单到复杂、由定性分析向定量分析的转变过程。研究方法的转变加深了经济学家对于农业政策的认识，例如，经济学家研究发现，实施种植业保险的补贴模式优于价格支持和供给控制的补贴模式，这使美国政府对农业补贴由价格支持和供给控制转向种植业保险的补贴模式。与此同时，广泛运用数理分析方法不但使经济学家能对早期的各种理论进行实证检验，而且能够评估农业政策的实施效果。就国外农业政策研究领域而言，涵盖范围较广，主要包括以下八个方面：

第一，虽然早期经济学家缺乏数据和研究工具的支持，但是，通过经济学直觉和相对简单的经济模型对市场的观察，加深了对农业政策成效的认识。

第二，发达国家农业劳动力转移持续了数十年的时间，在这期间，农业收入和回报率较低，但并没有证据表明这是农业投入或产出市场特有的问题。

第三，相当一段时期，研究的重点从政策对价格的影响转向研究政策对经济福利的影响。相对农产品政策对要素供给者、中间人、纳税人以及消费者群体分布的影响而言，农产品政策导致的失重损失较小。

第四，就实证研究而言，主要关注如何把模型合理地应用于分析政策效果和特定的市场结构。

第五，政治经济学模型对研究农业政策提供了一些帮助，但是，现存较为简单和单一的政治经济学模型无助于政策变迁的研究。对于不同农产品、不同国家和不同时期农业政策的变迁过程是有待研究的领域。

第六，供给控制和价格歧视有利于生产者和配额获得者，不利于消费者。

第七，虽然农业保险能规避巨额补贴和农业生产的大幅波动，但是，起草和执行政府农业保险困难重重。

第八，研究表明农业的研究资金投入有利于提高农业生产率和回报率。虽然有政府的大力支持，但是，农业研究资金的投入一直不足。

相对于国外农业政策的研究发展历程，国内农业政策侧重于研究农业政策效果，这主要归因于各级政府不断出台各项政策措施来推动农业生产，提高农户收入，促进农村经济的发展，因此，学术界研究农业政策具有丰富的素材。国内研究农业政策的领域包括农业政策与劳动生产率、农业政策与粮食产量、农业政策与农村贫困以及农业政策保险等方面的研究。然而，现存文献主要关注农业政策的实施效果，即农业政策对"三农"问题某一方面的影响，而鲜见研究农业政策微观传导机制即农业政策影响农户行为，从而间接地作用于农村区域经济发展的文献。研究农业政策的微观传导机制，不但可以发现农业政策如何影响农户生产生活决策的经济行为，而且还能探索农业政策对于农村区域经济的长远影响。这既有助于分析现行农业政策的实施效果，又能为今后农业政策的实施提供参考和建议。本书试图研究三个农业政策如何影响农户行为，变化的农户行为又会对农村区域经济产生怎样的影响，以探索农业政策影响农村区域经济发展的微观传导机制。

由以上综述可知，无论是研究农业政策对劳动生产率或者农村贫困的影响，还是农业保险政策对农户生产生活的影响，研究农业政策的根源在于关注农业生产、农民福利和农村区域经济的发展。因此，研究农业政策影响农村区域经济的微观传导机制，不但能够发现农业政策对于农户福利水平的影响，而且还能探讨对农村区域经济的长远影响，有助于更好地解决"三农"问题。因此，本书以新农合门诊补偿政策、退耕还林政策和农业补贴政策为基础，研究农业政策影响农村区域经济的微观传导机制。结合本书研究的三个子课题进一步综述研究国内外农业政策的相关文献，其结构如下：一是农村合作医疗政策的文献综述；二是退耕农业政策的文献综述；三是农业补贴政策的文献综述。

第四节　文献综述

一　农村合作医疗政策的文献综述

本小节在综述健康需求相关理论和实证研究文献的基础上再综述农村合作医疗的相关文献。格罗斯曼（Grossman）健康需求模型对于健康经济学的发展做出了杰出贡献，奠定了健康经济学的分析框架，但是，该模型忽略了医疗服务质量在健康需求中的重要作用，从而在健康需求的分析框架中没有涉及需求个体对于医疗机构的选择问题。由格特勒等（Gertler et al.，1987）、马布等（Mwabu et al.，1993）构造的卫生医疗需求模型补充了格罗斯曼人力资本健康需求模型的不足，从而丰富了健康需求分析的理论框架。因此，国外以格特勒的卫生医疗需求模型为理论基础的实证文献应运而生，例如，阿金等（Akin et al.，1981），阿金等（1986），格特勒、洛凯和桑德森（Gertler，Locay and Sanderson，1987），马布（1993），Ching（1995），Gupta 和 Dasgupta（2002）等。成功地运用格特勒卫生医疗需求模型对我国的居民健康需求进行分析的代表人物有王俊等（2008）和王翌秋等（2009）。王俊等（2008）从格特勒的卫生医疗需求模型理论出发，利用三省实地调研数据进行经验分析，说明影响中国城乡地区居民卫生医疗需求行为的各种因素及其效果。研究发现，卫生规避现象在城市地区更加普遍；不同因素对居民卫生医疗需求行为的影响各异，城乡差异显著存在；适当的公共政策能够扩大个人的卫生医疗需求，但这种改善效应并不针对所有类别的医疗机构。王翌秋等（2009）对农村居民就诊单位选择影响因素的实证分析探讨了农户就诊单位的特征与可及性，并选用多项 Logit 模型分析影响患者就诊单位选择的因素。研究发现，医疗服务价格上涨使更多的患者难以进入医疗市场获得基本的治疗，合作医疗规定的定点医疗机构和严格的转诊制度在一定程度上限制了农村居民对医疗服务的过度利用，并且，经济因素和疾病严重程度对患者就诊单位选择具有交互影响。

接着，综述一些具有代表性的新农合方面的研究。进入 21 世纪后，在医疗卫生服务体系市场化改革的价值取向下，使我国居民"看病贵、看病难"问题十分普遍，令人更为不安的是，医疗支出使农民"因病致贫、因病返贫"的现象极其严重，这不但导致我国前期投入大量的人力、物力和财力进行的扶贫成效的倒退，而且不利于社会主义和谐社会的建设。为了扭转这种不利局面，中央政府于 2003 年重新启动了农村合作医疗制度改革和建设工作，新农合应运而生。新农合从地区试点至今，基本覆盖农村居民，但一直存在各种各样的问题，例如，新农合是否具有可持续的能力、缴费方式是否具有公平性、"逆向选择"和"道德风险"、新农合如何对农户补偿才会使社会福利最优等。

就新农合出现的各类问题而言，社会学、政治学和经济学等社会学科都具有丰富的研究成果。本小节综述了一些具有代表性的文献，例如，顾昕和方黎明（2006）、封进（2007）、王绍光（2008）、朱信凯和彭廷军（2009）、封进和李珍珍（2009）、高梦滔（2010）、田秀娟（2010）、张广科和黄瑞芹（2010）、封进和刘芳（2010）。

虽然王绍光（2008）研究农村合作医疗体制变迁的目的是分析学习机制与适应能力的关系，但是，该文献详细地阐述了农村合作医疗制度的变迁过程：旧农村合作医疗制度产生时期，兴旺阶段，全面普及过程、衰落，新农合萌芽时期及兴起阶段。王绍光研究得出新中国成立初期，绝大多数居民健康没有保障、婴儿死亡率高、人均寿命短，传统合作医疗理念在此背景下开始萌芽了。他认为，传统农村合作医疗兴起的原因是政策上得到支持，资金上依托于集体经济，医疗成本控制方面得益于"赤脚医生"积极开展的采、种、制、用中草药工作，充分利用当地药源防病治病。传统农村合作医疗制度在中国物资贫乏、医疗资源极度稀缺、居民医疗需求旺盛的情况下，保证了广大农村居民的医疗服务需求，被公认为发展中国家的典范。以市场化为基础的经济体制改革，在政策上，对农村合作医疗采取了放任自流的态度；在经济上，摧毁了合作医疗的经济基础——集体经济、医疗成本控制上取缔了"赤脚医生"，导致合作医疗迅速瓦解。在传统合作医疗逐渐瓦解的基础上，对农村医疗体制的改革有两种主张：一种坚持应巩固和发展我国独创的合作医疗制度；另一种主张农村医疗融资体制改革，追寻健康保险模式。中央政府在改革初期权力下放背景下，财政收入也逐年递减，在农村医疗体制改革的模式上，倾向于健康保险模式，这一方面可以减轻中央财政负担；另一方面，使农村医疗筹资体制能自给自足。通过一段时间的试点，这种模式在农村居民人均收入较低的背景下难以发挥其作用。与此同时，中央通过税费改革极大地提高了中央财政收入的获取能力，这使中央政府有能力推行农民自愿参加，个人、集体和政府多方筹资，以大病统筹为主的农民医疗互助共济制度，即新农合得以推广。

封进（2007）通过对异质性个体决策行为的理论研究，回答了实施新农合面临的三个极具现实意义的问题：关于新农合参与率的问题、新农合是否能实现收支平衡的问题和人头税缴费方式是否具有公平性的问题。前两个问题是关于逆向选择和道德风险问题，而后一个问题涉及平等和资源再分配问题。该研究得出以下结论：（1）新农合的参与率高达92%；（2）只要把医疗支出的共付比例控制在50%左右，新农合是可以实现收支平衡的；（3）主要受益者是收入较低且健康较差的农户，它符合医疗保障制度向病人和穷人倾斜的基本要求。

新农合能有效地解决以上问题的原因在于较少的缴费金额、较高的风险规避、较低的医疗支出倾向和政府财政补贴。医疗支出刚性使穷人医疗支出倾向显著高于富人，而且穷人收入低，遭遇健康负向冲击以后可能需要负债，这一财富效应会引起较大的福利损失。综合以上两点，穷人在新农合中有较高的相对收益。

高梦滔（2010）研究了新农合与农户卫生服务利用的关系，以就诊次数作为参合农户利用医疗服务程度的衡量指标，估计出参合变量对于就诊次数的影响。该研究有两个突出的特点：一是对于内生性问题的处理；二是选取估计方法方面进行了详细的描述。该研究的回归结果具有较高的可信度，而且结论也证实了当前以政府为主导实施的新农合制度具有一定的合理性。该研究发现：（1）新农合能够有效地增加农村卫生服务利用，参加新农合使农户一年就诊总次数平均增加0.29次；（2）从结构上看，新农合增加农户的医疗卫生服务利用更多地集中于乡镇卫生院，县级医疗机构次之，增加最少的是村级卫生服务机构；（3）新农合的制度设计似乎没有出现医疗保险制度通常存在的逆向选择问题。就研究结论（3）而言，这是一个值得商酌的结论。原因在于：为解决关键变量内生性问题，高梦滔使用广义线性模型联立方程进行估计，把第二阶段估计出的第一阶段残差变量的系数作为衡量逆向选择的依据，即系数为负表示一种"正向选择"，即参合农户有相对较少的就诊次数；系数为正则表示一种"逆向选择"，即参合农户有相对较多的就诊次数。实际上，这样的定义是不合理的，估计出的残差系数应该是判断道德风险的依据，即系数为负表示没有道德风险，即参合农户有相对较少的就诊次数；系数为正则表示道德风险，即参合农户有相对较多的就诊次数。而且，高梦滔提出，"以户为单位参合""干部动员保证参合率"效果不错，从而避免了逆向选择问题。这个理由确实是新农合避免逆向选择的原因，但是，"以户为单位参合""干部动员保证参合率"的政策是在2006年以后才逐步推行的，从而使我国2008年提前完成了新农合基本覆盖农村居民的目标。而高梦滔研究使用的是2003—2006年的数据，当时新农合覆盖率不高，农户对新农合不甚了解，逆向选择问题很有可能存在。

朱信凯等（2009）使用2006年第二次全国农业普查的基础数据，详细分析了新农合的逆向选择问题。朱信凯研究认为，新农合的内生式缺陷使其难以有效地规避"逆向选择"悖论，即投保者的风险无法逐个识别，建立在平均概率基础上的保费将使所有风险概率低于平均概率的人都会退出市场，从而导致保险市场风险不断上升，形成一个典型的"柠檬市场"（Rothschild and Stigliz，1976）。简单地改自愿原则为强制性原则，并不能实现人人参与的目标。该研究建议，在政府财政约束、资金投入不足的条件下，通过"柠檬定价"，依据风险，分类设计合约组合，并建立一套激励相容机制，是解决当前我国农村医疗保险市场"逆向选择"经典难题，扩大新型农村合作医疗惠及面的一种次优选择。

研究农民对于新农合制度的评价是对新农合进行研究不可缺少的组成部分。农民对新农合评价的好坏直接关系到新农合是否具有可持续发展潜力、是否具有分担农户医疗风险的能力以及是否能全面覆盖农村居民等问题。较多的文献有关于这方面的研究，其中，具有代表性的是：田秀娟等（2010）基于13个省份916个农户的调查数据关于农民对新农合制度评价的研究。研究显示，农民对新农合的评价为"好"和"很好"的概率合计达43.90%，评价为"不好"和"很不好"的概率合计为4.58%，评价为"一般"的概率高达51.52%。收入水平、自感健康状况、是否报销过医疗费以及对新农合管理机构的信任程度是影响农民对新农合做出不同评价的显著因素。

新农合制度是中央政府为了实现与农户"疾病风险共担"、解决农户"因病致贫、因病返贫"风险而建立的正式保险制度。张广科等（2010）基于5个省份一线调研数据，估计了新农合分担农户灾难性疾病风险和"因病致贫"风险的程度。该研究的关键环节是如何衡量农户灾难性医疗支出发生率与"因病致贫"率。张广科根据世界卫生组织关于灾难性医疗支出临界值的界定和我国的实际情况，构建了衡量农户灾难性医疗支出发生率与"因病致贫"率的计算公式来分析新农合制度目标。研究显示，新农合建立后，分担了农户33.3%的灾难性疾病风险和24.2%的"因病致贫"风险。结果表明，农户的疾病风险仍然比较严重，未来新农合的保障范围应保持或强化门诊补偿模式。

就实现新农合目标而言，只有具体地分析新农合的补偿模式，才能发现什么样的补偿模式有助于实现新农合缓解农户"因病致贫、因病返贫"的制度目标。封进等（2009）估计了新农合四种补偿模式带来的效果。该研究采用中国健康和营养调查数据，运用离散选择模型，估计了农民的医疗需求函数，评价了新农合中的各种补偿模式的效果。结果表明，治疗费用、疾病特征和医疗的机会成本等因素对治疗方式的选择有显著影响。仅仅补偿住院费用对减轻医疗负担和灾难性医疗支出的作用十分有限，将补偿范围扩大到门诊费用才能有限地抵御健康风险。该研究还估计了补贴引起的医疗费用的上涨幅度对政府补贴的规模。封进和张广科的研究都表明，保持或强化门诊补偿模式有利于实现新农合制度目标。

封进等（2010）研究了新农合对县村两级医疗价格的影响。研究发现，新农合对村级医疗价格没有影响，但提高了县级医疗价格。进一步的分析表明，报销比率越高，县级医疗价格上涨越大，价格上涨幅度和报销比率基本一致。造成村级医疗价格不受影响的原因在于村私人诊所价格低且质量与公立机构相当，村诊所医疗价格不因新农合的推行而变化；由于县级医疗机构的垄断性和营利性，导致新农合政策的实施促使县级医疗价格上涨，从而冲销医疗保险的效果。

对于新农合可持续性而言，来自上级政府资金的支持是必不可少的环节。上级政府如何更为合理地在不同地区之间分配资金是一个值得研究的课题。顾昕等（2006）研究了公共财政体系与新农合筹资水平的关系。研究发现，新农合的筹资主要来自政府补助。对于很多县级政府来说，其新农合筹资主要来自中央政府和省级政府的补助金，这对于新农合的平稳实施至关重要。然而，由于新农合补助金是一种带有配套要求的专项补助，而上级政府大多采用"一刀切"式的固定金额补助法，农业人口比重高的地方政府不得不承担相对较高筹资责任。为了发挥上级政府补助金推进地方政府财力横向均等化的作用，促使财力不同的地方政府为民众提供大体相同的新农合服务，有必要在政府间转移支付上探寻更为制度化的方法。

二 退耕还林农业政策的文献综述

为了实施生态流域保护和生态修复工程，也为了实施反贫困的战略目标，中央政府从 1999 年开始试点退耕还林政策，并逐步扩大实施范围。退耕还林的试点工作取得了重要的经验和教训，为此，学术界围绕退耕还林进行了方方面面的研究，本书综述了近期关于退耕还林研究方面的文献。

退耕还林怎样影响农户生产、生活是重要研究领域之一。例如，

黎洁 (2009) 等借助可持续生计分析工具，研究了我国西部贫困山区退耕农户的生计状况。研究发现，兼业农户家庭比农业家庭资本禀赋高、抵御风险强、贫困比率低、环境依赖弱，因此，该研究鼓励农业家庭从事兼业经营来提高生活水平，从而实现环境保护和反贫困的目标。邵传林 (2010) 等研究了退耕还林过程中农户、地方政府与中央政府之间的博弈行为。研究发现，就农户与政府之间退耕还林博弈而言，农户短期对政府投机获利收益小于长期与政府合作所获得的收益；就中央政府与地方政府退耕还林的博弈而言，地方政府根据中央政府退耕还林政策所获收益大于其先实施退耕所获收益。谢旭轩 (2010) 等采用匹配倍差法，研究了政府实施退耕还林政策对农户的影响。研究发现，实施退耕还林使农户种植业收益受到不利影响；由于获得林业收益具有一定的滞后性，加之养殖业要素投入价格上涨，因此，退耕还林初期养殖业和林业不能有效地弥补种植业收益的下降；从退耕还林长期效果来看，农户生产生活质量的好坏很大程度上取决于资产积累规模。西部地区农户资产积累能力较低，而退耕还林又主要在西部地区实施，因此，该研究建议政府应该为退耕还林的资产积累提供有利条件。王术华 (2010) 研究了退耕还林后期农户复耕意愿。研究发现，农户家庭收入水平和退耕补贴金额标准是影响农户复耕的关键因素。谢旭轩 (2011) 等研究退耕还林对农户收入的影响。研究发现，由于退耕还林补贴金额的支持，农户退耕还林并没有对总收益产生影响，但是，退耕还林补助不足以弥补种植业的损失且退耕还林并没有发挥从农业释放劳动力的作用。陈珂 (2011) 等对退耕农户参与后续产业行为进行了研究。研究发现，由于受到农地自然特征和退耕农户教育程度等个人特征因素的约束，农户有限理性决策行为使期望其参与后续产业概率不大。

研究退耕还林还涉及劳动力供给、生态保护和农业劳动生产率等方面的研究。例如，朱明珍 (2011) 等研究了退耕还林对劳动力供给的影响。研究发现，退耕还林工程的实施激励了农户增加林业和非农行业劳动力供给，同时减少了种植业劳动力供给。就退耕还林影响农户力度而言，黄河流域农户受到的影响大于长江流域农户。崔海兴

（2009）研究了退耕还林对耕地利用的影响。研究发现，退耕还林能有效地提高了林地面积，优化了种植业的产业结构，提高了农地劳动生产率。宋长鸣（2011）在退耕还林政策背景下研究了桑蚕茧劳动效率变化趋势。研究发现，在退耕还林和东桑西移共同作用下，自然灾害频繁和农户家庭人均桑蚕茧固定资产投资下降，导致劳动效率下降趋势明显。同时，由于桑蚕茧吸纳农村剩余劳动力能力有限，因此，应该优化桑蚕茧的产业结构，提高劳动生产率。冉圣宏（2010）等研究了退耕对于土地利用及其生态服务功能的影响。研究发现，退耕的生态建设措施有效地遏制住了生态恶化的发展趋势，生态服务功能得到了进一步提高，其中缓坡、中坡和陡坡耕地的退耕发挥了重要作用；生态建设正外部性不仅仅涵盖退耕居民，而且还涵盖整个生态体系的居民，因此，政府应该成为生态建设的投资主体。

三 农业补贴政策的文献综述

国内对于农业补贴政策的研究对象包括粮食直接补贴政策和间接补贴政策，研究视角既有理论研究又有实证分析，但是，研究结论并不具有广泛的一致性。关于粮食直接补贴政策是否能够提高农民种粮积极性、扩大播种面积和提高粮食产量引起了学术界的激烈争论。其中支持粮食直接补贴政策能够发挥作用的研究文献如下：

邓小华（2004）、曹芳和李岳云（2005）、孔玲（2006）和王金晖等（2007）研究发现，农户从事农业生产积极性的提高和粮食产量的大幅度增加归因于粮食直接补贴政策的刺激作用。同样，陈波（2005）的研究也发现类似的结论即粮食直接补贴政策有利于提高农户收入和粮食供给的稳定增长，与此同时，粮食直接补贴政策还通过间接方式发挥作用，该政策转变了政府和农户的地位及角色，政府由以往种粮农户的索取者转变为种粮农户的扶持者，农户在该政策中获得了以往不能获得的实惠（李伟毅，2006）。陈薇（2006）和朱红根（2007）等描述性分析发现，粮食直接补贴政策有利于扩大粮食播种面积，提高农户从事农业生产的积极性。杨友孝、罗安军（2006）研究了粮食直接补贴政策的短期影响和长期效应。就抵御农业风险能力而言，直接补贴和间接补贴作用各不相同，两者相互补充，互为有机整体。有的学者研究发现，粮食直接补贴政策要发挥作用必须满足一定的前提条件，例如，粮食直接补贴金额如果不是根据播种面积来计算的话，粮食直接补贴政策效果就会不明显，不会起到提高粮食产量的效果（陈颂东，2007）。司晓杰（2009）研究了粮食补贴政策组合效应是如何协同发挥作用来提高粮食产量和农户种粮收益。刘克春（2010）研究了粮食生产补贴政策如何影响农户种植决策。研究发现，实施粮食生产补贴政策通过改变农户粮食生产收入预期，从而对农户粮食生产决策行为产生影响。彭克强（2010）研究了中国支农投入与粮食生产能力之间的关系。研究发现，从长远来看，政府财政支农资金投入有利于提高粮食产量。但是，就财政支农资金投入工具化特点和应急性倾向而言，促进粮食生产的效果不明显。罗光强（2010）等研究发现，财政支农政策具有以下三个功能：（1）财政支粮政策能有效地刺激粮食产出增长；（2）财政支粮政策影响粮食产出增长具有滞后性；（3）财政支粮政策频繁变迁不利于粮食产出的稳定。

不支持粮食直接补贴政策能够发挥作用的研究文献如下：

马彦丽和杨云（2005）研究发现，由于中间要素价格上涨导致农户农业生产投入增加，而粮食直接补贴政策无论是对播种面积还是单位面积投入成本都没有产生任何影响。梁世夫（2005）、李鹏和谭向勇（2006）也发现类似结论，即粮食直接补贴政策提高农民种粮收益的作用不大。张冬平（2005）等研究发现，虽然粮食直接补贴政策有利于粮食增产，但是，该作用是短期效应，不能形成持续动力。王姣和肖海峰（2006）研究发现，不同的补贴方式对粮食产量影响各不相同，其中按播种面积进行补贴对粮食产量的影响较大，按商品粮数据进行补贴效果次之，而按计税面积补贴对粮食产量不产生影响。但是，即使是按播种面积进行补贴，提高粮食产量幅度也较小。李瑞峰和肖海峰（2006）研究发现，粮食补贴政策体现了中央政府对农民的关注，其象征意义大于其政策本身，粮食不同政策影响粮食产量的作用逐渐减弱。陆健康（2006）研究发现，直接补贴政策由于补贴金额较低，而对农民从事农业生产的作用不大，该政策与其他政策共同作用才能对农民种粮发挥作用。王金晖（2007）等研究发现，粮食直接补贴政策的效果因中间要素价格上涨而被抵消，加上粮食直接补贴金额较小，对粮食生产没有发挥应有作用。穆月英（2009）运用一般均衡（SCGE）模型模拟了农业补贴政策效果。研究发现，直接补贴政策导致农业总产出增加，国民收入下降；最低收购价导致农业总产出下降，国民收入增加。无论是直接补贴还是最低收购价格都不影响福利收益。

还有一部分关于农业补贴政策其他方面的研究，例如，曹光乔（2010）等研究了农机购置补贴对农户行为的影响。研究发现，在农机购置中，农户受教育程度、身体健康状况、资金充裕状况是购买农机决策的重要因素。农机购置补贴政策更容易影响融资能力弱、家庭成员外出务工的农户家庭。臧文如（2010）评估了财政直接补贴政策对粮食数量安全的影响。研究发现，虽然财政直接补贴政策提高了我国粮食数量安全、自给率和农户积极性，但是，影响较小。专项补贴政策优于综合性收入补贴的效果。除此之外，还有关于研究粮食直接补贴政策如何影响粮食生产者、经营者、消费者和政府方面的文献，肖国安（2005）研究了粮食直接补贴政策对粮食生产者和消费者的福利影响。研究发现，粮食直接补贴政策有利于粮食消费者而不是粮食生产者，研究还发现，粮食直接补贴政策没有发挥稳定粮食产量和价格的作用。韩喜平（2007）等研究发现，粮食直接补贴政策发挥的作用优于实施生产资料补贴政策。在提供农户受益方面，粮食直接补贴政策的效果也大于粮食价格支持政策。

四 关于收入流动性的文献综述

（一）国外文献综述

早期主要采用比较静态分析法来研究收入分布问题，利用不同时期的截面数据来分析收入水平、收入不平等以及贫困率等指标随时间变化的趋势。就宏观角度而言，这类研究方法能有效地反映一个国家收入分布的基本情况，但是，不能反映微观个体的收入水平在不同时期上的绝对增长，也没有涉及居民收入位序的相对变化，因而不能反映收入差距和收入极化的动态变化过程。为了弥补比较静态分析法的缺陷，研究收入问题时引入了收入流动性的概念，借助面板数据，分析收入分布随时间变化的趋势，因此，国外对收入流动性的研究大致可以分为以下三个阶段。

第一阶段，收入流动性概念形成时期。在研究收入差距问题时，发现居民收入在不同时期波动较大，逐渐提出了收入流动性概念（Prais，1955；Schumpeter，1955；Friedman，1962）。值得一提的是，对收入流动性的定义没有一个公认的标准，根据研究需要，从不同角度定义了收入流动性，使收入流动性指标非常丰富（Fields and Ok，1999a）。虽然收入流动性指标众多，但现有收入流动性指标主要是从以下四个方面定义收入流动性指标。

其一，从居民社会收入排序相对变化来定义收入流动性，即相对收入流动性指标。这样定义的收入流动性指标主要反映居民不同时期收入水平的相对变化，具有以下四个特征：（1）每个居民收入排序随时间的变化都受到其他居民收入排序的影响；（2）如果一个居民收入排序发生变化，那么至少有另外一个居民的收入排序受到影响；（3）收入流动性存在完全不流动的状态，即居民收入排序在不同时期始终不变的状态；（4）收入流动性指标的参照状态有两种情况：一种是序贯独立性，即下一期居民收入排序不受上一期收入排序的影响。另一种是排序相反性，即如果上一期居民收入排序较高，那么下一期居民收入排序较低。

其二，从居民不同时期收入变化的角度定义流动性，即绝对收入流动性指标。这样定义的收入流动性主要反映居民收入水平的绝对变化，社会收入流动性等于每个居民收入流动性的加总。当居民不同时期的收入水平变化越大时，则收入流动性也越大，因此，绝对流动性指标没有完全流动性的概念；当不同时期的居民收入水平始终不变时，则为收入完全不流动状态。值得一提的是，相对收入流动性与绝对收入流动性存在以下相关性：一是存在相对收入流动性就必然存在绝对收入流动性。存在相对收入流动性说明居民收入排序发生了变化，那么居民不同时期的收入水平就肯定发生了变化，否则居民收入排序不会发生变化，这说明存在绝对收入流动性。二是存在绝对收入流动性不一定存在相对收入流动性。例如，当居民收入水平都按相同比例增长，居民收入在不同时期存在绝对收入流动性，与此同时，居民收入排序始终不变，说明不存在相对收入流动性。

其三，从暂时性收入流动影响长期收入不平等来定义收入流动性。这种定义方式把居民收入分为持久性收入和暂时性收入，持久性收入是指居民不同时期收入的平均值，而暂时性收入是不同时期收入与持久性收入的差额。如果不存在暂时性收入即居民收入在不同时期始终不变，那么收入不平等就不会变化，不同时期的收入不平等就等价于长期收入不平等。当暂时性收入较大时，不同时期的收入不平等与长期收入不平等的差距就较大，即暂时性收入在不同时期对长期收入不平等构成了影响。

其四，把收入流动性定义为收入风险。这种定义方式把居民收入分为确定性收入和不确定性收入，收入流动性就定义为不确定性收入在不同时期的变化水平。值得注意的是，暂时性收入与不确定收入关系非常密切，根据上述分析可知，暂时性收入往往就是居民难以预计的收入，这类似于不确定性收入。

第二阶段，收入流动性统计指标构建和完善阶段。居民收入可以表现为收入水平的绝对变化，也可表现为收入地位的相对变化，因此，收入流动性以此分为绝对收入流动性和相对收入流动性，并且据此构建了一系列绝对收入和相对收入流动性统计指标（Hart，1976；Schiller，1977；Shorrocks，1978；Sommer，1979；Bartholomew，1982；King，1983；Chakravarty，1985；Cowell，1985；Scott，1994；Filed-OK，1996；Wodon，2001）。绝对收入流动性和相对收入流动性指标只能反映居民收入流动性的一个方面，不能满足需要同时考虑绝对和相对收入流动性的研究。为弥补这一不足，研究出分解绝对收入流动性指标的方法，把绝对收入流动性指标分解为结构流动性指标和交换流动性指标，这两个指标分别测度了收入的绝对流动和相对变化，而且结构流动性可进一步分解为增长流动性和分散流动性（Dardanoni，1993；Field，1996；Massouni，1998；Formby，2001；Ruiz，2001）。研究还发现，把绝对收入流动性指标分解为结构和交换两个流动性指标时，这两个指标数值大小取决于先分解出结构流动性指标，还是先分解出交换流动性指标，即序贯分解不相等问题。为解决这一问题，提出了分层分解加权平均法来保证分解出的结构流动性和交换流动性指标具有稳定性（Cantillon，1999；Schluter，1999；Field，2000；Kolenikov，2000；Ruiz，2001；Kerm，2004）。Roland（2002）等从机会平等视角构建了收入流动性指数，该指数能比较不同国家或地区的机会平等程度。

第三阶段，收入流动性进入应用研究时期。把收入流动性应用于实证研究主要体现在代际收入流动领域，即代际收入传递、初始禀赋对收入的影响以及上一辈人口统计学特征对下一辈收入的影响等（Bjorklund，1997；Behrman，2002；Lefranc，2005；Mazumder，2005；Anders，2006；Haider，2006；Blanden，2007；Oreopoulos，2008；Gouskova，2010；Lars，2012）；也主要体现在代内收入流动性，即代内收入流动变化趋势、代内收入流动对收入差距的影响，以及收入流动性分解的研究（Baker，1997；Buchinsky，1999；Atkinson，1992；Butcher，2002；Ferrie，2005；Auten，2007；Wojciech，2007；Adriaan，2010）。

首先，就研究代际收入流动性的文献而言，主要研究思路如下：通过计量方法，估计出上一代对下一代影响的代际收入弹性系数 B，然后用 1 - B 表示代际收入流动性。为了消除暂时性收入对于代际收入流动性的影响，索伦（Solon，1990）把数据中父辈的多年收入进行平均，估计出的代际弹性系数显著大于 0.4，该研究结论表明，美国代际流动性较低。现有研究代际收入流动性的文献都是基于外生性假设之上，当调查数据不满足该条件时，这类研究就会存在估计偏误的问题，亚历山德拉尔（Alexandral，2003）研究代际收入流动性时放松了该假设，得出美国代际收入流动性处于 0.27—0.55。约翰（John，2007）等通过构建模型的方式研究了代际流动性与收入差距的关系，研究发现，教育补贴和教育质量使代际流动性与收入差距负相关关系，而劳动力市场差异、技能偏向型技术进步的差异使两者呈正相关关系。

其次，就研究代内收入流动性的文献而言，现有文献通常假定一个国家的代内收入流动性是相对稳定的，然而，实证研究发现，社会的巨大变革会影响代内收入流动性，而且这种影响具有持久性（Gulgun，2012）。Wojciech（2007）等研究了美国1937—2004年的收入不平等和流动性，研究发现，第一，美国收入不平等随时间变化而表现为"U"形特征，1937—1953年收入不平等程度迅速改善，之后稳定上升。第二，无论是短期还是长期，自1950年以来，基于工人排序衡量的收入流动性相对稳定，因此，短期不平等与长期不平等非常接近。第三，高收入居民流动性相对稳定，显著上升的收入集中趋势从20世纪70年代持续至今。然而，收入流动性长期相对稳定掩盖了不同人口特征组之间的内在变化。在男性收入向下流动的同时女性收入却相应地向上流动，两者之间的收入差距缩小且相互作用，使长期流动性相对稳定。克姆（Kerm，2006）等研究了益贫式增长效应、收入流动性（居民收入排序变化）效应与收入差距的关系。研究发现，益贫式增长效应有助于缩小收入差距，而居民收入排序变化效应扩大了收入差距。20世纪80年代，美国居民收入排序变化效应大于益贫式增长效应，从而使收入差距持续上升，与此同时，德国这两种效应作用相当，收入差距相对稳定。

最后，就研究收入流动性分解的文献而言，菲利普（Philippe，2004）使用比利时、德国和美国的居民收入数据，基于收入分布和收入排序角度对收入流动性进行分解。研究发现，任何收入流动性指标都可以分解为交换流动性和结构流动性，而结构流动性又可以进一步分解为增长流动性和分散流动性。杜马斯（Dumas，2010）等基于Mincerian工资方程和Oaxaca分解方法，使用微观数据对工资收入流动性进行分解，研究了人力资本特征、人力资本回报率和不可观测对于工资收入流动性的影响。研究发现，出生于以色列的犹太人的工资流动性主要归因于人力资本特征和人力资本回报率的变化。

（二）国内文献综述

就国内研究而言，权衡（2005）发现，我国研究收入不平等主要利用基尼系数、洛伦兹曲线以及广义熵指数等比较静态意义上的分析工具，而没有从动态角度研究收入不平等。为了从居民收入动态变化角度研究收入不平等，权衡首次引入收入流动性概念，并对收入流动性的内涵加以阐述，由此开启了我国研究收入问题的新领域即收入流动性问题，主要研究成果集中体现在以下几个领域：

首先，国内研究收入流动性不但倾向于应用研究范畴，而且侧重于研究代内收入流动性，即关于收入流动性变化趋势的研究（Nee，1996；王海港，2005，尹恒，2006；孙文凯，2007；罗楚亮，2009），同时，也关注居民收入水平和社会经济地位的动态变化。20世纪90年代至21世纪初，城镇居民收入流动性表现出下降倾向，而农村居民收入流动性则略有上升（罗楚亮，2009）。相对于其他收入阶层而言，中等收入阶层经济地位更加脆弱，经济地位得以改善的前景不明朗，同时农村收入流动性高于城市（胡棋智，2009）；罗楚亮（2009）从基尼系数角度测度了城乡居民收入流动性情况。研究发现，农村地区收入流动性小幅上升，与此同时，城市地区收入流动性则下降较为明显。胡棋智（2009）研究发现，宏观经济形势显著影响居民收入流动性，就收入流动性而言，农村地区高于城市地区。张立冬（2011）研究了农村居民收入流动性的变化情况。研究发现，农村居民收入流动性处于递减趋势，农户收入分配日益僵化。

王朝明（2008）研究发现，虽然农村收入流动性高于城市，但是，农村较高的收入流动性是由于居民收入大幅波动导致的，而不是由于居民收入地位变化引起的。农村较高收入流动性并没有带来更高的社会福利水平，地位中低收入农户的收入地位变动较小。王洪亮（2012）基于收入流动性的角度研究了居民收入机会公平性问题发现，居民收入流动性处于下降趋势，虽然农村收入流动性高于城市，但是，城乡收入流动性都较弱，表明居民收入机会处于下降趋势，居民收入分配趋于僵化。严斌剑（2014）研究农村居民收入流动性时发现，不仅收入流动性处于下降趋势，而且低收入农户收入流动性更低，中等收入农户收入向下流动的概率大于向上流动的概率，居民收入流动不利于中低收入农户。臧微（2015）研究了不同区域间的居民收入流动性。研究发现，西部地区收入流动性较低，收入僵化现象最为突出，而东北部地区富人向下流动的概率较小，收入地位进一步固化。

其次，在"富二代"和"穷二代"背景下，研究代际收入流动性也成为国内研究收入流动性的重要领域之一（王海港，2005）。何石军（2013）研究了我国代际收入流动性。研究发现，虽然我国代际收入流动性大体上呈现出下降趋势，但是，代际收入流动性低于发达国家，说明我国"富二代"和"穷二代"现象更为严重。韩军辉（2011）研究代际收入流动性时排除了收入偏误、工作选择偏误等问题。研究发现，低收入和高收入群体代际收入流动性较强，而中等收入群体代际收入流动性较弱。徐俊武（2014）从公共教育支出角度研究了代际收入流动性。研究发现，公共教育支出越高，代际收入流动性越强，且这种影响不受地区经济发展水平的干扰，政府应该在公共教育支出上进行大力投资。谢婷婷（2014）研究了代际收入流动性与反贫困之间的关系。研究发现，代际收入流动性显著影响居民贫困状况，而且这种影响存在地区差异。

再次，在高收入差距背景之下，国内研究非常关注收入流动性与收入差距的关系。提出研究收入差距时考虑到收入流动性的重要性和必然性（权衡，2005），当研究收入分配考虑到收入流动性时，收入差距并没有人们想象的那样严重，因为穷人变为富人的机会在增加（章奇，2007）。章奇（2007）在我国较高收入差距的背景之下研究了农户收入地位的变化情况。研究发现，贫困农户收入地位更容易向上流动，而中等收入农户收入地位却相对稳定，同时还发现，收入流动性对收入差距的影响力度在逐渐提高。江金启（2010）从流动性分解角度研究了农村收入流动性。研究发现，收入流动性缓解了短期收入差距，但是，这种缓解作用因收入流动性的下降而减弱。收入流动性的高低主要取决于居民收入地位的变化，但是，居民收入增长对收入流动性的影响在增强。关于收入流动性与收入差距的研究，从收入流动性分解角度研究增长流动性、分散流动性和交换流动性与收入差距的关系，以及通过实证方法研究各种社会经济因素对收入流动性的影响，从而作用于收入差距（权衡，2005；章奇，2007；王朝明，

2008；胡棋智，2009；罗楚亮，2009；米建伟，2009；张立冬，2009；江金启，2010；雷欣，2012；王洪亮；2012）。雷欣（2012）研究了收入流动性对收入差距的影响。研究发现，收入流动性加剧了收入不平等，进一步分解发现，增长流动性有助于降低收入差距，但是影响不显著，而分散和交换流动性则提高了收入差距。周兴（2013）研究发现，居民代际收入流动性逐渐下降是居民收入分配恶化的重要原因之一，随着收入分配改革的实施，代际收入流动性有所增强。

最后，关于收入流动性与其他因素关系的研究。例如，常亚青（2013）研究了绝对收入流动性与 GDP 之间的关系。研究发现，绝对收入流动性会因经济持续增长而不断上升，调节收入分配应该主要依靠居民收入的不断增长，而不应依靠收入转移的方式，这种方式不利于经济增长。韩军辉（2010）研究了农村公共支出与代际收入流动之间的关系。研究发现，农村公共支出水平显著影响农户代际收入流动性，代际收入流动性相对较弱。

五　对专题研究文献的总结与评述

就农业政策文献而言，取得了丰硕的研究成果，研究内容包括农村合作医疗萌芽时期到新农合全面覆盖的发展历程，医疗保险中的逆向选择和道德风险是研究的重要领域之一，以及医疗服务利用与新农合关系的研究；关于新农合补偿模式与农户福利水平的研究；关于新农合与"因病致贫""因病返贫"关系的研究。与此同时，这些研究对农村合作医疗政策制定和实施产生了重要影响。虽然研究成果丰硕，但是，缺乏关于新农合门诊补偿政策与农户医疗需求行为的研究。新农合门诊补偿政策受益农户数量远远大于只报销大病农户数量，绝大多数农户健康需求行为会因门诊补偿政策而改变，健康需求行为的变化又会影响农户经济行为，从而影响农村区域经济。因此，在各级政府纷纷实施新农合门诊补偿政策背景下，需要回答的问题是：新农合门诊补偿政策怎样影响农户健康需求行为，农户健康需求行为的改变又会对农村区域经济产生什么样的影响。本书的专题之一是以新农合门诊补偿政策为基础，研究农户健康需求行为的变化，从而影响农村区域经济的微观传导机制。

政府推行退耕还林政策涉及范围广、持续时间长，对农户生产生活影响深远，随之产生了大量研究退耕还林的文献，研究领域涵盖退耕还林的方方面面。研究范围包括退耕还林对兼业农户和农业家庭的影响、退耕还林对农户种植业收益的影响、退耕还林后期复耕意愿的研究、退耕还林对劳动力供给的影响、退耕对土地利用及其生态服务功能的影响，以及对退耕还林过程中农户、地方政府和中央政府博弈行为的研究等。虽然研究退耕还林政策成果丰硕，但是，鲜有从退耕还林政策落实快慢的角度研究退耕还林影响农户生产决策行为，也就是说，政府推行退耕还林政策时，部分农户退耕还林的积极性并不高，是什么因素阻碍了农户退耕还林积极性。本书的专题之二是以退耕还林政策为基础，研究农户生产决策行为的变化，从而影响农村区域经济的微观传导机制。

国内研究农业补贴政策的对象包括粮食直接补贴政策和间接补贴政策，研究视角既有理论研究又有实证分析，但是，研究结论并不具有一致性。关于粮食直接补贴政策是否能够提高农民种粮积极性、扩大播种面积和提高粮食产量引起了学术界激烈的争论。其中，支持粮食直接补贴政策能够发挥作用的文献有：邓小华（2004）、曹芳和李岳云（2005）、陈波（2005）、孔玲（2006）、李伟毅（2006）、陈薇（2006）、罗安军（2006）、王金晖等（2007）、朱红根（2007）、司晓杰（2009）、刘克春（2010）和彭克强（2010）等。这些文献分别从粮食直接补贴政策影响农户生产积极性、农户收入、播种面积、粮食产量等方面得出粮食直接补贴有利于农业生产；不支持粮食直接补贴政策能够发挥作用的文献有：马彦丽和杨云（2005）、梁世夫（2005）、张冬平（2005）、李鹏和谭向勇（2006）、张冬平（2005）、王姣和肖海峰（2006）、李瑞峰和肖海峰（2006）、陆健康（2006）、王金晖（2007）和穆月英（2009）等。这些文献也从类似的视角研究发现，粮食直接补贴政策对促进农业生产没有起到多大作用。虽然研究粮食直接补贴政策对农业生产是否产生影响的文献丰富，但是，很少有从农户配置家庭劳动力和物质资本角度研究农业补贴如何影响农业生产。也就是说，农业补贴政策对农户根据利润最大化原则来配置家庭资源产生影响，从而作用于农业生产。本书的专题之三是以农业补贴政策为基础，研究农户配置家庭劳动力和物质资本的行为，从而影响农村区域经济的微观传导机制。

本书在现有文献基础之上，以新农合门诊补偿政策、退耕还林政策和农业补贴政策为基础，研究了农业政策影响农村区域经济的微观传导机制，本书贡献主要体现在以下三个方面。

第一，就收入流动性文献而言，国外文献研究收入流动性问题经历了从理论到实践的发展历程。首先，收入流动性概念形成阶段，因研究需要的不同定义了相应的收入流动性指标，从而使流动性指标体系非常丰富，但这使如何根据研究需要选用相应的收入流动性指标成为难题。其次，指标体系的构建、分解以及理论体系建设方面的研究。例如，对收入流动性进行分解时，分解成分取值受到分解顺序的影响，为了解决这一问题，提出了序贯分解的方法，使分解成分不受到分解顺序的影响，从而使收入流动性分解更加稳健。

现阶段研究侧重于应用研究领域，例如，研究代际收入流动性问题、研究代内收入流动性问题以及流动性波动大小问题（暂时性收入）等方面。西方发达国家分别研究了各自国家居民收入流动性问题，尤其是美国收入流动性研究成果最为丰富。一方面，研究收入流动性的前提条件是具有面板数据，而美国关于居民收入方面的数据非常丰富，持续时间相对较长，使研究收入流动性成为可能。另一方面，美国是世界第一大经济体，研究美国经济问题最具有现实意义，因此，大量的研究机构和研究人员对美国经济问题进行研究，从而使美国收入流动性研究成果非常丰富。在此基础之上，对收入流动性进行国际比较研究时，往往把美国作为比较的基准，依次判断各国收入流动性的高低。

值得一提的是，西方发达国家尤其是西欧和北欧国家收入差距不但较低，而且相对稳定，因此，研究收入流动性时并不太关注收入流动性与收入差距的关系。与此同时，发达国家代际收入流动性相对较高，因此，研究不太关注所谓的"富二代"和"穷二代"问题。

第二，就国内研究而言，值得肯定的是，研究收入问题时引入了收入流动性概念，这使我国对收入问题的研究提高到了一个更高的水平。国内研究收入流动性的特点表现为应用研究相对丰富，而理论研究极其缺乏。就应用研究而言，研究收入流动性主要从三个方面进行：

其一，关于收入流动性与收入差距的关系的研究。在我国较高收入差距的背景下，如何降低收入差距一直是研究中的热点问题，因此，发现收入差距与收入流动性的内在关系也是非常具有意义的。然而，国内研究主要采用回归估计的方法进行，这样得出的研究结论，一方面可信度不高，另一方面没有实际指导意义。因为计量经济学的回归估计方法，只能说明两个变量之间存在一定的关系，但是，这种关系是否为因果关系，需要从经济学角度进行分析。而现有文献认为，收入流动性会影响收入差距，于是回归估计的结果就是因果关系，但是，收入流动性如何影响收入差距，这种影响能表现为线性形式吗？这些问题没有回答清楚就不能应用回归估计方法来探讨两者之间的关系。关于收入流动性与收入差距的研究还有待于进一步提高。

其二，关于代内收入流动性方面的研究。国内关于代内收入流动性的研究成果非常丰富，一方面，从我国二元经济结构特点出发，比较研究了城乡居民收入流动性，普遍研究结论表明，农村收入流动性高于城市。另一方面，研究了居民收入流动性的变化趋势，研究结论总体上支持我国居民收入流动性处于下降趋势，居民获取收入的机会更加不平等。与此同时，还研究了不同收入阶层收入流动情况，发现低收入向上流动的概率处于下降趋势，表明收入逐渐具有僵化的趋势。

其三，关于代际收入流动性方面的研究。在我国"富二代"和"穷二代"背景下，研究代际收入流动性都表明我国代际收入流动性不但较低而且还具有下降的趋势，这表明我国正朝向"富者越富，贫者越贫"现象靠近，这一现象值得政府加以关注。

第三，就理论研究而言，国内极其缺乏收入流动性理论方面的文献，如果不根据本国国情构建出相应的收入流动性分析工具，而是把国外的分析工具应用于分析国内问题，那么我国对收入流动性问题的研究就会被国外研究"牵着鼻子走"，一方面对收入流动性问题的研究难以有重大创新，另一方面研究成果的实际应用价值也会大打折扣。

第三章　新型农村合作医疗对参合农户医疗消费的影响

第一节　引言

进入 21 世纪后，在医疗卫生服务体系市场化改革的价值取向下，我国居民"看病贵、看病难"十分普遍，令人更为不安的是，医疗费用上涨使农民"因病致贫、因病返贫"的现象极其严重，这不但损害了前期的扶贫成效，而且不利于社会主义和谐社会的建设。为了扭转这种不利局面，中央政府于 2003 年投入大量资金启动了农村合作医疗制度改革和建设工作，新农合应运而生。伴随着新农合从试点到基本覆盖全国农村，众多学者从不同角度研究了这个时期新农合存在的各种问题，丰富的研究成果主要体现在以下四个领域。

一　关于新农合如何影响医疗价格的研究

新农合对村级医疗价格没有影响，但提高了县级医疗价格，报销比例越高，县级医疗价格上涨越大，价格上涨幅度和报销比例基本一致。造成村级医疗价格不受影响的原因是私人诊所价格低且质量与公立机构相当，因此，村诊所医疗价格不会因新农合的覆盖而变化；由于县级医疗机构垄断性和营利性的双重特征，导致新农合政策的实施促使县级医疗价格上涨，从而抵销了医疗保险的效果（封进，2010）。医生和患者双方信息的不对称在很大程度上影响了医疗服务价格，医生掌握的病患信息高于患者就会使医疗服务价格虚高。通过单纯地向医疗服务机制引入市场竞争机制并不能有效地解决医疗服务市场信息不对称和价格虚高的问题（卢洪友，2011）。

二　关于新农合逆向选择的研究

较少的缴费金额、较高的风险规避、较低的医疗支出倾向和政府财政补贴是导致逆向选择问题较小的主要原因（封进，2007）。新农合主要以"以户为单位参合""干部动员保证参合率"的方式进行推广，从而避免了逆向选择问题（高梦滔，2010）。然而，也有研究提出，新农合制度的内生式缺陷使其难以有效地规避逆向选择悖论，即投保者的风险无法逐个识别，建立在平均概率基础上的保费将使所有风险概率低于平均概率的人都会退出市场，从而导致保险市场风险不断上升，形成一个典型的"柠檬市场"（朱信凯，2009）。现有大量文献研究结论，要么认为支持新农合不存在逆向选择问题，要么认为新农合逆向选择问题相对不严重。

三　关于新农合抵御健康风险的研究

赵志刚等（2006）指出，农户对新农合能否解决家庭的医疗问题表示悲观，认为只保大病，受益机会少。封进等（2007）指出，仅仅补贴大病不利于农民在健康出现问题时及时治疗，导致小病拖成大病，反而引起更多的医疗支出，也影响到新农合基金的收支平衡。封进（2009）对我国农村医疗保障制度的补偿模式进行了系统的研究，研究表明，仅仅补偿住院费用对减轻医疗负担和灾难性医疗支出的作用十分有限，只有将补偿范围扩大到门诊费用，才能有效地抵御健康风险。张广科等（2010）对新农合制度的目标及其实现路径进行研究时发现：新农合制度建立后，分担了样本地区农户33.3%的灾难性疾病风险和24.2%的"因病致贫"风险。农户的疾病风险仍然比较严重，新农合制度目标的实现程度有待提高，未来新农合的保障范围应保持或强化门诊补偿。因此，新农合门诊补偿政策的实施很大程度上归因于我国健康经济学的研究成果。

四　关于新农合提高农户医疗服务利用的研究

新农合能够有效地增加农村卫生服务利用率，使农户年就诊次数平均增加0.29次（高梦滔，2010）。程令国（2012）研究发现，新农合通过提高参合农户的医疗服务利用率，从而明显地改善了参合农户的健康水平。虽然参合农户自付比例降低，但是，实际医疗支出和大病支出发生率并未显著下降。因此，新农合在改善参合农户健康状况的同时，并未明显降低医疗负担。

除上述研究领域之外，现存文献还包括关于新农合可持续能力的研究、关于缴费方式的研究、关于新农合公平性的研究等。虽然学术界一直以来十分关注新农合方方面面的问题，但是，鲜有研究新农合与参合农户医疗消费的文献。对该问题的研究，不但可以很好地解释上述文献中的三个结论，即医疗价格的上涨抵消了新农合的效果、新农合增加了参合农户的医疗服务利用率以及新农合并没有明显降低医疗负担；而且，有助于理解新农合如何影响参合农户的医疗需求行为，为新农合政策的实施和调整提供实证依据。

第二节　分析框架

一　研究问题的提出

图 3 – 1 和图 3 – 2 是本书根据中国营养与健康调查（CHNS）中

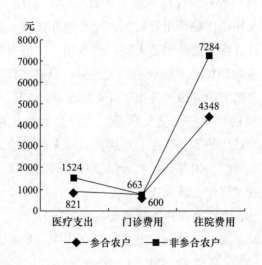

图 3 – 1　参合农户与非参合农户人均医疗费用对比

2006 年和2009 年两年数据绘制出的农户人均医疗费用图,其中,纵坐标表示医疗消费金额（元）,横坐标由人均医疗支出、人均门诊费用和人均住院费用三个指标构成。图中的农户 2006 年都没有参加新农合,其中,图 3 – 1 的参合农户与非参合农户分别是指 2009 年参加与没有参加新农合的农户,图 3 – 2 描绘了农户参加新农合前后医疗费用的变化。值得强调的是,参合农户医疗费用不但包括农户自身的医疗支出,而且包括新农合承担的相应医疗支出。

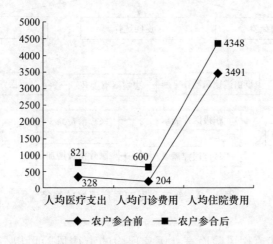

图 3 – 2　农户参合前后人均医疗费用的变化情况

图 3 – 1 和图 3 – 2 有以下三个明显的特征:首先,无论是人均医疗支出、人均门诊费用还是人均住院费用,参保农户的医疗费用都小于非参保农户;其次,参保农户的人均住院费用仅为非参合农户的 59.69% （4348/7284）,说明新农合在很大程度上降低了农户大病风险,该结论与张广科（2010）的研究结果相一致;最后,就新农合实施前后而言,无论是人均医疗支出、人均门诊费用还是人均住院费用,农户参合后的医疗费用都高于参保前。由此可知,参合农户医疗费用低于非参合农户,说明新农合降低了参合农户的医疗负担。然而却出现了参合后医疗费用比参合前不减反增的现象,这对于新农合资金的收支平衡会造成不利影响,有损新农合的可持续性,因此,本书

试图发现新农合导致参合农户医疗费用上涨的原因，为抑制参合农户医疗费用的过快上涨提出相应的政策建议。

二 研究思路的描述

如图 3-3 所示，新农合可以通过道德风险、逆向选择和诱导需求三个途径来影响参合农户医疗消费。

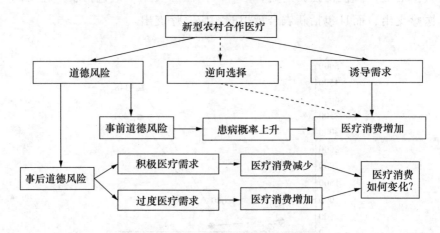

图 3-3 新农合影响医疗消费的途径

首先，就道德风险而言，医疗保险的道德风险可以分为事前道德风险和事后道德风险两种。事前道德风险是指参合农户因为参加医疗保险而忽视了健康保健与疾病预防，使患病概率上升，从而增加了医疗消费。如表 3-1 所示，参合农户发病率从新农合实施以前（2006年）的 11.3% 上升到新农合实施以后的 15.38%，这表明参合农户很可能存在事前道德风险导致患病概率上升，从而提高了发病率；事后道德风险是指新农合导致参合农户患病后医疗需求的改变，这种变化分为积极医疗需求和过度医疗需求两种类型。一方面，新农合激励农户患病后积极就诊，避免了小病拖成大病，从而降低了医疗消费，这就是积极医疗需求；另一方面，医疗保险承担了参合农户部分医疗费用，使参合农户的医疗需求边际成本下降，参合农户根据边际收益等于边际成本来决定最优医疗服务时就必然导致医疗消费过度，从而增加了医疗消费，这就是过度医疗需求。积极医疗需求和过度医疗需求共同作用决定事后道德风险对医疗消费的影响。

表 3 – 1　　　　　新农合实施前后农户医疗消费与发病率的对比

指标名称	2006 年		2009 年	
	参合农户	非参合农户	参合农户	非参合农户
平均医疗支出（元）	328	322	821	1524
其中，平均门诊费用（元）	204	199	600	663
平均住院费用（元）	3491	1292	4348	7284
发病率（%）	11.3	14.11	15.38	13.93

注：表中相应指标根据 CHNS 调查数据得出。

其次，就逆向选择而言，参合农户的风险无法逐个识别使患病概率低的农户退出新农合，使参合农户健康状况更差，从而增加了参合农户医疗消费。也就是说，在存在逆向选择条件下，健康状况更差的农户更愿意参加新农合。表 3 – 1 显示，新农合实施前（2006 年）参合农户的发病率（11.3%）小于非参合农户的发病率（14.11%），这表明参合农户的健康状况好于非参合农户，因此，新农合中不存在逆向选择问题或者说逆向选择问题较小，该结论与封进（2007）和高梦滔（2010）的研究结论一致。因此，新农合不可能通过逆向选择来影响参合农户医疗消费。

最后，就诱导需求而言，由于医生比患者掌握更多的医疗知识，医生可以根据农户是否参加新农合而制定不同的治疗方式，从而增加了参合农户的医疗消费。健康经济学领域很少有关于估计诱导需求的文献，原因在于：一方面，现有医学水平难以界定患者消费多少医疗资源是合理水平；另一方面，估计诱导需求不仅仅要求研究者具有较高的经济学理论，而且还要具有深厚的医学背景。

虽然本书没有研究新农合诱导需求问题，但是，当新农合中排除了逆向选择问题时，只要研究出道德风险对医疗消费的影响，就能够反推出医生诱导需求行为。研究道德风险对医疗消费的影响，实际上，就是分别估计事前和事后道德风险影响医疗消费的程度，这种估计有助于了解农户如何根据新农合来调整自身的医疗需求行为，从而影响医疗消费。

三 估计道德风险影响医疗消费的计量方法

新农合的推广对农户而言是一种"自然冲击"，可以用政策实施的因果效应方法进行估计。伊本斯和伍德里奇（Imbens and Wooldridge，2009）指出，就最近二十年估计政策实施的因果效应而言，无论是理论上还是实证应用中，都具有逐渐发展成熟的趋势。采用哪种方法估计政策实施的因果效应取决于调查数据的结构特征，若已知政策前的事前组和政策后的处理组和控制组，则可以用倍差法（Difference-in-Difference，DID）进行估计。倍差法的估计方程如式（3.1）所示。

$$Y = B_0 + B_1 \times POLICY_i + B_2 \times POST_t + B_3 POLICY_i \times POST_t + \gamma X_{it} + \varepsilon_{it} \tag{3.1}$$

式中，变量 $POLICY_i$ 表示样本 i 是否参加了某项政策，其中参加为处理组，未参加为控制组；变量 $POST_t$ 表示政策实施前后的虚拟变量；X_{it} 为控制变量。

估计系数特征如表 3－2 所示，其中，$B_0 + B_1$ 和 $B_0 + B_1 + B_2 + B_3$ 分别表示处理组在政策实施前后作用于因变量的效应。B_0 和 $B_0 + B_2$ 分别表示控制组在政策实施前后作用于因变量的效应。两组差异指标 $B_1 + B_3$ 表示政策实施后，处理组比控制组更能作用于因变量的效应；两组差异指标 B_1 表示政策实施前，处理组比控制组更能作用于因变量的效应，因此，B_3 表示政策实施的因果效应。同样，政策前后差异指标 $B_2 + B_3$ 表示处理组在政策实施后比在政策实施前，更能作用于因变量的效应；政策前后差异指标 B_2 表示控制组在政策实施后比在政策实施前，更能作用于因变量的效应，因此，B_3 表示同样政策实施的因果效应。由此可知，政策实施的因果效应可以通过式（3.1）直接估计出来。

表3-2　　　　　　　　　　倍差法系数的特征

	处理组（参合农户）	控制组（非参合农户）	两组差异
新农合实施后	$B_0 + B_1 + B_2 + B_3$	$B_0 + B_2$	$B_1 + B_3$
新农合实施前	$B_0 + B_1$	B_0	B_1
政策前后差异	$B_2 + B_3$	B_2	B_3（政策效应）

四　模型设定

因为本书使用的 CHNS 中 2006 年和 2009 年两年的数据结构符合倍差法（DID）的要求，所以，本书采用倍差法分别估计事前道德风险和事后道德风险对医疗消费的影响。事前道德风险是指参合农户因为参加医疗保险而忽视了医疗保健与预防的意识，使参合农户患病概率增加，从而增加了医疗消费。因此，估计事前道德风险实际上就是估计新农合对参合农户患病概率的影响。

$$SICK_{it} = B_{10} + B_{11} \times NRCI_i + B_{12} \times POST_t + B_{13} NRCI_i \times POST_t + \gamma_1 X_{it} +$$
$$\varepsilon_{it} \tag{3.2}$$

由此可知，本书估计事前道德风险的方程式式（3.2）所示，其中，因变量 $SICK_{it}$ 表示 i 农户在 t 时期是否患病或受伤的虚拟变量；自变量 $NRCI_i$ 和 $POST_t$ 分别表示 i 农户是否参加新农合和新农合政策实施前后的虚拟变量；X_{it} 为控制变量。

估计系数 B_{13} 就是事前道德风险影响农户患病概率的因果效应。如果估计系数 $B_{13} > 0$，就表明存在事前道德风险，经济学含义为农户确实因为参加新农合而忽视了医疗保健与预防的意识，导致患病概率上升。如果估计系数 $B_{13} \leq 0$，就表明估计结果与经济理论预测不一致，农户不存在事前道德风险。

就事后道德风险作用于医疗消费而言，需要注意以下两方面的问题：一方面，积极医疗需求和过度医疗需求共同决定了参合农户医疗需求的变化趋势，因此，只有估计出新农合如何影响参合农户医疗消费，才能识别出积极医疗需求与过度医疗需求相互作用力的大小。另一方面，农户医疗消费产生的前提条件是农户患病后进行医疗消费。也就是说，农户是否存在医疗消费取决于农户是否就诊的决定，由此可知，农户医疗消费有可能是样本自选择的结果。

$$\log (EXPENSE)_{it} = B_{20} + B_{21} \times NRCI_i + B_{22} \times POST_t + B_{23} NRCI_i \times POST_t + \gamma_{21} X_{1i}t + \varepsilon_{it} \tag{3.3}$$

$$TREAT_i = C_0 + C_1 \times TRACOST_i + \gamma_2 X_{2it} + \mu_{it} \tag{3.4}$$

基于上述分析，本书使用赫克曼（Heckman）的样本自选择模型来估计事后道德风险对农村医疗消费的影响。估计模型如式（3.3）和式（3.4）所示，其中，因变量 $\log(EXPENSE)_{it}$ 和 $TREAT_{it}$ 分别表示 i 农户 t 时期的医疗消费对数形式和 i 农户是否就诊的虚拟变量，当农户选择就诊时才具有医疗消费观测数据。选择方程自变量 $TRACOST_i$ 表示农户就诊的交通成本，X_{1it} 和 X_{2it} 分别表示式（3.3）和式（3.4）的控制变量。

估计系数 B_{23} 表示事后道德风险对参合农户医疗消费的影响，具体有以下三种状态：状态一，如果估计系数 $B_{23} > 0$，那么积极医疗需求减少的医疗消费量小于过度医疗需求增加的医疗消费量，事后道德风险增加了医疗消费；状态二，如果估计系数 $B_{23} = 0$，那么积极医疗需求与过度医疗需求作用力相当，事后道德风险对医疗消费没有产生明显影响；状态三，如果估计系数 $B_{23} < 0$，那么积极医疗需求减少的医疗消费量大于过度医疗需求增加的医疗消费量，事后道德风险降低了医疗消费。

第三节　数据与变量

一　数据说明

本书数据来源于北卡罗来那大学和中国疾病预防控制中心联合进行的国际合作项目——中国健康与营养调查（CHNS）数据。CHNS数据涵盖 9 个在地理位置、经济发展、基础设施和健康状况都存在较大差异的省份，至今进行了八轮调查，其中，2003 年之前和之后分别进行了五轮和三轮调查。该项目旨在调查中国居民健康和营养状况以及相关影响因素，因而包含有详尽关于农户健康、医疗消费和医疗保险方面的数据。2003 年 1 月，国务院办公厅转发《卫生部、财政部、农业部关于建立新型农村合作医疗制度的意见》，要求从 2003 年起，各省、自治区、直辖市至少要选择 2—3 个县（市）进行新农合医疗试点，取得经验后逐步推开（王绍光，2008）。国务院按照经济社会发展的地区差异，首先选取了吉林、浙江、湖北和云南 4 个省份进行试点，之后才陆续在全国开展试点工作。

由此可知，CHNS 的数据只有 2004 年、2006 年和 2009 年最后三轮的调查涉及新农合方面的信息，而 2004 年关于新农合的调查数据主要来自湖北省，不具有代表性。从 2005 年开始新农合逐步普及，CHNS 关于新农合的样本数据地域更加广泛，而且最后两轮调查数据排除了逆向选择问题，因此，本书使用 2006 年和 2009 年两年的调查数据来估计道德风险影响医疗消费的程度。

二　变量选取及样本描述

根据事前道德风险对患病概率的影响即估计方程式（3.2），以及事后道德风险对医疗消费的影响即估计方程式（3.3）和式（3.4）来选取所需的变量。就事前道德风险而言，本书选取过去"四周是否生过病或受过伤"作为估计方程式（3.2）的因变量，如表 3 - 3 所示，新农合实施前（2006 年）参合农户（处理组）是否生过病或受过伤的比例小于非参合农户（控制组），而新农合实施后（2009 年）参合农户是否生过病或受过伤的比例大于非参合农户。

就事后道德风险而言，本书选取过去四周的医疗花费对数形式作为估计方程式（3.3）的因变量，表 3 - 3 中医疗消费取对数形式即估计方程式（3.3）的因变量。值得强调的是，本书对医疗消费的定义是指农户自付医疗费用与新农合赔付医疗费用的总和，而不仅仅是农户自己承担的那部分医疗费用。本书选取患病后是否到正规医疗机构就诊作为选择方程式（3.4）的因变量，由赫克曼模型可知，选择方程式（3.4）中必须有一个影响患者就诊决定但对医疗消费没有影响的自变量，因此，本书选取到达正规医疗机构的时间作为式（3.4）的就诊交通成本（$TRACOST_i$）的代理变量。

对于控制变量的选择，本书根据国内健康经济学文献中常用的人口统计学特征、健康状况和受教育程度作为控制变量。由表3－3可知，控制变量有以下几个特征：首先，参合农户（处理组）和非参合农户（控制组）的年龄、性别和健康状况［用身体质量指数变量（BMI）表示］的差异不明显；其次，就已婚比例而言，参合农户高于非参合农户；最后，农户受教育程度都较低，受教育水平在大专及以上的农户比例不超过5％。

表3－3 变量描述性统计

指标名称	2006 年		2009 年	
	处理组	控制组	处理组	控制组
医疗消费（元）	328	322	821	1524
门诊费用（元）	204	199	600	663
住院费用（元）	3491	1292	4348	7284
是否生病或受伤（是＝1）	0.113	0.141	0.153	0.139
患病后是否到正规医疗机构就诊（是＝1）	0.108	0.125	0.116	0.189
到达正规医疗机构时间（分钟）	12.7	12.7	12.81	13.09
年龄	45.66	45.97	47.46	47.28
性别（女＝1）	0.53	0.52	0.54	0.51
婚否（已婚＝1）	0.23	0.18	0.19	0.14
身体质量指数（BMI）	21.83	22.87	22.3	22.83
小学学历（％）	19.86	14.23	22.98	13.32
初中学历（％）	26.35	22.9	29.61	28.48
高中学历（％）	6.8	15.9	4.5	15.29
中专学历（％）	1.2	8.7	1.37	8.38
大专及以上（％）	0.22	4.6	0.3	4.8

注：表中相应指标根据 CHNS 调查数据得出。

第四节　实证结果分析

一　事前道德风险对患病概率的影响

表3－4是根据倍差法（DID）利用以上数据得出的估计方程式

（3.2）的实证回归结果。由表3 - 4可得出以下几个结论：

表3 - 4　新农合事前道德风险影响参合农户患病概率的实证结果

变量名称	模型1	模型2	模型3	模型4	模型5	模型6
$NRC_{Ii} \times POST_t$	0.0426**	0.0431**	0.0429**	0.0427**	0.0500**	0.0499**
	(0.0199)	(0.0202)	(0.0202)	(0.0202)	(0.0217)	(0.0217)
$NRCI_i$	-0.0281**	-0.0245*	-0.0247*	-0.0243*	-0.0287*	-0.0393**
$POST_t$	-0.0018	-0.0095	-0.0093	-0.0096	-0.0106	-0.0095
年龄		-0.0028***	-0.0028***	-0.0024**	-0.0034**	-0.0026*
年龄平方/100		0.0069***	0.0069***	0.0063***	0.0075***	0.0063***
性别			0.0149*	0.0224**	0.0304**	0.0233*
婚否				-0.0185	-0.02	-0.0141
身体质量指数（BMI）					-0.0109	-0.0076
$BMI^2/100$					0.0003	0.0002
初中学历						-0.0290**
高中学历						-0.0314*
中专学历						-0.0578***
大专及以上						-0.0520*
常数项	0.1411***	0.0923***	0.0716***	0.0583**	0.1645	0.1495
r2_a	0.0022	0.0409	0.0412	0.0414	0.0457	0.0468

注：*、**和***分别表示在10%、5%和1%的显著性水平下与0存在显著性差异，括号内数字为标准误。

首先，农户年龄影响患病概率的特征表现为倒"U"形，这与实际情况相符。即农户处于青壮年时，健康状况较好，患病概率较低；当农户处于幼年阶段时，免疫功能不强，容易患病；当农户处于老年阶段时，免疫功能下降，患病率上升。

其次，女性患病率明显高于男性，该结论与健康经济学中的"性别悖论"相一致。"性别悖论"是指现实中女性患病率高于男性，似乎表明男性健康状况比女性更好，然而，女性的期望寿命反而高于男性。

最后，受教育程度越高，患病率越低。如果农户受教育程度越高，那么农户对健康卫生和护理知识就越了解，生活习惯就会更为科学，也就降低了患病概率。上述结论与健康经济学理论预测结果相一致，表明本书估计出的事前道德风险对患病概率的影响具有一定的合理性。

为了确保估计出的事前道德风险对农户患病概率的影响具有稳健性，本书使用不同的控制变量进行多个方程的回归估计。如表 3 - 4 所示，无论是哪个估计模型，事前道德风险（变量 $NRCI_i × POST_t$ 的估计系数）都始终在5%的显著性水平下显著影响患病概率，且不同方程估计出的事前道德风险影响患病概率的差异较小，表明本书的估计结果具有稳健性。由表 3 - 4 倍差法的估计结果可知，农户确实因为参加新农合而忽视了健康保健与疾病预防，从而使农户患病概率上升，也就是说，新农合引发的事前道德风险使参合农户患病概率上升5%。因此，现有文献（高梦滔，2010）研究得出新农合增加了参合农户的医疗服务利用率，其原因在于新农合增加了参合农户患病概率，从而增加了医疗服务利用率。

二 事后道德风险对农户医疗消费的影响

表 3 - 5 是根据倍差法（DID）和估计样本选择问题的赫克曼模型，利用上述数据得出的事后道德风险影响参合农户医疗消费［估计方程式（3.3）］的实证回归结果。由表 3 - 5 可得出以下几个结论：

首先，当控制变量逐渐增加时，inverse mills ratio 由不显著变得在10%的显著性水平下与 0 具有显著性差异，说明农户医疗消费在一定程度上是样本自选择的结果，也就是说，医疗消费是否产生首先取决于农户是否就诊。

其次，由 POST 变量的估计系数可知，医疗支出在新农合实施前后差异较大。

最后，受教育程度越高，医疗消费就越低，该结论与卢洪友（2011）的研究基本一致。就病患信息而言，医生和患者存在明显的信息不对称现象，当医生比患者掌握的医疗信息越高时，医疗消费就会越高；当医生比患者掌握的医疗信息越低时，医疗消费就会越低。

因此，患者受教育程度很大程度上决定了对疾病信息的了解程度，从而对医疗消费产生影响。

为确保估计出的事后道德风险影响农户医疗消费具有稳健性，本书使用不同的控制变量进行多个方程的回归估计。如表 3 – 5 所示，无论是哪个估计模型，变量 $NRCI_i \times POST_t$ 的估计系数始终大于 0 似乎说明事后道德风险增加了参合农户的医疗消费，但是，任何一个模型的估计系数都不显著，说明事后道德风险没有显著影响参合农户医疗费用。也就是说，农户参加新农合后及时就诊，避免小病拖成大病而降低的医疗消费量，相当于农户因新农合承担部分医疗消费而增加的医疗消费量，从而使医疗消费无明显变化，即本书所述的积极医疗需求与过度医疗需求作用相当，医疗消费无明显变化。

表 3 – 5　新农合事后道德风险影响参合农户医疗消费的实证结果

变量名称	模型 1	模型 2	模型 3	模型 4	模型 5
$NRCI_i \times POST_t$	0.0109 (0.5099)	0.0379 (0.5029)	0.048 (0.5032)	0.0613 (0.5034)	0.1035 (0.5067)
$NRCI_i$	0.191	0.1262	0.109	0.0311	− 0.0266
$POST_t$	0.7299 *	0.7449 *	0.7368 *	0.7300 *	0.6651 *
年龄		0.0944 ***	0.0922 ***	0.1002 ***	0.1057 ***
年龄²/100		− 0.0722 **	− 0.0699 **	− 0.0838 **	− 0.073
婚否			0.1482	0.196	0.1002
身体质量指数（BMI）				0.0259	− 0.0355
（BMI）²/100				− 0.0012	0.0003
初中学历					− 0.2398 *
高中学历					− 1.0585 *
中专学历					0.3554
大专及以上					− 0.0075 *
常数项	3.1738 ***	− 1.534	− 1.3886	− 0.3657	− 2.603
inverse mills ratio	− 0.6142	0.087	1.4457 *	1.3661 *	1.316 *
样本量	3841	3841	3841	3841	3841

注：*、**和***分别表示在10%、5%和1%的显著性水平下与0存在显著性差异，括号内为标准误。虽然本书没有汇报选择方程式（3.4）的实证结果，但是，本书汇报了判断赫克曼样本选择方程是否合理的 inverse mills ratio。

三 诱导需求对农户医疗消费的影响

虽然本书没有系统研究新农合诱导需求问题，但是，当新农合中排除了逆向选择问题时，只要研究出道德风险对医疗消费的影响程度，就能够反推出新农合诱导需求的程度。诱导需求对医疗消费的影响可以通过以下四个步骤来进行：

第一，由表3－3可知，参合农户的平均医疗消费从2006年的328元增长到2009年的821元，表明农户因为参加新农合而导致医疗消费年增长率为51.66%。其中，参合农户门诊医疗消费从2006年的204元增长到2009年的600元，年增长率为64.66%，表明参合农户门诊医疗消费增长幅度较快，也就是说，农户看小病的医疗消费增长较快；参合农户住院医疗消费从2006年的3491元增长到2009年的4348元，年增长率为8.18%。

第二，新农合引发的事前道德风险使农户患病概率上升5%，假设参合农户患病都进行治疗的话，那么，农户医疗消费因事前道德风险而增长5%。

第三，新农合引发的事后道德风险，在积极医疗需求和过度医疗需求两个作用力相抵消的情况下，对农户医疗消费没有发挥明显的作用，因此，对医疗消费增长率的贡献为0。

第四，因为本书使用的CHNS调查数据避免了逆向选择问题，所以，医疗消费增长率排除道德风险的贡献之后，就是医生诱导需求的贡献率。

如表3－6所示，扣除道德风险作用之后，医生诱导参合农户消费医疗服务导致医疗消费增长率高达46.66%，由此可知，诱导性需求是新农合医疗消费上涨的主要原因。进一步分析可知，医生诱导需求行为使参合农户门诊和住院的医疗消费分别提高了59.66%和3.18%，表明医生诱导农户消费医疗服务主要集中在门诊治疗领域，也就是说，参合农户因为小病就诊更容易被医生诱导消费更多的医疗服务。产生医生诱导需求行为的原因在于：一方面，我国医疗体制在不断改革过程中却没有合理地提高医务人员劳动报酬价格，使医务人员尤其是医生劳动报酬价格被严重低估，催生了通过诱导参合农户消费医疗资源，来间接地提高劳动报酬价格的行为。另一方面，门诊治疗相对于住院治疗而言，不但患者人数众多，而且医疗管理机构更难以有效监管，从而为医生更偏好于诱导门诊治疗的参合农户消费医疗服务。

表3-6　　新农合引发的诱导需求对参合农户医疗消费的影响程度　　单位：%

指标	医疗消费增长率	道德风险		医生诱导需求
		事前	事后	
医疗消费	51.66	5	0	46.66
门诊消费	64.66	5	0	59.66
住院消费	8.18	5	0	3.18

第四章　政府退耕还林的农业政策对农户生产决策行为的影响

第一节　引言

21世纪以来，国家加大了保护环境力度，开始推行退耕还林还草等利国利民的政策，即鼓励农户将部分耕地转化为树林。这样，农户既可以获得退耕还林补偿费，又可以获取林业收益收入，而且经果林所需劳动投入量小于耕地劳动投入量，对于广大农户来说，是实实在在的惠农政策。但是，实施几年来，部分地区退耕还林工程效果并不尽如人意。

位于祖国西南边陲的贵州省×县属于国家级贫困县，而A村（下文以英文字母代替行政村名称以省略村庄具体信息）是×县最贫困的行政村之一。该村所包括的多个自然村自然条件极其恶劣，直到2007年5月，村里还没有通公路和自来水。当地居民生活水平低下，绝大多数农户的主食是所谓的"苞谷饭"，即大米和玉米混合食用。作为退耕还林工程早期试点地，A村三个自然村农户的生产行为很令人费解。他们不但不积极配合退耕还林，而且还将土质贫瘠的荒地用作退耕还林指标，进行所谓退荒还林，仅仅获取退耕补偿费。2003年，有关部门对上述三个自然村进行扶贫时，开始免费提供各种经果苗给农户栽种，很长时间内竟然没有一家农户进行栽种。

政府推行的各项惠农政策并不总是从颁布开始就会惠及农户。当惠农政策出台时，绝大多数农户并未表现出积极的配合态度，总是在一段时间后才会踊跃参与，而此时惠农政策已经接近尾声。在上述案例中，看似毫无关联的两个事件其实都有一个因素在起决定性作用，那就是：农户对于政府尤其是基层政府落实政策的信任程度，即本章中所谓的"政府公信度"。公信度既是政府履行经济调节、市场监管、社会管理和公共服务职能的基石，也是提高行政效率，降低行政成本，实现行为规范、运转协调、公正透明、廉洁高效行政管理目标的前提（陈庆贵，2007）。当政府公信度较高时，农户就会积极配合政府实施各项惠农政策；政府公信度较低时，农户则预期政府特别是基层政府惠农政策实施具有不确定性，进而"上有政策，下有对策"，实施效果可想而知。就此案例而言，由于基层政府发放退耕补偿费的数量及时间具有不确定性，农户就会依据这种不确定性来决定实际退耕面积。本节将政府公信度较低导致的退耕面积不确定性抽象为退耕面积概率分布函数，据此，对农户的生产行为进行深入分析，并认为政府公信度对农户生产行为具有重要的影响。

研究退耕还林政策对农户生产决策行为的影响，既有利于了解政策实施的因果效应，也有利于了解贫困地区农户生产决策行为受到退耕还林政策影响的内在机制，从而对农村区域经济产生深远影响。

第二节 退耕还林农业政策对农户生产决策行为的影响分析

一 农户退荒还林的原因

在国家推行退耕还林农业政策的过程中，A 村没有退耕而是把土质贫瘠的荒地进行退荒还林，以此充当退耕还林指标。原因在于国家实施退耕还林农业政策会提供树苗给农户栽种。为了便于分析问题，假设农户在退耕或退荒的过程中树苗不存在成本，则农户退荒还林净收益的累计现值为：

$$\int_0^8 R_1(bz) e^{-rt} dt + \int_0^8 \left[\int_0^w R_2(az) dG(z) \right] e^{-rt} dt \qquad (4.1)$$

式（4.1）第一项表示农户退荒还林八年所获得农产品收益 R_1 的

累计现值。其中，R_1 为退荒的土地面积 z 与退荒后单位面积农产品净收益 b 之积的函数。由于农户退荒还林主要是栽种果树苗，而这些树苗结果期在三年之后，所以，前三年净收益实为零，故简写为 $\int_3^8 R_1$ $(bz)e^{-rt}\mathrm{d}t$。第二项表示退荒后所获得的退耕补偿费期望收益 $\int_0^w R_2$ $(az)\mathrm{d}G(z)$ 的累计现值，其中，$G(z)$ 表示退荒面积的概率分布函数，R_2 为退耕补偿费收益（类似贝努利效用），积分上限 w 为总耕地面积，a 为单位面积的退耕补偿费用。考虑到时间价值，式（4.1）两项都引入贴现因子 e^{-rt}。由于农户退荒还林净收益大于荒地期望收益（荒地不存在净收益，故期望收益为零），所以，农户进行退荒还林。

二　农户没有退耕还林的原因

如果农户退耕还林净收益的累计现值小于农户退荒还林净收益的累计现值，那么农户就会放弃退耕还林而选择退荒还林，从而增加自己的总收益。因此，农户没有退耕还林的原因是：退耕后收益的累计现值与退耕前收益的累计现值之差小于退荒收益的累计现值（可以看作机会成本），其表达式如下：

$$\int_0^8 R_3\big[h(w-q)\big]e^{-rt}\mathrm{d}t + \int_0^8 \left[\int_0^w R_2(aq)\mathrm{d}F(q)\right]e^{-rt}\mathrm{d}t + \int_3^8 R_4(bq)e^{-rt}$$

$$\mathrm{d}t - \int_0^8 R_3(hw)e^{-rt}\mathrm{d}t < \int_0^8 \left[\int_0^w R_2(aq)\mathrm{d}G(q)\right]e^{-rt}\mathrm{d}t + \int_3^8 R_1(bq)e^{-rt}\mathrm{d}t$$

$$(4.2)$$

其中，式（4.2）不等式左边表示农户退耕还林净收益的累计现值，其中，第一项为退耕后剩余耕地面积 $(w-q)$ 的农业收益 R_3 的累计现值，h 表示单位面积耕地的农业净收益；第二项为农户退耕所得补偿费期望收益的累计现值，其中，$F(q)$ 表示退耕面积概率分布函数，q 为退耕面积；第三项为退耕还林面积农产品净收益的累计现值，R_4 为退耕农产品收益函数；不等式左边最后一项为退耕前收益的累计现值。不等式右边的两项表示退耕还林的机会成本即退荒还林净收益的累计现值。

三　农户退耕还林的必要条件

通过式（4.2），我们可推导出农户退耕还林的充要条件如下：

$$\int_0^8 \left[\int_0^w R_2(aq)(q) \right] e^{-rt} \mathrm{d}t \geqslant \int_0^8 \left[\int_0^w R_2(aq) \, \mathrm{d}G(q) \right] e^{-rt} \mathrm{d}t +$$

$$\left\{ \int_0^8 R_3(hq) e^{-rt} \mathrm{d}t + \int_3^8 R_1(bq) e^{-rt} \mathrm{d}t - \int_3^8 R_4(bq) e^{-rt} \mathrm{d}t \right\} \quad (4.3)$$

进一步地，我们只要式（4.3）不等式右边大括号内为正数，即：

$$\int_0^8 R_3(hq) e^{-rt} \mathrm{d}t + \int_3^8 R_1(bq) e^{-rt} \mathrm{d}t - \int_3^8 R_4(bq) e^{-rt} \mathrm{d}t > 0 \quad (4.4)$$

就能够保证农户选择退耕还林。

实际上，如果假设式（4.4）小于或等于零，那么经济含义是说 q 面积的耕地用于退耕还林所获得农产品收益的累计现值式［式（4.4）不等式左边最后一项］，大于相应时间段退耕前该耕地农产品净收益与退荒后相同面积荒地农产品净收益之和的累计现值式［式（4.4）前两项］，那么在该假设下，即使没有退耕补偿费，农户也会进行退耕还林，从而增加自己的收益，而这与上述案例中存在退耕补偿费条件下农户并未退耕还林的事实相矛盾。因此，该假设不成立，从而推导出式（4.4）成立。

由不等式（4.3）和式（4.4）可进一步推导出农户退耕还林的必要条件如下：

$$\int_0^8 \left[\int_0^w R_2(aq) \, \mathrm{d}F(q) \right] e^{-rt} \mathrm{d}t > \int_0^8 \left[\int_0^w R_2(aq) \, \mathrm{d}G(q) \right] e^{-rt} \mathrm{d}t \quad (4.5)$$

在不等式（4.5）中，退耕还林与退荒还林的补偿费都是依据退耕还林标准来补偿的。在核查成本较小的前提条件下，地方政府会对农户退耕还林耕地进行实地核查。但是，当核查成本较高时，如 A 村极其贫困落后且交通不便，加之具有利用退耕补偿费进行间接扶贫动机时，地方政府就有动机在没有核查退耕还林的情况下发放退耕补偿费用。因此，退耕补偿收益函数完全相同，均为 R_2，则式（4.5）成立的充要条件为：

$$\int_0^w R_2(aq) \, \mathrm{d}F(q) > \int_0^w R_2(aq) \, \mathrm{d}G(q) \quad (4.6)$$

因为 $F(q)$ 和 $G(q)$ 分别是退耕还林和退荒还林土地面积的概率分布函数，所以，现引入一阶随机占优的定义及其重要性质进行分析。由微观经济学可知，若对于每个非递减的函数 u：R→R，均有：

$$\int U(x) \, \mathrm{d}F(x) \geqslant \int U(x) \, \mathrm{d}G(x) \quad (4.7)$$

则称分布 F(·)—阶随机占优优于 G(·)。—阶随机占优具有一个很好的性质：当且仅当 F(x)≤G(x) 对所有 x 均成立时，分布函数 F(·)—阶随机占优优于 G(·)。

由不等式 (4.6)、式 (4.7) 及其一阶随机占优性质，我们最终可推导出退耕还林必要条件的等价形式为：

$$F(q) < G(q) \tag{4.8}$$

式 (4.8) 的经济含义表示为：农户退耕还林必要条件是退耕面积的概率要小于退荒相同面积的概率，这在直觉上似乎有悖于常理。另一种表述方法的经济含义则更易于理解：退耕面积概率分布函数 F(q) 是增函数且 G(q)≤1，所以，必然存在某一正数 s 使 F(q+s)＝G(q)。即上式经济意义又可表述为：退耕面积高于相同概率的退荒面积，多出的退耕面积为 s。也就是说，要想强制农户在退荒或退耕两种选择中做到无差异，就必须把更多的耕地面积用于退耕还林。对于 A 村来说，耕地是农户的基本保证，使用更多的土地退耕还林显然是不现实的，他们的理性选择往往是用废弃的荒地冒充退耕还林指标来套取退耕补偿费。引言案例中，当国家试点推行退耕还林的政策时，A 村农户将土质贫瘠的荒地充作退耕还林指标来获取退耕还林补偿费和较低农业收益的做法看似不可思议，实则反映了当地居民处于贫困或半贫困状态，对于风险厌恶程度高。

第三节　农户退耕还林生产决策
行为比较静态分析

无论农户是退耕还是退荒都面临退耕补偿费是否能按时、足额发放的风险，政府公信度对于农户评估该风险起到决定性的作用。分析政府公信度如何影响农户生产决策行为，应从农户退耕还林的必要条件式 (4.8) 入手。由式 (4.1) 所知，无论退荒面积概率分布函数 G(q) 为何种形式，退荒面积农产品净收益的累计现值 $[\int_3^8 R_1(bz)e^{-rt}dt]$ 始终大于 0，所以，农户退荒还林的净收益始终大于荒地的期望收益。在分析农户退耕还林必要条件时，可以假定退荒面积概率分布函数 G(q) 具有确定的形式，那么只需分析退耕面积概率分布函数 F(q) 如何受到政府公信度的影响，从而使不等式（4.8）成立；而抽象分析政府公信度对退耕面积概率分布函数 F(q) 的影响较为困难。因此，使用概率密度函数分析政府公信度对农户生产行为的影响相对容易。本节选用的密度函数需要满足以下条件：首先，由于农户退耕面积不可能为负值，密度函数自变量的取值必须大于或等于 0；其次，密度函数应左偏，即该函数最大值接近纵轴，这是因为，农户人均耕地不多，退耕的自然也不多；最后，便于理解该分析方法，选用的密度函数应为常用的密度函数。由此可知，理想的密度函数应为对数正态分布密度函数，退耕面积密度函数的表达式可假定如下：

$$f[x \mid \mu, \ \sigma^2(\mu)] = \frac{1}{\sqrt{2\pi}\sigma(\mu)} \cdot \frac{1}{x} \cdot e^{\frac{-[\log(x)-\mu]^2}{2\sigma^2(\mu)}}$$

$$1 < x < e^w, \ 0 < \mu < \infty, \ \sigma > 0 \tag{4.9}$$

其中，$\log(x)$ 代表退耕面积 q，参数 μ 是政府公信度；$\sigma^2(\mu)$ 为农户退耕风险度。在相同退耕面积的条件下，政府的公信度越高，农户退耕承担的风险就越低，故农户退耕风险度是政府公信度的减函数即 $\sigma'(\mu) < 0$。由退耕面积 $q = \log(x)$，推出自变量 x 变化范围为 $1 < x < e^w$。

等式（4.9）对政府公信度 μ 进行求导并化简可得下式：

$$\frac{f'_\mu[x \mid \mu, \ \sigma^2(\mu)]}{f[x \mid \mu, \ \sigma^2(\mu)]} = -\frac{\sigma'(\mu)}{\sigma(\mu)} + \frac{\log(x)-\mu}{\sigma^2(\mu)} + \frac{[\log(x)-\mu]^2\sigma'(\mu)}{\sigma^3(\mu)}$$

$$\tag{4.10}$$

当 $q = \log(x) = \mu$ 时，等式（4.10）可推导出下式：

$$\frac{f'_\mu[x \mid \mu, \ \sigma^2(\mu)]}{f[x \mid \mu, \ \sigma^2(\mu)]} = -\frac{\sigma'(\mu)}{\sigma(\mu)} \tag{4.11}$$

等式（4.11）表示当退耕面积等于政府公信度时，退耕面积密度函数边际变化比率等于退耕风险度（标准差）边际变化比率的相反数。

当 q = log (x) ≠ μ 时，$-\dfrac{\sigma'(\mu)}{\sigma(\mu)} > 0$、$\dfrac{[\,log(x) - \mu\,]^2}{\sigma^2(\mu)} < 0$ 且

$\dfrac{log(x) - \mu}{\sigma^2(\mu)}$ 即可能大于零也可能小于零，所以，等式（4.10）中

$\dfrac{f'_{\mu}[\,x \mid \mu, \; \sigma^2(\mu)\,]}{f[\,x \mid \mu, \; \sigma^2(\mu)\,]}$ 的变化规律不容易确定。为了发现政府公信度 μ 变

化对密度函数的影响规律，我们仿照 Fujita（1999）的比较静态图形
分析法，借助数学软件 Maple，通过尝试不同政府公信度 μ 和与之变
化趋势相反退耕面积风险度 $\sigma^2(\mu)$，得出如下不同参数的退耕面积密
度函数，如图 4 - 1 和图 4 - 2 所示。

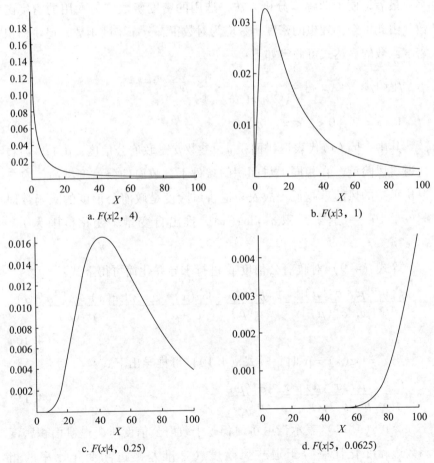

a. F(x|2, 4)

b. F(x|3, 1)

c. F(x|4, 0.25)

d. F(x|5, 0.0625)

图 4 - 1　不同参数的对数正态分布

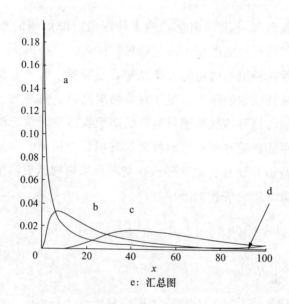

e: 汇总图

图 4 - 2　不同参数的对数正态分布汇总

注意：图 4 - 2 与图 4 - 1 形状有很大不同的原因在于，图 4 - 2 统一了图 4 - 1 中的纵轴坐标刻度。由于退耕面积概率分布函数是退耕面积密度函数的积分，由汇总图 4 - 2 可知，$F(X|2, 4) > F(X|3, 1) > F(X|4, 0.25) > F(X|5, 0.00625)$，这表明政府公信度越高，退耕面积概率分布函数越小。由此可以解释：为什么在没有退耕补偿指标的前提下没有农户栽种政府免费提供的果树苗？

在退耕政策实施的过程中，地方政府每次都按时、足额地发放了退耕补偿费，政府的公信度因此提高。退耕面积概率分布函数 $F(q)$ 和退荒面积概率分布函数 $G(q)$ 因政府公信度的提高而变小。根据上文中一阶随机占优定义、性质、退耕概率分布函数和退荒面积概率分布函数都变小，可推出退耕补偿收益的累计现值 $\int_0^8 \left[\int_0^w R_2(aq) dF(q) \right] e^{-rt} dt$ 和退荒补偿收益的累计现值 $\int_0^8 \left[\int_0^w R_2(az) dG(z) \right] e^{-rt} dt$ 均提高。如果农户预期将来还有退耕还林的指标，那么荒地的期望收益就因此而提高，其荒地期望收益为预期将来还有退耕还林指标的概率乘以相应的退荒农产品收益与补偿费用总和的累计现值，即荒地的预期机会成本。当有关部门免费提供用于扶贫的果树树苗时，一方面，由于荒地土质贫瘠，现在种植果树苗的农产品净收益较低；另一方面，当政府公信度因退耕补偿费的按时、足额发放而提高时，荒地的预期机会成本因此而增加。当种植扶贫项目树苗的期望收益小于荒地的预期机会成本时，农户的理性选择就是不种植扶贫项目的树苗，而是预留荒地以备将来进行退荒还林套取比种植扶贫项目果树树苗更高的退耕补偿费。可以用数学语言表述如下：

$$\pi \left\{ \int_0^9 R_1(bq)e^{-rt}dt + \int_1^9 \left[\int_0^w R_2(aq)dG \right] e^{-rt}dt \right\} + (1-\pi) \left[\int_0^9 R_1(bq) \right.$$

$$\left. e^{-rt}dt - c \right] > \int_0^9 R_1(bq)e^{-rt} \tag{4.12}$$

式（4.12）左边表示荒地的预期机会成本，右边表示从现在起种植果树苗的农产品净收益，其中，π 代表预期有退耕还林指标进而能够领取退耕补偿费的概率。具体来说，左边第一项表示预期有指标的收益，第二项为预期没有指标的净收益。不失一般性，这里假设农户预测基层政府第二年下达指标并发放退耕补偿，但期限仍为 8 年，故左边大括号内第二项积分下限为 1，上限为 9。按常理，不等式左边第二项即荒地种植果树树苗的期望收益应该为零，因为在土质贫瘠的荒地上种果树的农产品收益 $\int_0^9 R_1(bq)e^{-rt}dt$ 小于农户购买树苗的支出成本 c，故当农户预期将来没有退耕还林指标时，就不会对荒地进行农业上的投资，故不等式左边只有退荒还林的期望收益。

当政府公信度提高时，退荒面积概率分布函数 G(q) 因此变小，从而退荒还林补偿收益的累计现值 $\int_0^8 \left[\int_0^w R_2(az)dG(z) \right] e^{-rt}dt$ 或 $\int_1^9 \left[\int_0^w R_2(az)dG(z) \right] e^{-rt}dt$ 会随之提高，加之荒地上农产品收益本来很小，故式（4.12）条件是能够满足的。

这里似乎出现矛盾，即政府公信度提高，农户越不会栽种政府免费提供的果树苗。为何提高对政府的信任，农户反而会不配合政府惠农政策（提供免费果树树苗）的实施。针对政府最初的退耕还林政策，A 村三个自然村农户采取退荒还林的投机做法，是因为农户的政府公信度低，预期得到退耕补偿费的概率较小；在政府确实发放退耕补偿的背景下，政府免费提供用于扶贫项目的树苗时，农户因政府公信度的提高而在贫瘠的荒地上栽种免费树苗和预留荒地以备将来套取退耕补偿费之间进行决策。实际上，政府推行的各种惠农政策并不是从颁布开始就会惠及农户。当惠农政策出台时，绝大多数农户并未表现出积极的态度，而是或观望或套利，总是在一段时间后才会真正参与进来，而此时惠农政策已经接近尾声，以前的优惠也可能随之消失。

第四节　退耕还林农业政策对农户生产决策行为影响的实证检验

从以上分析来看，退耕还林的农业政策对农户选择退耕或者退荒栽种还是不栽种的生产决策行为具有重要影响，为进一步验证两者的内在机理，我们特选取当地调查数据进行实证分析。

一　数据说明

本节数据部分变量来源于中国农业科学院"公共政策与农村贫困"调查项目。该项目通过对全国数个中西部省份部分贫困县市农户发放调查问卷来收集农村的基础数据，旨在研究当前我国基层政府公共财政能否扶助边远落后地区摆脱贫困及其他相关问题。由于调查项目采用跟踪调查法，且取自一手材料，数据可靠性较高。但令人遗憾的是，该数据库中并没有政府公信度这个变量。为构造政府公信度，我们通过实地调查当地农户将涉及政府形象的 20 个问题分别赋予如下分值：非常满意得 5 分，满意得 4 分，一般得 3 分，不满意得 2 分，很不满意得 1 分，不关心得 0 分。这样，政府公信度最高分值为 100分，最低分值为 0 分。基于研究目的及数据可获得性，本节所选取的子样本为 2007 年贵州省×县近郊的 C 村、B 村近 140 个观测值。由于适值当地退耕还林政策首批结束期，因此，重点考察了记录两行政村农户退耕还林面积和政府公信度等信息的变量。各变量的具体数据描述性统计特征见表4-1。

表4-1　　　　　　　　　　数据描述性统计特征

变量名	观测数	均值	标准差	最小值	最大值
家庭退耕还林面积	85	0.62	0.95	0	4.83
户主政府公信度	85	59.54	19.12	32	87
户主受教育年限	85	4.45	3.22	0	15
家庭是否有人外出务工	85	0.45	0.49	0	1
户主年龄	85	48.84	13.89	21	87
户主婚否	85	0.48	0.49	0	1
户主是否居住C村	85	0.47	0.50	0	1

注：家庭退耕还林面积和户主政府公信度变量为笔者实地访问获得的数据，其他变量为"公共政策与农村贫困"所收集的数据。家庭是否有人外出务工为虚拟变量，1表示家庭有人外出务工；户主是否已婚，本节根据"公共政策与农村贫困"婚姻状况的变量产生一个二元变量，1表示已婚；0表示其他，其中包括未婚、离婚、丧偶等。

仔细观测表4-1中的数据可以发现，C村、B村农户退耕还林面积总体较小，这与当地自然环境有关。据实地调查，×县绝大多数地貌属喀斯特地形，石漠化现象比较严重，能够种植农作物的耕地面积十分有限，2007年×县人均耕地面积仅为0.57亩，远远低于同期全国平均水平（1.39亩）。在这些样本中，两村农户的政府公信度最高为87分、最低为32分，平均分近59.54分；相对于A村农户的政府公信度而言，C村和B村的农户对政府信任度较高。我们分析原因，是C村和B村更具备区位优势：这两个行政村处于×县城关镇近郊，步行只需要30分钟，具有收集信息的优势；而A村直到2007年才开通公路，从城关镇到A村坐车尚需要35分钟左右的时间而且路面较差。另外，我们还收集了反映退耕还林农户户主特征的一些变量，如户主受教育年限、家庭是否有人外出务工、户主年龄及户主婚否。我们还用"户主是否居住C村"这个虚拟变量来控制行政村可能存在的差异。

二 回归结果分析

采用普通最小二乘法对这一横截面数据直接回归，其回归结果如表 4 - 2 所示。具体而言，表 4 - 2 中第（1）列是剔除诸如受教育年限太长或政府公信度较低等异常值后的回归结果；考虑到农户尤其是农户家庭有外出务工会影响家庭对政府公信度的判断，为避免出现多重共线性问题，第（2）列为剔除了家庭是否有人外出务工变量的回归结果，第（1）列和第（2）列的回归结果没有显著性差异；表 4 - 2 第（3）列是未剔除异常值的全样本回归结果，主要结果仍然稳健。我们注意到，控制住农户的户主受教育年限、户主年龄、户主婚否和区位等因素后，政府公信度对农户退耕还林的生产决策行为影响始终显著。这说明，较高的政府公信度确实能够调动农户退耕还林的积极性，从而扩大退耕还林面积并达到退耕还林工程初衷。政府公信度估计系数表明，政府公信度提高 10 分，C 村和 B 村农户家庭就会多退耕 0.05 亩。据调查，两个行政村有 550 余户家庭，仅按一半家庭退耕还林保守估计，总的多退耕还林面积就会达到 13.75 亩，而这对于喀斯特地貌的贵州省 × 县农村而言，是不可忽略的耕地面积。另外，回归结果还表明，户主年龄及居住区位对退耕具有显著影响。

表 4 - 2　　　　退耕还林面积对政府公信度的回归结果

自变量	（1）	（2）	（3）
户主政府公信度	0.00528 **	0.00520 **	0.00603 *
	(0.0025)	(0.00254)	(0.0036)
户主受教育年限	0.15	0.136	0.14
	(0.11)	(1.09)	(0.9)
户主家庭是否有人外出务工	0.13	—	0.04
	(0.84)		(0.08)
户主年龄	0.4	0.4	0.37
	—	(0.25)	(0.24)

续表

自变量	(1)	(2)	(3)
年龄平方	− 0. 00620 *	− 0. 00622 *	− 0. 00574
	(0. 00370)	(0. 00369)	(0. 00366)
户主婚否	0. 083	0. 086	0. 069
	(0. 107)	(0. 105)	(0. 107)
户主是否居住 C 村	0. 113 *	0. 112 *	0. 106 *
	(0. 0629)	(0. 0623)	(0. 0622)
常数项	− 3. 980	− 3. 995	− 3. 474
	(4. 172)	(4. 156)	(4. 126)
样本量	79	85	85
R^2	0. 150	0. 150	0. 169

注：* 和 ＊＊ 分别表示在 10% 和 5% 的显著性水平下显著，括号内数字为标准误差。

第五章 农业补贴政策与农户家庭资源的配置

第一节 引言

研究农业补贴政策如何影响农户家庭资源的配置，首先要了解农户根据什么原则来配置家庭劳动力和物质资本。根据刘易斯（1954）理论，即古典的二元经济模型，该理论的核心假设为：在给定工资水平情况下，可用于工业部门劳动力数量是无限的。该假设暗示农业部门中存在大量的剩余劳动力，以至于农业劳动力边际产量为零，因此，随着劳动力从农业部门向工业部门转移而不会对农业产量产生影响，工业部门和农业部门劳动力工资水平也都不会变化。这表明农业劳动力边际产量为零是衡量农业部门是否存在剩余劳动力的标准。以拉尼斯和费景汉（Ranis and Fei, 1961）为代表的新古典二元经济理论在刘易斯理论基础之上发现，随着农业部门劳动力的逐渐转移，农业部门剩余劳动力将最终全部转移到工业部门，此时，工业部门和农业部门的工资差会推动农业部门劳动力继续转移到工业部门，导致农业部门劳动力短缺，农产品价格上涨，推动农业部门劳动力工资上涨，最终实现工业部门和农业部门劳动力工资水平的收敛，从而实现二元经济向一元经济转变，这表明农业部门劳动力报酬最终会与非农部门工资报酬一致。也就是说，新古典二元经济理论认为，配置农业部门劳动力以非农部门劳动力报酬为基础。

国内学者认为，研究农业劳动力配置问题归根结底是一个经验问题而非理论问题（蔡昉，2007）。持这种观点的学者认为，农业生产所需的用工量决定了农业劳动力的投入量，故根据农业产量最大化确定的劳动投入量就是农业生产所需的劳动配给量。经验法、基准法和劳动定额法常被用来估算其他要素和总产出既定条件下必需的劳动投入量（Taylor，1988）。蔡昉（2007）通过观察农村劳动力加总数量、年龄结构和就业分布，估计出2006年中国农村所需的劳动投入量。但是，就中国的具体情况而言，对农业所需劳动投入量的判断，应该以农户家庭作为研究对象，而不是以农业部门作为研究对象。原因在于：在以家庭联产承包责任制为基础的农业生产经营方式下，农地不能自由买卖，农户不会彻底脱离农业而从事非农业。农户多少具有部分耕地，农户根据家庭净收益最大化来确定家庭劳动力和物质资本在农业和非农业之间的配置。本章检验了农户根据什么原则来配置家庭劳动力和物质资本，以便为第六章第四部分研究农业补贴影响农村区域经济做准备。

第二节　家庭劳动力最优配置模型及经济学含义

一　建立模型

如何在农业与非农业配置家庭劳动力以实现净收益最大化是农户生产决策的重要内容之一。农户家庭配置多少农业劳动力取决于劳动力资源配置结果。为了更好地阐述农户如何优化劳动力资源配置，本书通过建立模型来推导农户如何配置劳动力资源。为了使模型推导通俗易懂，提出如下假设：

假设5-1：农户不能兼业。对于农户而言，外出务工和务农只能二选一，假设5-1保证了务农或务工的人数为整数取值。当然，假设5-1对于地理区位较好的农村地区而言不符合实际情况，但是，对于较为贫困且交通不发达的农村地区，假设5-1具有一定的合理性。在下文中将会放松假设5-1。

假设 5 - 2：农户家庭成员外出务工的净收益为常数 NAI。在下文的分析中也会放松假设 5 - 2。

假设 5 - 3：农业生产函数服从柯布—道格拉斯函数（C—D 函数），即 $Y = A \cdot S^{b1} \cdot K^{b2} \cdot TL^{b3}$，其中，Y 和 A 分别表示农业总产值和技术水平，S、K 和 TL 分别表示耕作面积、中间要素投入和农业劳动投入。

采用 C—D 函数描述中国农业生产的学者有：lin（1992）、Fan（1991）、Nguyen 等（1996）、Wan 和 Cheng（2001）、李功奎和钟莆宁（2006）、范红忠和连玉君（2010）等。

假设 5 - 4：农户根据耕作面积（S）和中间要素投入（K）来决定农业劳动投入量。

因此，耕地成本和中间要素成本相对于农业劳动投入而言不会发生变化，故农户净收益最大化决策模型中不包括耕地成本，中间要素成本不影响农户劳动力的最优配置。通过对农业生产函数 Y、农业劳动投入成本（W×L×N1）和外出务工净收益 NAI 取对数后，则农户在农业与非农业配置家庭劳动力以实现净收益最大化的决策函数如式（5.1）所示：

$$\text{Max：} \ln(A) + b_1\ln(s) + b_2\ln(K) + b_3\ln(N_1 \cdot L) - \ln(W \cdot L \cdot N_1) + N_2\ln(NAI)$$

(5.1)

s. t.　　$N_1 + N_2 = N$

约束条件表示农户家庭劳动力总人数（N）等于务农人数（N_1）和外出务工人数（N_2）之和。农户在此约束条件下配置家庭劳动力使得农业净收益 $[\ln(A) + b_1\ln(s) + b_2\ln(K) + b_3\ln(N_1 \cdot L) - \ln(W \cdot L \cdot N_1)]$ 和外出务工净收益 $[N_2\ln(NAI)]$ 之和达到最大化。其中，L 和 W 分别表示每名家庭成员农业劳动投入量和相应劳动投入量的农业劳动力报酬。

二　农户家庭劳动力优化配置及其经济学含义

使用拉格朗日函数求解农户家庭劳动力资源在农业与非农业的最优配置，构造拉格朗日函数如下：

$$La(N_1, N_2) = \ln(A) + b_1\ln(s) + b_2\ln(K) + b_3\ln(N_1 \cdot L) - \ln(W \cdot$$

$L \cdot N1) + N_2 \ln(NAI) + \lambda(N - N_1 - N_2)$ (5.2)

则农户净收益最大化的一阶导数条件为：

$a\{\ln[La(N_1, N_2)]\}/a(N_1) = (b_3 - 1)/N_1 - \lambda = 0$ (5.3)

$a\{\ln[La(N_1, N_2)]\}/a(N_2) = \ln(NAI) - \lambda = 0$ (5.4)

$a\{\ln[La(N_1, N_2)]\}/a(\lambda) = N - N_1 - N_2 = 0$ (5.5)

由式（5.4）可得 $\lambda = \ln(NAI)$，表示农户家庭成员在家务农的机会成本（影子价格）即为农户在家从事农业生产所放弃的外出务工净收益。由式（5.3）和式（5.4）可推出 $N_1 = (b_3 - 1)/\ln(NAI)$，该表达式的经济学含义为：如果外出务工净收益越大，那么农户在家务农的机会成本就越高，在家务农的劳动力人数就会越少。农户净收益最大化的条件加上假设 5 - 1 的约束之后，等式（5.4）和等式（5.5）依然成立，但是，根据假设 5 - 1，农户只能在务农和外出务工之间做出选择，因此，农户家庭务农人数（N_1）只能为整数取值。那么式（5.3）与 0 的关系就有三种可能的状态。

状态一：当 $(b_3 - 1)/N_1 = \ln(NAI)$ 且 $N_1 < N$ 时，则 $a[\ln(La)]/a(N_1) = 0$ 即等式（5.3）成立。该表达式的经济学含义为：农户家庭劳动力人数恰好使劳动力的边际净收益在农业与非农业之间无差异，从而使家庭净收益最大化。刘易斯（1954）指出，工业部门只要提供的最低限度生活费用的工资水平高于农业部门的工资水平，农业部门劳动力就会转移到工业部门。因此，当农户家庭存在农业劳动边际产量为零的剩余劳动力且当外出务工的净收益（λ）等于零时，由于外出务工的工资收入高于务农的劳动报酬，就会推动农户家庭把劳动力从农业转移到非农业，直到农业的边际净收益等于零（边际收益等于边际成本），此时，农户家庭获得的最大净收益等于农业净收益。农户家庭虽然获得外出务工净收益为零，但是，外出务工成员的劳动力被充分利用且获得的工资收入高于其在家务农所获得的劳动报酬，而且家庭成员的外出务工使农户家庭农业劳动的投入量由劳动力边际净收益等于零（劳动力的边际收益等于边际成本）的条件所决定，从而使农业净收益最大化。例如，假设某一农户家庭拥有劳动力人数为 3，外出务工的工资收入高于务农的劳动报酬且外出务工的净收益为零。

如果农户配置家庭劳动力 2 人在家务农和 1 人外出务工时，劳动力的边际净收益在农业部门等于零，那么农户家庭净收益最大化。

状态二：当 $(b_3-1)/N_1 \neq \ln(\text{NAI})$ 且 $a[\ln(\text{La})]/a(N_1) > 0$ 时，可推出 $(b_3-1)/N_1 > \lambda$，该表达式的经济学含义为：在此条件下，再将一名家庭成员从农业转移到非农业所获得的外出务工净收益的增加量小于农业净收益的减少量，此时农户家庭的最优决策为保持相对过多的农业劳动力。

状态三：当 $(b_3-1)/N_1 \neq \ln(\text{NAI})$ 且 $a[\ln(\text{La})]/a(N_1) < 0$ 时，可推出 $(b_3-1)/N_1 < \lambda$，该表达式的经济学含义为：在此条件下，农户家庭将外出务工的某一家庭成员转移到家庭农业以弥补农业劳动力投入的不足，所导致外出务工净收益的减少量大于农业净收益的增加量，此时农户的最优决策为保持农业短缺劳动力。

如果放松假设 5-1，即农户家庭可以兼业，那么农户家庭务农人数就可以取连续的数值，等式（5.3）、式（5.4）和式（5.5）都成立，以上农户家庭劳动力资源优化配置的三种状态就会退化为一种情况，即农户根据劳动力的边际净收益在农业和非农业无差异的条件下优化配置家庭劳动力。由此可知，农业部门劳动力是否存在剩余取决于农户家庭劳动力最优配置的结果。

当农业产量达到最大化时，还未被利用的农村劳动力即为刘易斯所定义的农业剩余劳动力。现有文献大多根据刘易斯农业剩余劳动力的定义，从农业产量最大化角度来推算农业剩余劳动力的规模。检验究竟是农业产量最大化还是净收益最大化决定农户家庭劳动力资源的最优配置，有助于研究农户配置家庭劳动力和物质资本如何受农业补贴政策的影响。

第三节　估计方程的推导和数据变量的选取

一　估计方程的推导

本书检验农户配置家庭劳动力是由农业产量最大化还是由净收益

最大化决定时，使用了森（1966）提出的农业劳动时间和劳动人数两个概念。本书说的农业劳动时间是指农户家庭所有成员从事农业所花费的总时间即为农业劳动投入量的代理变量；农业劳动人数是指农户家庭成员被配置在农业劳动的人数。农业劳动时间和劳动人数都会对农户家庭农业产量和净收益产生影响，因此，检验农户配置家庭劳动力是由农业产量最大化还是由净收益最大化决定时，需要包括以下四个估计方程。

首先，推导家庭农业劳动人数（N_1）分别影响农业总产量 $[\ln(Y)]$ 和农业净收益 $[\ln(I)]$ 的估计方程。由假设 5 – 3 可知，农业产量函数为：$Y = A \cdot S^{b_1} \cdot K^{b_2} \cdot TL^{b_3}$，对其取对数可得：

$$\ln(Y) = \ln(A) + b_1\ln(s) + b_2\ln(K) + b_3\ln(TL) \tag{5.6}$$

其中，由 C—D 函数可知，如果农业耕作面积（S）和中间要素投入（K）给定，那么最优的农业劳动时间（TL）就会由耕作面积和中间要素投入所决定，用含有误差项（ε）的计量模型可以表示如下：

$$\ln(TL) = a_0 + a_1\ln(s) + a_2\ln(K) + \varepsilon \tag{5.7}$$

把式（5.7）代入式（5.6）可得：

$$\ln(Y) = \ln(A) + b_3 \cdot a_0 + (b_1 + b_3 \cdot a_1) \cdot \ln(s) + (b_2 + b_3 \cdot a_2) \cdot \ln(K) + b_3 \cdot \varepsilon \tag{5.8}$$

把农业劳动人数和相应的控制变量代入式（5.8），则可得到家庭农业劳动人数（N_1）影响农业总产量的估计方程如下：

$$\ln(Y) = p_0 + p_1\ln(s) + p_2\ln(K) + p_3(N_1) + P_4 \cdot X + P_5 \cdot V + u_1 \tag{5.9}$$

把式（5.9）中的因变量农业总产量改为农业净收益，则可得到家庭农业劳动人数影响净收益的估计方程如下：

$$\ln(I) = q_0 + q_1\ln(s) + q_2\ln(K) + q_3(N_1) + Q_4 \cdot X + Q_5 \cdot V + u_2 \tag{5.10}$$

其次，推导家庭农业劳动时间（TL）分别影响农业总产量 $[\ln(Y)]$ 和农业净收益 $[\ln(I)]$ 的估计方程。把家庭特征向量（X）和控制行政村效应的二元变量组（V）代入式（5.6），则可得到农业劳动时间（TL）影响农业总产量 $[\ln(Y)]$ 的估计方程如下：

$$\ln(Y) = co + c_1\ln(s) + c_2\ln(K) + c_3\ln(TL) + C_4 \cdot X + C_5 \cdot V + u_3$$

$$(5.11)$$

同理，把式（5.11）中的因变量农业总产量改为农业净收益，则可得到家庭劳动时间影响净收益的估计方程如下：

$$\ln(I) = do + d_1\ln(s) + d_2\ln(K) + d_3\ln(TL) + D_4 \cdot X + D_5 \cdot V + u_4$$

$$(5.12)$$

其中，X 和 V 分别表示家庭特征向量组和控制行政村效应的二元变量组；ε、u_1、u_2、u_3 和 u_4 都表示误差项。

由此可知，式（5.9）、式（5.10）、式（5.11）和式（5.12）4个估计方程可以检验：是由农业产量最大化还是由净收益最大化来决定农户家庭劳动力配置，从而决定农业是否还有剩余劳动力。

二 数据和变量的选取

本书利用的数据来自国际食物政策研究所（美国）、中国农业科学院和贵州大学 2007 年对贵州省×县三个行政村即 A 村、B 村和 C 村农户进行的住户调查。×县属于国家级贫困县且贫困率是国家贫困率的两倍，下辖 11 个乡镇、317 个行政村、总人口为 402000 人，接近 94% 的人口居住在农村，除汉族外，还有苗族、布依族、仡佬族和彝族等 20 多个少数民族，少数民族人口占总人口的 20% 左右，农业劳动力占×县劳动力的 2/3（Zhang，2011）。

由表 5-1 给出的×县 A 村、B 村和 C 村三个行政村描述性统计可知，三个行政村到县城的距离依次递减、地形结构变化多样以及民族构成广泛，这表明三个行政村能广泛地代表某县农村地区的基本经济状况。其中，A 村距离县城最远且通往县城的路况极差，就 A 村的村民而言，从事兼业的可能性渺茫，因此 A 村外出务工的比例最高。虽然 B 村距离县城的距离与 A 村相差不大，但是，通往县城的路况较好，交通较为方便。C 村距离县城最近，当地村民进城大多采用步行方式，所以，当地村民打零工即兼业的可能性最大。由于地理区位较好，B 村和 C 村两个行政村外出务工农户家庭的比例明显低于 A 村。该发现与以往研究（Zhao，1999）结论——农村劳动力选择就业的意愿依次为：农村非农业、外出务工、务农和劳动剩余——相一致。

表 5 – 1　　　　　　　　　　　行政村描述性统计

项目	A 村	B 村	C 村	总体
自然村个数	11	5	10	26
农户家庭数	257	151	393	801
总人口（人）	1089	535	1449	3073
距县城距离（千米）	10	8	2.5	6.8
人均耕地面积（亩）	0.87	0.86	1.1	0.98
平地面积比例（%）	40	20.1	80	53.4
户主为男性比例（%）	93.5	94.8	91.6	92.8
户主为少数民族比例（%）	76.6	12.6	6.7	30.8
有外出务工成员家庭比例（%）	52	43	41	47
无外出务工成员家庭（%）	48	57	59	53

　　本书分别从总样本、兼业家庭和农业家庭角度对式（5.9）、式（5.10）、式（5.11）和式（5.12）4 个方程进行估计。其中，兼业家庭是指并不是所有家庭劳动力都只从事农业的家庭，即兼业家庭中至少有一人要么在当地打零工，要么从事自营工商业，要么外出务工；农业家庭是指只从事农业的家庭。

　　本书所选取的变量包括因变量即农业总产值和农业净收益、关键自变量即家庭农业劳动时间、农业劳动人数和其他控制变量。

　　首先，就因变量农业总产量而言，由农产品产量和价格可以求出相应农产品产值，把农户家庭所有的农产品产值相加即为本书的农业总产量的代理变量；在求出农业净收益时，因为无法衡量农户家庭农业劳动报酬，所以，农业净收益等于农业总产值扣除中间要素投入，但并没有剔除家庭农业劳动报酬。

　　其次，就关键自变量农业劳动时间而言，由于具有种植业农忙和农闲每天农业劳动小时数及相应的劳动天数，所以，可以求出种植业农业劳动时间。因养殖业、林果业和渔业只有每年劳动天数，而没有每天劳动小时数，所以，本书把种植业农忙和农闲平均每天务农时间均值作为其代理变量，从而求出农户家庭养殖业、林果业和渔业劳动时间，那么农户家庭农业劳动投入量可以用农户家庭从事农业劳动时间代替。农业劳动人数是指农户家庭成员从事农业劳动的人数。

再次，就耕作面积和中间要素投入变量而言，农户耕作面积是指把其所拥有的耕地面积扣除出租的耕地面积，再加入租入的耕地面积。中间要素投入是指从事农业生产所花费的各项支出，包括种子费、肥料费、农药支出、排灌费和饲料费等。

最后，就其他控制变量而言，包括户主是否为少数民族、家庭每年生病人次数、家中老人和小孩人数、家庭成员平均受教育年限、家庭是否接受过农业科技培训、家庭养殖业占农业总产值比重、家中是否有村干部或党员以及农户家庭所在行政村的二元变量。变量的描述性统计如表5-2所示。

表5-2　　　　　　　　　　农户家庭描述性统计

变量名	总体	兼业家庭	农业家庭	显著性差异
农业总产值（元）	3914 (4452)	3790 (4398)	4286 (4604)	-497 (386)
农业净收益（元）	631 (8963)	723 (8484)	350 (10293)	373 (778)
中间要素投入（元）	1334 (3087)	1328 (3405)	1351 (1833)	-23 (268)
耕作面积（亩）	3.79 (2.91)	3.72 (2.84)	4.01 (3.26)	-0.29 (0.26)
家庭农业劳动人数	2.09 (0.81)	2.06 (0.79)	2.13 (0.87)	-0.06 (0.07)
家庭农业时间（小时/年）	1851 1015	1842 1032	1878 968	-35 88
户主是否为汉族	0.69 (0.46)	0.68 (0.47)	0.69 (0.46)	-0.01 (0.04)
家庭生病人次数/年	2.52 (1.84)	2.44 (1.81)	2.75 (1.91)	-0.31* (0.15)

变量名	总体	兼业家庭	农业家庭	显著性差异
家庭老人和小孩人数	1.45 (1.31)	1.41 (1.29)	1.56 (1.36)	-0.14 (0.11)
家庭成员平均受教育年限	3.66 (2.17)	3.67 (2.19)	3.57 (2.04)	0.11 (0.18)
家庭是否接受农业科技培训	0.023 (0.152)	0.023 (0.148)	0.028 (0.167)	-0.005 (0.013)
家庭养殖业占农业总产值比重	0.14 (0.23)	0.14 (0.23)	0.15 (0.23)	-0.01 (0.02)
家中是否有村干部	0.023 (0.148)	0.03 (0.17)	0 (0)	0.03 ** (0.01)
家中是否有党员	0.06 (0.236)	0.07 (0.25)	0.03 (0.17)	0.04 * (0.02)

注：括号内数字为标准误，显著性差异是指兼业家庭与农业家庭两者之间是否具有显著性差异；**、* 分别表示在 1% 和 5% 的显著性水平下显著；家庭成员是否为汉族、是否有村干部或党员为二元变量，1 为是，0 为否；计算家庭人均农业劳动时间之前，剔除了一年农业劳动时间大于 4320（12×360）小时的家庭成员样本；同时剔除了农业净收益大于 10 万元/年和小于 -10 万元/年的异常值；因为农村老人劳动年限较长和小孩自理能力较强，所以，本书对老人和小孩的界定分别为大于 65 岁和小于 12 岁的人群。

经过数据处理后，农户家庭样本量减少为 710 户，其中，有兼业家庭和农业家庭样本分别有 533 户和 177 户。表 5-2 不但报告了总体样本的基本情况，而且分别报告了兼业与农业家庭情况。由表 5-2 可得出以下几个结论：

首先，农户家庭的农业总产值和农业净收益非常低，这与该地区是特别贫困地区的事实相符合。

其次，农户家庭耕作面积较小，平均每户仅耕作 3.79 亩，而且耕地的土质贫瘠，不利于农业生产。

再次，农业家庭成员的健康状况在 5% 的显著性水平下显著低于兼业家庭，同时，农业家庭与兼业家庭在农业总产量和农业净收益上没有显著性差异，这表明农业家庭更容易受到健康的冲击。健康冲击对农户收入会产生明显的影响（高梦滔等，2006），因此，加入此变量以控制农户健康冲击效应。

最后，村干部全部来自兼业家庭，而且兼业家庭的党员比例显著高于农业家庭，这表明农业家庭的社会地位相对而言低于兼业家庭。

第四节　决定家庭劳动力优化配置的检验结果及现状解释

一　检验农户配置家庭劳动力是否是为了追求农业产量最大化

表 5 - 3 和表 5 - 4 分别表示家庭农业劳动人数（N_1）和农业劳动时间（TL）对农业总产量的影响，即是说表 5 - 3 和表 5 - 4 分别为式（5.9）和式（5.11）普通最小二乘法的回归结果。表 5 - 3 和表 5 - 4 都说明耕作面积、中间要素投入、家庭老人和小孩人数、家庭养殖业占农业总产值比重都对家庭农业产量有显著的正向影响。本书估计出的农地产出弹性系数小于 1，这与范红忠和连玉君（2010）、Wan 和 Cheng（2001）、Nguyen 等（1996）的研究结论——农地产出弹性为 1——不一致。他们的估计方程并没有控制住家庭养殖业占农业总产值比重。当农户人均耕作面积较小时，农户会增加养殖业规模来替代耕作面积的不足，由表 5 - 3 和表 5 - 4 可知，养殖业存在规模报酬递增。不控制住养殖业比重而估计的农地产出弹性具有较大偏误。这表明在控制住养殖业比重的情况下，农地产出弹性是规模报酬递减的。这是因为，当耕作面积增加时，种植业产量随之增加，但又要保持家庭养殖业占农业总产值比重，那么养殖业规模也要相应地增加。也就是说，增加耕作面积导致农户种植业和养殖业农业劳动投入的增加，这会影响种植业的耕作效率，从而使农地的产出弹性小于 1。家庭老人和小孩人数对农业产量有显著的正向影响，这表明老人和小孩也参与了农业生产。尤其是在农忙时节，当农业所需的劳动投入较大时，老人和小孩能有效地缓解农业对家庭劳动力的需求压力。家庭生病人次数对于农业生产具有不利影响，但估计结果并不显著。就兼业家庭

而言，行政村效应能显著地影响家庭农业产量，而农业家庭农业产量不受行政村效应的影响。

表 5 - 3　　　　　　农户家庭农业劳动人数对农业产量的影响

自变量	总体	兼业家庭	兼业家庭	农业家庭
耕作面积对数	0. 403 ***	0. 638 ***	0. 394 ***	0. 434 ***
	(0. 04)	(0. 048)	(0. 048)	(0. 079)
中间要素投入对数	0. 350 ***	—	0. 341 ***	0. 360 ***
	(0. 024)		(0. 027)	(0. 053)
家庭农业劳动人数	0. 049 *	0. 075 *	0. 042	0. 057
	(0. 025)	(0. 033)	(0. 029)	(0. 051)
户主是否为汉族	0. 145 *	0. 221 **	0. 089	0. 359 *
	(0. 06)	(0. 074)	(0. 068)	(0. 139)
家庭生病人次数	− 0. 008	0. 022	− 0. 002	− 0. 017
	(0. 012)	(0. 016)	(0. 014)	(0. 024)
家庭老人和小孩人数	0. 063 ***	0. 049 *	0. 054 **	0. 086 *
	(0. 017)	(0. 023)	(0. 02)	(0. 036)
家庭成员人均受教育年限	0. 034 ***	0. 036 **	0. 033 **	0. 036
	(0. 01)	(0. 013)	(0. 012)	(0. 022)
家庭是否接受农业科技培训	0. 373 **	0. 362 *	0. 426 *	0. 339
	(0. 135)	(0. 183)	(0. 169)	(0. 241)
家庭养殖业占农业总产值比重	1. 529 ***	1. 747 ***	1. 592 ***	1. 431 ***
	(0. 09)	(0. 116)	(0. 108)	(0. 177)
家庭成员是否为村干部	0. 176	0. 319 *	0. 208	—
	(0. 139)	(0. 16)	(0. 142)	
家庭成员是否为党员	0. 13	0. 14	0. 108	0. 287
	(0. 083)	(0. 104)	(0. 093)	(0. 226)
B 村	0. 186 **	0. 167	0. 227 **	0. 011
	(0. 068)	(0. 088)	(0. 079)	(0. 149)
C 村	0. 281 ***	0. 356 ***	0. 305 ***	0. 178
	(0. 063)	(0. 081)	(0. 074)	(0. 14)

续表

自变量	总体	兼业家庭	兼业家庭	农业家庭
常数项	4.221***	5.982***	4.320***	4.009***
	(0.143)	(0.106)	(0.163)	(0.321)
调整的 R^2	0.65	0.545	0.647	0.634
样本量	703	533	525	178

注：A村作为参照组，***、**和*分别表示估计系数在1%、10%和5%的显著性水平下显著，因变量为农业总产值的对数。

表5-4 农户家庭农业劳动投入（时间）对农业产量的影响

自变量	总体	兼业家庭	农业家庭
耕作面积对数	0.383***	0.385***	0.373***
	(0.04)	(0.048)	(0.078)
中间要素投入对数	0.344***	0.337***	0.359***
	(0.024)	(0.028)	(0.051)
家庭农业劳动时间对数	0.086***	0.051	0.171**
	(0.024)	(0.028)	(0.053)
户主是否为汉族	0.142*	0.087	0.318*
	(0.059)	(0.068)	(0.132)
家庭生病人次数	-0.005	-0.001	-0.008
	(0.012)	(0.014)	(0.023)
家庭老人和小孩人数	0.059***	0.052*	0.075*
	(0.017)	(0.021)	(0.034)
家庭成员人均受教育年限	0.033**	0.033**	0.029
	(0.01)	(0.012)	(0.021)
家庭是否接受农业科技培训	0.347*	0.419*	0.268
	(0.135)	(0.169)	(0.234)
家庭养殖业占农业总产值的比重	1.517***	1.591***	1.381***
	(0.09)	(0.108)	(0.172)
家庭成员是否为村干部	0.173	0.209	—
	(0.138)	(0.142)	

续表

自变量	总体	兼业家庭	农业家庭
家庭成员是否为党员	0.137	0.106	0.305
	(0.083)	(0.093)	(0.212)
B村	0.193 **	0.231 **	0.07
	(0.068)	(0.079)	(0.142)
C村	0.290 ***	0.312 ***	0.219
	(0.063)	(0.074)	(0.136)
常数项	3.706 ***	4.035 ***	2.881 ***
	(0.214)	(0.245)	(0.475)
调整的 R^2	0.653	0.647	0.655
样本量	703	525	178

注: A 村作为参照组, *** 、 ** 和 * 分别表示估计系数在 1%、5% 和 10% 的显著性水平下显著, 因变量为农业总产值的对数。

由表 5-3 可知, 兼业家庭接受农业科技培训对农业产量有显著影响, 而农业家庭接受农业科技培训对农业产量没有影响, 这可能是因为农业家庭多为少数民族, 交流上存在一定的语言障碍, 接受农业科技培训知识的能力较差, 这可以从表 5-3 中农业家庭户主为汉族对农业产量有显著影响, 而兼业家庭户主为汉族对农业产量没有影响所印证。

无论是农业家庭还是兼业家庭, 表 5-3 中家庭农业劳动人数的估计系数都不显著, 这一结果与范红忠和连玉君 (2010)、Wan 和 Cheng (2001)、Nguyen 等 (1996) 的研究结论一致。就兼业家庭而言, 如表 5-3 所示, 在没有控制中间要素投入的情况下, 增加农业劳动人数可以增加农业产量, 但是, 每增加 1 名农业劳动人数仅使产量增加 7.5 个百分点。由表 5-4 可知, 兼业家庭增加农业劳动时间对农业产量没有影响, 这说明表 5-3 中增加的农业人数并不是因为增加了农业劳动投入导致产量增长, 而是因为农业人数增加之后, 重新优化中间要素配置使产量增加, 这可以由表 5-3 回归方程中控制了中间要素投入之后, 兼业家庭增加农业劳动人数对产量没有影响所印证。由此可知，兼业家庭的成员从农业转移至非农业并没有影响农业产量，这说明从事非农业的家庭成员是刘易斯所述的农业劳动人数边际产量为零的剩余劳动力。由表5－3可知，就农业家庭而言，增加农业劳动人数对农业产量没有影响，说明农业家庭农业劳动人数已经饱和。然而，由表5－4可知，增加农业劳动时间可以增加产量，但是，农户并没有继续增加农业劳动投入从而使农业劳动投入的边际产量为零。由此可知，农业家庭的农业生产并没有达到最大值，也就是说，农业家庭并没有追求农业产量最大化。

二　检验农户配置家庭劳动力是否是为了追求净收益最大化

表5－5和表5－6分别表示家庭农业劳动人数（N_1）和农业劳动时间（TL）对农业净收益的影响，也就是说，表5－5和表5－6分别为式（5.10）和式（5.12）普通最小二乘法的回归结果。为了使报告结果更为简洁，表5－5和表5－6省略了本书不关注的因变量。由表5－5和表5－6可知，增加耕作面积可以提高农户家庭的农业净收益。就A村、B村和C村三个行政村而言，由表5－2可知，平均每户家庭的耕作面积和农业劳动人数分别为3.79亩和2.09人，说明农户家庭受到较强的耕地约束。就兼业家庭而言，中间要素投入的边际农业净收益为正，表明兼业家庭中间要素投入不足，这可能是因为兼业家庭的收入主要来自非农业，其家庭资金偏重于投向非农业从而使农业中间要素投入不足；与此相反，农业家庭的收入全部依赖于农业，故其中间要素投入使农业净收益最大化，即中间要素投入的边际农业净收益为零。养殖业对农业净收益有显著的正向影响，这表明农户受到较紧耕地约束条件下，增加养殖业规模可以显著地提高农业净收益。同样，兼业家庭接受农业科技培训能显著提高农业净收益，而农业家庭接受农业科技培训对农业净收益没有影响。

表5－5　　　　　　　　农业劳动人数对农业净收益的影响

自变量	总体	兼业家庭	农业家庭
耕作面积对数	0.484 ***	0.502 ***	0.493 **
	(0.078)	(0.09)	(0.169)

续表

自变量	总体	兼业家庭	农业家庭
中间要素投入对数	0.164**	0.163*	0.124
	(0.055)	(0.064)	(0.124)
家庭农业劳动人数	0.120**	0.115*	0.113
	(0.046)	(0.053)	(0.103)
户主是否为汉族	0.186	0.143	0.328
	(0.111)	(0.123)	(0.281)
家庭生病人次数	−0.057**	−0.044	−0.081
	(0.021)	(0.025)	(0.046)
家庭老人和小孩数	0.100**	0.089*	0.108
	(0.031)	(0.036)	(0.069)
家庭成员人均受教育年限	0.035	0.028	0.042
	(0.019)	(0.021)	(0.044)
家庭是否接受农业科技培训	0.660**	0.767**	0.434
	(0.231)	(0.284)	(0.444)
家庭养殖业占农业总产值比重	1.980***	2.048***	1.869***
	(0.165)	(0.191)	(0.371)
其他控制变量	是	是	是
调整的 R^2	0.409	0.428	0.294
样本量	564	414	150

注：***、**和*分别表示估计系数在1%、5%和10%的显著性水平下显著，因变量农业净收益（对数形式）中包含农业劳动力报酬。其他控制变量包括家庭成员中是否有村干部、是否有党员以及三个行政村的虚拟变量，这些控制变量的显著性与表5-3相一致。

表5-6　　　农业劳动投入（时间）对农业净收益的影响

自变量	总体	兼业家庭	农业家庭
耕作面积对数	0.499***	0.546***	0.478**
	(0.08)	(0.093)	(0.171)
中间要素投入对数	0.174**	0.183**	0.077
	(0.056)	(0.065)	(0.122)

续表

自变量	总体	兼业家庭	农业家庭
家庭农业劳动时间对数	0.029 (0.047)	−0.041 (0.053)	0.264 (0.211)
户主是否为汉族	0.136 (0.111)	0.069 (0.124)	0.248 (0.272)
家庭生病人次数	−0.048* (0.021)	−0.039 (0.025)	−0.063 (0.045)
家庭老人和小孩数	0.096** (0.031)	0.093* (0.036)	0.083 (0.068)
家庭成员人均受教育年限	0.037 (0.019)	0.032 (0.021)	0.033 (0.043)
家庭是否接受农业科技培训	0.643** (0.233)	0.773** (0.287)	0.312 (0.443)
家庭养殖业占农业总产值比重	2.011*** (0.167)	2.090*** (0.193)	1.848*** (0.369)
其他控制变量	是	是	是
调整的 R^2	0.402	0.422	0.315
样本量	564	414	150

注：***、**和*分别表示估计系数在1%、10%和5%的显著性水平下显著，因变量农业净收益（对数形式）中包含农业劳动力报酬。其他控制变量包括家庭成员中是否有村干部、是否有党员以及三个行政村的虚拟变量，这些控制变量的显著性与表5-4一致。

当农户受到较紧耕地面积约束时，农户只能通过调节农业劳动人数和农业劳动时间来获取家庭净收益的最大化。就兼业家庭而言，增加农业劳动人数可以提高农业净收益，但农业劳动投入（时间）的增加对农业净收益不产生影响。这表明增加农业劳动人数提高农业净收益并不是由于农业劳动人数的增加导致劳动投入增加。因此，提高农业净收益是由于农业劳动人数的增加导致投入农业的各种要素重新优化配置的结果。增加农业人数可以提高农业净收益，说明兼业家庭从事非农业的家庭成员所得的净收益高于其从事农业的净收益，这表明兼业家庭对农业的投入相对不足，这也可以由兼业家庭中间要素的边际农业净收益为正所印证，这即为本书第三部分推导出的农户家庭最优配置的第三种状态。就农业家庭而言，表5-5和表5-6都表明增加农业劳动人数或者农业劳动（投入）时间都对农业净收益没有影响，也就是说，农业劳动人数和农业劳动（投入）时间的边际农业净收益为零。这表明农业家庭进行农业生产是为了追求农业净收益最大化，而不是农业产量最大化。这就可以解释表5-3和表5-4中为何农业家庭在农业劳动人数饱和的情况下农业劳动（投入）时间的边际产量为正。

第五节　农业生产补贴政策影响农户家庭劳动力优化配置的简要描述

综上所述，就兼业家庭而言，中间要素投入的边际农业净收益为正，表明兼业家庭对于农业生产的投入相对不足。政府推行农业生产补贴政策能否有效地提高兼业家庭的农业净收益是值得深思的问题。一方面，兼业家庭有动机把农业生产补贴的资金投入到非农业从而获得更高的家庭净收益；另一方面，兼业家庭因为中间要素的补贴而进一步减少农业劳动投入，从而使中间要素投入的边际农业净收益始终为正。因此，兼业家庭如何配置农业生产补贴资金需要通过实证方式进行检验。然而，对农户进行农业生产补贴政策时，政府无法区分兼业家庭和农业家庭。但是，由以上分析可知，农业家庭的中间要素投入边际农业净收益为零，表明农业家庭因政府补贴获得的福利等于补贴金额。因此，无论政府根据兼业家庭中间要素投入采取何种形式的农业生产补贴，农业家庭获得的收益始终等于中间要素补贴的金额。

由表5-5和表5-6可知，家庭养殖业占农业总产值比重越大，农业净收益就越高。因此，政府应该针对从事养殖业的农户进行专项补贴鼓励发展养殖业，从而提高农户的农业净收益。但是，农户从事养殖业生产面临的主要问题是价格大幅波动，政府应该实施类似农产品收购机制对养殖业产品进行收购。这样，就会使农户从事养殖业面临较小的风险，从而提高农户家庭的农业净收益。

第六章 收入结构对农户贫困程度的影响

第一节 引言

改革开放至今，中国经济保持快速增长，经济发展取得了举世瞩目的成就，尤其是反贫困领域，绝对贫困人口从 1978 年的 2.5 亿下降到 2014 年的 7017 万（国家统计局，2015），为世界反贫困做出了巨大的贡献。然而，中国贫困人口基数仍然较大，而且部分人口处于深度贫困状态，因此，反贫困问题一直是政府工作的重中之重。政府扶贫政策，总体来说，是由大到小、由粗到细的过程。20 世纪 70 年代末，政府根据贫困人口空间分布特征以大规模基本农田建设来全面扶贫，确保解决农户温饱问题（邢鹂，2008）；80 年代中后期，扶贫工作逐渐由全面扶贫转变为以县为单位，这一时期制订了《"八七"扶贫攻坚计划》，确定了 592 个国家级贫困县作为重点扶贫对象；90 年代末，扶贫工作逐渐由县转移到村；2013 年至今，开始实施以户为单位的"精准扶贫"政策，该政策要求扶贫工作要做到精确识别、精确帮扶和精确管理。

研究贫困所积累的丰硕成果是政府扶贫政策不断完善的基础，其中，这些成果包含以下研究领域：

首先，关于经济增长与贫困关系的研究。在 20 世纪 80 年代，主流经济学领域坚信经济增长会提高穷人收入水平，从而会消除贫困，这就是"滴漏效应"。在此理论背景之下，部分文献研究了贫困发生率对经济增长的反应弹性（文秋良，2006；Ravallion，2007；李小云，2010），该系数值为 1.09—2.7，说明如果经济增长 1%，那么贫困发生率下降 1.09%—2.7%。另一些文献基于 Kakwani（2000）研究方法更为深入地研究了经济增长对农村贫困的影响，研究发现，经济增长一方面提高了农户收入水平，从而缓解了农村贫困；另一方面经济增长加剧了农户收入差距，从而恶化了农村贫困，经济增长对农村贫困的影响取决于这两种作用的相对大小（Yao 等，2004；胡兵，2007；陈立中，2008；罗楚亮，2012）。

其次，关于产业发展与贫困关系的研究。一些文献研究发现，农业产出增长的地区贫困发生率下降较快，而且贫困农户农业收入所占比重较大，因此，农业收入增长是农户脱贫的主要原因（Montalvo 等，2009；马铃，2014；杨晶，2015；朱建军，2015）。另一些文献则得出了不同研究结论，这类文献认为，中国工业化发展为农村劳动者提供了大量的非农就业机会，农户非农收入增长才是脱贫的主要原因（章元，2012）。

最后，关于贫困与贫困标准关系的研究。这类研究发现，一方面贫困标准变化相对滞后，另一方面贫困标准提高幅度不及通货膨胀速度，从而使贫困发生率下降的程度被高估（罗楚亮，2010；陈宗胜，2013）。

现有研究贫困问题的文献积累了丰硕成果，其中取得共识的结论就是经济增长有助于降低农村贫困状况，但是，关于农户脱贫原因的争论较为激烈。认为农户脱贫主要归功于农业收入的文献提倡加大农业生产补贴力度，从而加快农户脱贫进程；而认为农户脱贫主要归咎于非农业收入的文献建议采取相应措施加快农村劳动力转移，以提高农户非农业收入，从而实现农户脱贫。由此可知，现有文献关于农户脱贫的建议，要么实施促进农业生产的政策，要么实施鼓励农户非农就业的政策，政府在两者之间选其一，也就是说，只要是贫困农户就采取相同的扶贫政策，这使扶贫政策没有考虑到农户贫困深度的问题。

农户脱贫争论产生的原因有以下两个：其一，由于研究对象的差异，认为农户脱贫主要是由于农业收入增长的文献，要么是基于贫困农户与非贫困农户农业收入的比较分析，要么是基于农业收入对贫困的影响。而认为农户脱贫主要是由于非农就业引起非农业收入增长的文献，要么是基于宏观数据分析，要么是基于非农业收入对贫困的影响。前者的研究对象是农业收入而后者则是非农业收入，而这两类文献又采用了不同的数据，这就意味着在不同农户之间比较农业收入与非农业收入作用于农村贫困的相对大小，这样的比较分析不具有合理性。其二，现有文献无论是研究农业收入对农户脱贫的影响，还是非农业收入对农户脱贫的影响，都把贫困农户作为整体，而没有进一步考虑到农户贫困深度的问题。如果一般贫困农户和特困农户的农业收入和非农业收入存在显著差异，那么农业收入或者非农业收入对一般贫困农户和特困农户减贫的影响是不一样的。因此，现有文献研究农业收入或非农业收入对农户减贫的影响时，忽略了农户贫困深度问题，使现有文献研究结论的可信度受到质疑。

由此可知，现有文献不但没有从收入结构视角研究农户贫困问题，而且也没有考虑到贫困深度的问题。究竟是农业收入还是非农业收入是农户脱贫的主要因素，不但要在同一农户的收入下研究农业收入和非农业收入对农户减贫的影响，而且还要涉及农户的贫困深度问题。只有同时考虑到这两方面的问题，才能使研究结论可信度更高。因此，在考虑到农户贫困深度的因素下，本书研究了收入结构对农户贫困程度的影响。

第二节　收入结构影响农户贫困
程度的路径分析

农户收入通过两个路径对农村贫困产生影响：一个是在收入分布不变条件下，收入增长有助于改善农村贫困状况；反之，收入下降则会恶化农村贫困状况，这种影响称为收入增长效应。收入增长效应表明，居民收入按相同比例增长，收入差距在没有发生变化的情况下，农村贫困状况得以缓解。另一个是在农村收入总量不变条件下，变化的收入分布可能降低农村收入差距，从而改善农村贫困状况，也可能扩大农村收入差距，从而恶化农村贫困状况，这种影响称为收入分配效应。收入分配效应表明，在居民收入总量不变的条件下，因为居民收入分布的变化进而对农村贫困状况的影响。本书采用 Kakwani 和 Pernia（2000）贫困变化的分解方法来识别上述两种效应的大小，之所以采用这种分解方法进行分析是因为该方法广泛应用于贫困问题研究，例如，罗楚亮（2011）就是应用这种方法研究中国经济结构转型对城市贫困人口的影响。

根据本书研究需要结合 Kakwani 和 Pernia（2000）的分解方法，首先，运用式（6.1）测度贫困状况的变化程度，其中，P_{12} 表示前后两个时期贫困状况的变化程度，$\theta[z, u_1, L_1(P)]$ 和 $\theta[z, u_2, L_2(p)]$ 分别表示前后两个时期农村贫困程度，z、u、$L(P)$ 和 $\ln O$ 分别表示贫困线、人均收入、洛伦兹函数和对数函数。其次，贫困状况变化程度 P_{12} 可以分解为式（6.2）和式（6.3）两个部分，其中，等式（6.2）右边两项都表明收入分布不变（前后两期洛伦兹函数不变）时人均收入变化对贫困状况的影响，这就是收入增长效应；等式（6.3）右边两项都表明农村收入总量不变（前后两期人均收入不变）时收入差距变化（洛伦兹函数的变化）对贫困状况的影响，这就是收入分配效应。再次，把农村贫困程度 $\theta\{[z, u, L(P)]\}$ 进一步分解为式（6.4），其中，u^k、ω^k 和 y^k 分别表示收入成分 k 的人均收入、权重（$\omega^k = u^k/u$）和收入水平，则 $L(y^k, p_y)$ 表示收入成分 k 的收入差距。最后，根据式（6.2）和式（6.4）可以把收入增长效应 G_{12} 表示为农户各种收入成分增长效应的加总，如式（6.5）所示。同理，根据式（6.3）和式（6.4）可以把收入分配效应 I_{12} 表示为农户各种收入成分分配效应的加总，如式（6.6）所示。采用肖罗克（Shorrock，1999）提出的萨普利（Shapley）分解方法可以估计出式（6.5）和式（6.6）的各种收入成分影响贫困收入增长效应和收入分配效应。

$$P_{12} = \ln\{\theta[z, u_2, L_2(p)]\} - \ln\{\theta[z, u_1, L_1(p)]\} \qquad (6.1)$$

$$G_{12} = \frac{1}{2} \times \{\ln[\theta(z, u_2, L_1(p))] - \ln[\theta(z, u_1, L_1(p))]\} + \frac{1}{2}$$

$$\times \{\ln[\theta(z, u_2, L_2(p))] - \ln[\theta(z, u_1, L_2(p))]\} \qquad (6.2)$$

$$I_{12} = \frac{1}{2} \times \{\ln[\theta(z, u_1, L_2(p))] - \ln[\theta(z, u_1, L_1(p))]\} + \frac{1}{2} \times$$

$$\{\ln[\theta(z, u_2, L_2(p))] - \ln[\theta(z, u_2, L_1(p))]\} \qquad (6.3)$$

$$\theta(z, u, L(p)) = \theta\left(z, \sum_k u^k, \sum_k (\omega^k L(y^k, p_y))\right) \qquad (6.4)$$

$$G_{12} = \frac{1}{2} \times \left\{\ln\left[\theta\left(z, \sum_k u_2^k, L_1(p)\right)\right] - \ln\left[\theta\left(z, \sum_k u_1^k, L_1(p)\right)\right]\right\} + \frac{1}{2} \times \left\{\ln\left[\theta\left(z, \sum_k u_2^k, L_2(p)\right)\right] - \ln\left[\theta\left(z, \sum_k u_1^k, L_2(p)\right)\right]\right\} \qquad (6.5)$$

$$I_{12} = \frac{1}{2} \times \left\{\ln\left[\theta\left(z, u_1, \sum_k \omega^k L_2(y_2^k, p_y)\right)\right] - \ln\left[\theta\left(z, u_1, \sum_k \omega^k L_1(y_1^k, p_y)\right)\right]\right\} + \frac{1}{2} \times \left\{\ln\left[\theta\left(z, u_2, \sum_k \omega^k L_2(y_2^k, p_y)\right)\right] - \ln\left[\theta\left(z, u_2, \sum_k \omega^k L_1(y_1^k, p_y)\right)\right]\right\} \qquad (6.6)$$

$$FGT(\alpha) = \frac{1}{N} \sum_{i=1}^{q} \left(\frac{z - y_i}{z}\right)^{\alpha} \qquad (6.7)$$

对收入增长效应和收入分配效应进行估计的前提条件是要选取测度农户贫困的指标。基于以下原因选取 FGT 指数（Foster et al.，1984）作为测度贫困程度 $\theta[z, u, L(p)]$ 的指标：首先，FGT 指数能测度多种贫困状态。如式（6.7）所示，$\frac{z - y_i}{z}$ 表示农户 i 的贫困深度，q 和 N 分别表示农户贫困人数和总人数。α 为贫困规避参数，当 $\alpha = 0$ 时，FGT 指数就是贫困发生率，表示贫困人口所占比例；当 $\alpha = 1$ 时，FGT 指数测度了农村贫困深度；当 $\alpha = 2$ 时，FGT 指数为加权贫困深度，表示测度农村贫困深度时越贫困农户赋予权重越大，FGT（2）指数更关注特困农户的贫困状况。其次，FGT 指数不但能反映农村贫困状况的变化程度，而且还能反映贫困农户内部变化特征。例如，当 $\alpha[z, u, L(p)] = FGT(0)$ 并且等式（6.1）的 $P_{12} < 0$ 时，表明就贫困发生率而言，第 2 时期贫困发生率小于第 1 时期，说明部分贫困农户得以脱贫。在此条件下，如果 $\theta[z, u, L(p)] = FGT(1)$

时等式（6.1）的 $P_{12} > 0$，这表明在部分贫困农户脱贫背景之下，第 2 时期贫困深度大于第 1 时期，说明没有脱贫农户的贫困状况更加恶化。同理，当 $\theta[z, u, L(p)] = FGT(1)$ 并且等式（6.1）的 $P_{12} < 0$ 时，表明就贫困深度而言，第 2 时期贫困深度小于第 1 时期，说明部分农户贫困深度得以缓解。在此条件下，如果 $\theta[z, u, L(p)] = FGT$ （2）时等式（6.1）的 $P_{12} > 0$，这表明在部分农户贫困深度得以缓解背景之下，第 2 时期加权贫困深度大于第 1 时期说明特困农户贫困状况更加恶化。最后，国内文献研究贫困问题时普遍采用 FGT 指数测度贫困，本书也遵循这个惯例以便于研究结论与现有文献具有可比性。

第三节　数据描述与变量设置

一　调查地点的描述性统计

贵州省是中国贫困人口最多、贫困面最广和贫困深度最深的省份，2014 年，贫困人口总数为 623 万，全省贫困发生率高达 17.75% （贵州省扶贫办，2015）。如何解决贵州省贫困人口脱贫问题，尤其是贵州省农村贫困人口脱贫问题是中国扶贫工作的重中之重，因此，本书在考虑到农户贫困深度的条件下，研究收入结构对贵州省山区农户贫困程度的影响。

随着扶贫工作的深入，扶贫政策逐步变为以户为单位的"精准扶贫"，为了提高扶贫效率，有必要深入分析收入结构对农户贫困程度的影响，因此，本书使用《公共政策与农村贫困》调查数据进行研究。《公共政策与农村贫困》调查数据包括针对行政村的调查数据和农村住户调查数据两个部分，其中行政村调查数据涵盖了民族构成、农地使用和征用情况、村庄基本经济情况、公共基础设施和公共服务等方面的信息。而农村住户调查数据涵盖了农户家庭成员基本特征、生产生活情况、收入支出构成、家庭成员就业以及健康等方面的信息。邢鹂（2008）使用该调查数据研究了农村内部收入不平等情况，该研究成果被多次引用，表明该数据可信度较高。

二　变量选取及样本描述

就农户收入结构而言，现有文献通常把农户收入分为非农业收入、农业收入、财产性收入和转移性收入四个部分。故本书按此方法对农户收入进行划分，但是，不同之处在于本书研究对象为贫困农户，这些农户的财产性收入相对较少，所以，本书使用的调研数据并没有采集农户财产性收入的信息，因此，本书把农户收入分为非农业收入、农业收入和转移性收入三个部分。根据《公共政策与农村贫困》的项目调查，农户人均纯收入来源可以分为务工收入、工商业收入、农业收入和转移性收入。其中，务工收入包括农户家庭成员外出务工和在当地打零工获得的纯收入；工商业收入是指农户从事非农行业生产经营所获得的纯收入；农业收入是指农户从事农业生产所获得的农业纯收入；转移性收入是指农户获得的贫困救济金（低保）、农业补贴、农机具购置补贴和干旱救灾款等各项转移性纯收入。因此，农户收入结构分为农业收入、非农业收入和转移性收入，其中，非农业收入是由务工收入和工商业收入构成。本书之所以对非农业收入进行细分，为了研究非农业收入如何对农户贫困程度产生影响。

如表 6 - 1 所示，样本农户人均纯收入较低，但收入差距较高而且处于上升趋势。样本农户在 2004 年、2007 年和 2010 年人均纯收入分别为 1819.23 元、2969.34 元和 1824.34 元，人均纯收入经历了先升后降的过程，如果以 2011 年国家贫困线人均纯收入 2300 元为标准，那么只有 2007 年样本农户的人均纯收入高于贫困线标准，这三年贫困发生率依次为 73.77%、60.98% 和 79.22%，说明这些农村处于特困状态。样本农户人均纯收入占当年全国农村人均纯收入比例分别为 61.96%、71.73% 和 30.82%，说明 × 县农村人均纯收入明显低于全国平均水平。样本农户占贵州省农村人均纯收入的比例分别为 105.7%、125.13% 和 52.53%，表明样本农户人均纯收入前期高于贵州省平均水平，而后期显著低于贵州省平均水平。样本农户这三年的基尼系数分别为 0.4526、0.6137 和 0.664，收入差距较高并且处于上升趋势。

表 6 - 1 农户人均纯收入描述性统计 单位：元、%

	2004 年	比例	2007 年	比例	2010 年	比例
全国	2936	61.96	4140	71.73	5919	30.82
贵州省	1721	105.7	2373	125.13	3471	52.53
×县（样本农户）	1819.23	—	2969.34	—	1824.34	—
非农业收入	1032.35	56.74	1715.12	57.76	929.54	50.95
务工收入	965.7	93.54	1548.36	90.27	817.45	87.94
工商业收入	66.65	6.46	166.76	9.73	112.09	12.06
农业收入	551.46	30.31	1127.36	37.97	628.39	34.44
转移性收入	235.41	12.94	126.84	4.27	267.87	14.68
基尼系数（人均纯收入）	0.4526	—	0.6137		0.664	
样本量	797		833		847	
贫困发生率（%）	73.77		60.98		79.22	

注：根据中国 2011 年贫困线标准（人均纯收入 2300 元/年），推算出各年的贫困发生率，农户人均纯收入根据物价指数调整为 2010 年的收入水平，表中的务工收入、工商业收入、农业收入和转移性收入都是扣除成本或费用之后的纯收入。本书研究中没有涉及农户财产性收入是由于被调查农户收入财产性收入较少，所以，调查问卷中没有涉及这方面的问题。

从收入结构来看，首先，非农业收入是农户家庭纯收入最主要的组成部分。2004 年、2007 年和 2010 年非农业收入分别为 1032.35元、1715.12 元和 929.54 元，占家庭纯收入的比例分别为 56.74%、57.76% 和 50.95%。其中，非农业收入主要来源于务工收入，2004年、2007 年和 2010 年务工收入分别为 965.7 元、1548.36 元和817.45 元，占非农业收入的比例分别为 93.54%、90.27% 和87.94%。由于 2010 年宏观经济不景气，农户务工收入下降明显，从而导致农户非农业收入占比由 2007 年的 57.76% 下降到 2010 年的50.95%，但是，无论哪个时期非农业收入的占比都在一半以上，这表明非农业收入是农户家庭收入最主要的组成部分。工商业收入占非农业收入的比例较小，这是因为，当地经济水平落后，从事工商业农户的人数较少，从而使人均工商业收入较低。其次，农业收入对家庭

纯收入的贡献相对稳定。2004 年、2007 年和 2010 年农业收入分别为
551.46 元、1127.36 元和 628.39 元，占家庭纯收入的比例分别为
30.31%、37.97% 和 34.44%。虽然农业收入也存在一定的波动性，
但是，对家庭纯收入的贡献率都保持在 30% 的水平，说明农业收入波
动性较小。值得一提的是，农业收入主要受到气候、土壤等自然条件
的影响而非农业收入则受到宏观经济景气度的影响。就农户人均纯收
入变化而言，从 2004 年的 1819.23 元大幅上升到 2007 年的 2969.34
元，之后又大幅下降到 2010 年的 1824.34 元，是务工收入和农业收
入大幅波动所引起的，因此，非农业收入和农业收入对家庭纯收入具
有决定性影响，这与章元（2011）和杨晶（2015）的研究结论一致。
最后，转移性收入对农户家庭纯收入的贡献较小。转移性收入与非农
业收入、农业收入存在明显的负向关系，当非农业收入较高时会使部
分农户摆脱贫困从而被取消低保，转移性收入因而下降；当农业收入
较高时，表明农业生产风调雨顺，从而取消干旱救灾款等转移性收入。

第四节　实证结果分析

一　方程估计注意事项

　　估计收入结构对农村贫困的影响，应注意以下问题：其一，贫困
线标准的选取。现有研究表明，贫困线标准越高，贫困程度就越小；
反之则越大，因此选取贫困线要有合理的依据。结合中国 2020 年力
争实现全面脱贫的奋斗目标，选取 2011 年最新制定的贫困线标准
（农户人均纯收入 2300 元/年）作为判定农户是否贫困的依据。其二，
农户收入结构的划分。对农户收入进行合理划分有助于研究收入结构
对农村贫困的影响，根据研究需要和数据特征，把农户纯收入以收入
来源为依据划分为非农业收入、农业收入和转移性收入三个部分，其
中非农业收入包括务工收入和工商业收入。其三，2011 年制定的贫困
线标准是以 2010 年不变价格为依据，因此，把不同年份的农户纯收
入根据价格指数调整为以 2010 年价格衡量的收入水平。最后，估计

收入结构影响农村贫困的前提条件是需要估计出式 (6.2) 和式 (6.3) 中的两种反事实贫困程度即 $\theta[z, u_2, L_1(p)]$ 和 $\theta[z, u_1, L_2(p)]$，其中，$\theta[z, u_2, L_1(p)]$ 表示测度农村贫困程度时，总收入水平和收入分布分别为第 2 时期的总收入和第 1 时期的收入分布；$\theta[z, u_1, L_2(p)]$ 表示测度农村贫困程度时，总收入水平和收入分布分别为第 1 时期的总收入和第 2 时期的收入分布。

二　农户贫困状况分析

运用《公共政策与农村贫困》调查数据，借助测度贫困指标的 FGT 指数估计出了各种贫困规避参数下的贫困程度，如表 6-2 所示。其一，农户贫困状况表现为先改善后恶化的特征。2004 年、2007 年和 2010 年，贫困发生率依次为 0.7377、0.6038 和 0.7922，先升后降的贫困发生率表明，农户脱贫后又返贫，农户在贫困与非贫困之间徘徊。2010 年贫困发生率大于 2004 年表明，2004—2010 年有部分非贫困农户转变为贫困农户，在此期间，贫困深度指数依次为 0.4098、0.3805 和 0.5405，这表明 2010 年贫困程度比 2004 年和 2007 年都更为严重。其二，特困农户贫困状况不断恶化。2004 年、2007 年和 2010 年，加权贫困深度指数依次为 0.2735、0.2864 和 0.4212，依次递增的加权贫困深度表明特困农户贫困程度不断恶化。

表 6-2　　　　　　　　农户贫困状况

	农户纯收入年份	纯收入分布年份	贫困发生率 ($\alpha = 0$)		贫困深度 ($\alpha = 1$)		加权贫困深度 ($\alpha = 2$)	
			FGT	ln (FGT)	FGT	ln (FGT)	FGT	ln (FGT)
农户收入	2004	2004	0.7377	-0.3041	0.4098	-0.8918	0.2735	-1.29
	2007	2007	0.6038	-0.5044	0.3805	-0.9661	0.2864	-1.2501
	2010	2010	0.7922	-0.2329	0.5405	-0.6151	0.4212	-0.8645
反事实农户收入	2007	2004	0.6174	-0.4821	0.3172	-1.1479	0.1991	-1.6136
	2004	2007	0.7033	-0.3519	0.4487	-0.8013	0.3428	-1.0704
	2010	2007	0.6926	-0.3672	0.4419	-0.8166	0.3381	-1.084
	2007	2010	0.7045	-0.3501	0.4352	-0.8318	0.3177	-1.1464

注：以中国 2011 年贫困线标准（人均纯收入 2300 元/年）辨别农户是否贫困。

三 农户贫困变化程度及其效应分析

根据式（6.1）至式（6.3）和《公共政策与农村贫困》调查数据，估计了农户贫困变化程度及其相应的收入增长效应和收入分配效应，如表6-3所示。

表6-3　　　　　　　　　　贫困变化程度及其效应分解

	第1时期（2004—2007年）			第2时期（2007—2010年）		
	贫困发生率 $\alpha = 0$	贫困深度 $\alpha = 1$	加权贫困深度 $\alpha = 2$	贫困发生率 $\alpha = 0$	贫困深度 $\alpha = 1$	加权贫困深度 $\alpha = 2$
贫困变化程度	-0.2003	-0.0743	0.0399	0.2715	0.351	0.3856
收入增长效应	-0.1652	-0.2104	-0.2516	0.1272	0.1831	0.224
收入分配效应	-0.035	0.1361	0.2915	0.1443	0.1679	0.1616
益贫式增长指数	1.2121	0.353	-0.1585	2.1344	1.9169	1.7214

注：益贫式增长指数＝贫困变化程度/收入增长效应。当农村人均纯收入上升时，益贫式增长指数大于1，表明收入增长是绝对益贫式增长即穷人纯收入增长更快。当该指数处于0—1时，纯收入增长是弱绝对益贫式增长即穷人纯收入增长但比非穷人增长慢；当该指数小于0时，表明穷人纯收入在下降。当农村人均纯收入下降时，益贫式增长指数大于1则纯收入减少是益贫的，即穷人纯收入下降得更慢，当该指数小于1则纯收入下降是非益贫的，即穷人收入下降得更快。

首先，就贫困变化程度而言，第1时期（2004—2007年）贫困发生率和贫困深度都小于0，说明一些农户得以脱贫，另一些农户虽然没有脱贫但是贫困状况得以缓解。在此背景之下，加权贫困深度大于0，说明第1时期特困农户的贫困状况更加恶化。第2时期（2007—2010年）无论哪种测度贫困变化程度的指标都表明农村贫困状况更加恶化。

其次，就收入增长效应而言，第1时期（2004—2007年）增加的人均纯收入使收入增长效应改善了农村贫困状况（收入增长效应小于0）；而第2时期（2007—2010年）下降的人均纯收入使收入增长效应恶化了农村贫困状况（收入增长效应大于0）。就收入分配效应而言，第1时期（2004—2007年）贫困发生率小于0，说明收入差距的变化使部分农户得以脱贫，但是，收入分配效应的贫困深度和加权贫困深度大于0，说明收入差距的变化使仍然贫困农户的贫困状况更加恶化。第2时期（2007—2010年）收入分配效应指数都大于0，表明变化的收入差距恶化了农村贫困状况。

最后，就益贫式增长指数而言，因为第1时期（2004—2007年）农户人均纯收入上升了，所以，大于1的益贫式增长指数表明贫困发生率是绝对益贫的，也就是说，收入增长1个百分点，贫困发生率下降大于1个百分点，即下降了1.21个百分点；介于0—1的益贫式增长指数表明贫困深度是弱绝对益贫的，也就是说，收入增长缓解了贫困农户的贫困深度，小于0的益贫式增长指数表明加权贫困深度的收入增长反而恶化了特困农户的贫困状况。因为第2时期（2007—2010年）农户人均纯收入下降了，所以，益贫式增长指数的贫困发生率、贫困深度和加权贫困深度都大于1，表明纯收入的下降是益贫的，也就是说，农户越是贫困纯收入下降速度越慢，这与特困农户主要从事农业生产有关，因为农业生产受到宏观经济景气度的影响较小。

四 农户收入结构效应分析

根据式（6.5）至式（6.6）和《公共政策与农村贫困》调查数据，借助肖罗克（1999）的萨普利分解方法，估计了收入成分影响贫困的收入增长效应和收入分配效应，如表6-4所示。

表6-4　　　　　　　　　收入成分效应分解

	贫困发生率 ($\alpha=0$)			贫困深度 ($\alpha=1$)			加权贫困深度 ($\alpha=2$)		
	贫困变化程度	收入增长效应	收入分配效应	贫困变化程度	收入增长效应	收入分配效应	贫困变化程度	收入增长效应	收入分配效应
第1时期（2004—2007年）									
非农业收入	-0.2069	-0.1628	-0.0442	-0.1451	-0.429	0.2839	-0.0615	-0.378	0.3166
农业收入	-0.0191	-0.0197	0.0006	0.0062	-0.0106	0.0168	0.0419	-0.0124	0.0295
转移性收入	0.0257	0.0172	0.0085	0.0646	0.2017	-0.1371	0.0595	0.3794	-0.3199

续表

	贫困发生率 ($\alpha = 0$)			贫困深度 ($\alpha = 1$)			加权贫困深度 ($\alpha = 2$)		
	贫困变 化程度	收入增 长效应	收入分 配效应	贫困变 化程度	收入增 长效应	收入分 配效应	贫困变 化程度	收入增 长效应	收入分 配效应
第 2 时期（2007—2010 年）									
非农业收入	0.2965	0.1399	0.1566	0.362	0.1962	0.1658	0.3479	0.1257	0.2222
农业收入	−0.0008	0.0217	−0.0225	0.0541	0.027	0.0271	0.1173	0.054	0.0633
转移性收入	−0.0242	−0.0125	−0.0117	−0.0651	−0.0401	−0.025	−0.0797	−0.0182	−0.0615

其一，就非农业收入对农户贫困程度的影响而言，第 1 时期（2004—2007 年）增长的非农业收入缓解了农村贫困状况，但是，非农业收入对贫困的影响因人而异，即是说特困农户因非农业收入增长缓解贫困深度不如一般贫困农户。第 1 时期非农业收入的增长不但通过收入增长效应（−0.1628）降低了贫困发生率，而且通过收入分配效应（−0.0442）进一步降低了贫困发生率。第 1 时期（2004—2007 年）非农业收入贫困变化程度在贫困深度（−0.1451）和加权贫困深度（−0.0615）下的系数值都小于 0，说明贫困状况得以缓解，这是由于收入增长效应和分配效应相互抵消的结果。一方面，较低的收入增长效应（−0.429 和 −0.378）表明增长的非农业收入降低了贫困深度和加权贫困深度；另一方面，较高的收入分配效应（0.2839 和 0.3166）表明增长的非农业收入加剧了农户收入差距，从而加深了农户贫困深度和加权贫困深度，这与表 6−1 中农户人均纯收入基尼系数从 2004 年的 0.4526 上升到 2007 年的 0.6137 相一致。与此同时，收入分配效应在贫困发生率（−0.0442）和贫困深度（0.2839）下的系数值分别小于 0 和大于 0，意味着增长的非农业收入改变了农户收入差距，使部分农户得以脱贫的同时未脱贫农户的贫困状况更糟。贫困深度的贫困变化程度（−0.1451）小于加权贫困深度（−0.0615）意味着增长的非农业收入缓解了农户贫困程度，但是，农户贫困程度的缓解存在差异，也就是说，越贫困的农户因非农业收入增长降低贫困深度的幅度越小。

　　第 2 时期（2007—2010 年）减少的非农业收入恶化了农村贫困状况，但是非农业收入的减少对特困农户影响相对较小。第 2 时期（2007—2010 年）非农业收入的减少不但通过收入增长效应（0.1399）提高了贫困发生率，而且通过收入分配效应（0.1566）进一步提高了贫困发生率，贫困深度和加权贫困深度也受到了类似影响。值得一提的是，贫困深度的贫困变化程度（0.362）大于加权贫困深度的变化程度（0.3479），这表明务工收入的减少对特困农户贫困状况影响相对较小，对一般贫困农户贫困状况影响较大。

　　通过分析第 1 时期（2004—2007 年）非农收入对于农户贫困程度的影响，可知非农收入增长是农户脱贫的主要原因。通过分析第 2 时期（2007—2010 年）非农业收入对于农户贫困程度的影响时，发现非农业收入的下降使脱贫农户又进入返贫状态，这表明非农业收入波动会引起贫困农户在脱贫与返贫之间徘徊。无论非农业收入处于上升的第 1 时期（2004—2007 年）还是处于下降的第 2 时期（2007—2010 年），非农业收入对特困农户的影响不同于对一般贫困农户的影响，这表明收入结构对农户贫困程度的影响取决于农户贫困深度。

　　其二，就农业收入对农户贫困程度的影响而言，虽然农业收入占纯收入的比例都高于 30%，但是，农业收入对农户脱贫的影响较小。例如，在第 1 时期（2004—2007 年）农业收入影响贫困发生率、贫困深度和加权贫困深度下的贫困变化程度系数值分别为 -0.0191、0.0062 和 0.0419。农业收入的提高难以使贫困农户脱贫的原因在于：一方面，人均耕地面积狭小且土质贫瘠使农业收入难以大幅上升，从而难以通过收入增长效应影响农村贫困状况。×县 A、B 和 C 三个行政村人均耕地面积分别为 0.87 亩、0.86 亩和 1.1 亩，而且是典型卡斯特地貌、土质贫瘠，农业产量难以大幅提高。另一方面，当地农业生产方式相对落后，机械化程度和中间要素投入较低，使农户之间农业产量差异不大，农业收入差距相对稳定，从而难以通过收入分配效应影响农村贫困。

　　其三，就转移性收入对农户贫困程度的影响而言，转移性收入有助于缓解农户贫困状态，但对农户脱贫的影响较小。无论转移性收入处于下降的第 1 时期（2004—2007 年）还是处于上升的第 2 时期（2007—2010 年），贫困发生率的贫困变化程度系数绝对值（0.0257 和 - 0.0242）都较小，这表明转移性收入对农户脱贫的影响较小。然而，无论第 1 时期（2004—2007 年）还是第 2 时期（2007—2010 年），贫困深度（0.0646 和 - 0.0651）和加权贫困深度（0.0595 和 - 0.0797）的贫困变化程度系数绝对值都大于贫困发生率（0.0257 和 - 0.0242）的系数绝对值，这表明转移性收入对特困农户的影响高于对一般贫困农户的影响，并且有助于贫困农户缓解贫困深度。这表明转移性收入有助于缓解农户贫困状况，但对农户脱贫的影响较小。一方面当农户处于贫困状态时，政府给予的转移性收入有助于缓解贫困状况；另一方面当贫困农户农业生产受灾时，救灾性质的转移性收入也有助于缓解贫困状况，但是，无论哪种形式的转移性收入都难以让农户脱贫。

最后，一般贫困农户脱贫主要取决于非农业收入，特困农户缓解贫困主要取决于农业收入。如表 6 - 5 所示，当非农业收入处于上升阶段的第 1 时期（2004—2007 年）时，对贫困发生率和贫困深度的影响较大，而对加权贫困深度的影响为负表明非农业收入的增长有助于一般贫困农户脱贫，但对于特困农户的影响较弱。然而，当采用加权贫困深度衡量农户贫困状况时，农业收入对农户贫困程度的贡献率在第 1 时期（2004—2007 年）和第 2 时期（2007—2010 年）分别为105.13% 和 30.43%，表明农业收入对农户贫困程度的影响较大，这表明农业收入有助于特困农户缓解贫困状况。特困农户的特征要么表现为文盲或半文盲，要么表现为家庭成员具有重大疾病。特困农户要么因文化程度较低，要么因看护病人的需要而不能从事非农业，农业收入所占比例较高，因此，农业收入的提高有助于缓解其贫困深度，但是，因为人均耕地面积较小，农业收入的提高幅度不足以使其脱贫。

表6-5　　　　　　收入成分对贫困变化程度的贡献率　　　　　　单位:%

	2004—2007 年			2007—2010 年		
	贫困发生率	贫困深度	加权贫困深度	贫困发生率	贫困深度	加权贫困深度
非农业收入	103.3	195.31	-154.16	109.21	103.12	90.23
农业收入	9.54	-8.38	105.13	-0.3	15.43	30.43
转移性收入	-12.84	-86.93	149.03	-8.92	-18.54	-20.66

第七章　收入流动性测度及描述

第一节　收入流动性的四种测量方法

早期主要采用比较静态分析法来研究收入分布问题，利用不同时期的截面数据来分析收入水平、收入不平等以及贫困率等指标随时间变化的趋势。就宏观角度而言，这类研究方法能有效地反映一个国家收入分布的基本情况，但是，却不能反映微观个体的收入水平在不同时期上的绝对增长，也没有涉及居民收入位序的相对变化，因而不能反映收入差距和收入极化的动态变化过程。为了弥补比较静态分析法的缺陷，研究收入问题时引入了收入流动性的概念，借助面板数据来分析收入分布随时间的变化趋势。

就收入流动性概念而言，现有文献根据其研究侧重点定义了不同的收入流动性指标，使收入流动性指标非常丰富（Fields and Ok，1999a），然而，研究收入流动性所面临的首要问题是如何从众多的收入流动性指标中根据研究需要选择合适的指标。虽然收入流动性指标众多，但是，现有收入流动性指标主要是从以下四个方面定义的。

首先，从居民社会收入排序相对变化来定义收入流动性，即相对收入流动性指标。这样定义的收入流动性指标主要反映居民不同时期收入水平的相对变化，具有以下四个特征：第一，每个居民收入排序随时间的变化都受到其他居民收入排序的影响；第二，如果一个居民收入排序发生变化，那么至少有另外一个居民的收入排序受到影响；第三，收入流动性存在完全不流动的状态，即居民收入排序在不同时期始终不变的状态；第四，收入流动性指标的参照状态有两种情况：其一，序贯独立性，即下一期居民收入排序不受上一期收入排序的影响。其二，排序相反性，也就是说，如果上一期居民收入排序较高，那么下一期居民收入排序较低。

其次，从居民不同时期收入变化的角度定义流动性，即绝对收入流动性指标。这样定义的收入流动性主要反映居民收入水平的绝对变化，社会收入流动性等于每个居民收入流动性的加总。当居民不同时期的收入水平变化越大时，则收入流动性也越大，因此，绝对流动性指标没有完全流动性的概念；当不同时期的居民收入水平始终不变时，则为收入完全不流动状态。值得一提的是，相对收入流动性与绝对收入流动性存在以下相关性：其一，存在相对收入流动性就必然存在绝对收入流动性。存在相对收入流动性说明居民收入排序发生了变化，那么居民不同时期的收入水平也肯定发生了变化，否则居民收入排序不会发生变化，这说明存在绝对收入流动性。其二，存在绝对收入流动性不一定存在相对收入流动性。例如，当居民收入水平都按相同比例增长时，那么居民收入在不同时期存在绝对收入流动性，与此同时，居民收入排序始终不变，说明不存在相对收入流动性。

再次，从暂时性收入流动性影响长期收入不平等来定义收入流动性。这种定义方式把居民收入分为持久性收入和暂时性收入，持久性收入是指居民不同时期收入的平均值，而暂时性收入是指不同时期收入与持久性收入的差额。如果不存在暂时性收入即居民收入在不同时期始终不变，那么收入不平等就不会变化，不同时期的收入不平等等价于长期收入不平等。当暂时性收入较大时，那么不同时期的收入不平等与长期收入不平等的差距就较大，即暂时性收入在不同时期对长期收入不平等构成了影响。

最后，把收入流动性定义为收入风险。这种定义方式把居民收入分为确定性收入和不确定性收入，收入流动性就定义为不确定性收入在不同时期的变化水平。值得注意的是，暂时性收入与不确定收入关系是非常密切的，根据上述分析可知，暂时性收入往往就是居民难以预计的收入这类似于不确定性收入。

第二节 基于转换矩阵对收入流动性分析

一 转换矩阵简介及数据描述

为了研究居民在不同时期社会收入排序的相对变化，在研究收入流动性时引入了离散时间状态下马尔科夫链（Discrete-time Markov Chain，DTMC）随机过程，即收入流动性转换矩阵。转换矩阵表示从一个时期到另一个时期，居民收入处在不同等级上的概率，例如，T_{55} 表示一个 5 行 5 列的转换矩阵，如式（7.1）所示，也就是说，把不同时期居民根据收入水平进行五等份分组，矩阵中任何一个元素都表示转换概率，例如，元素 t_{11} 表示居民上一期处于最高收入阶层，在下一期仍处于该阶层的概率。而元素 t_{12} 表示居民上一期处于最高收入阶层，在下一期处于收入第二阶层的概率。因此，转换矩阵中的每个元素 t 取值范围为 0—1，可根据居民在两个时期收入都处于第一阶层人数除以第一时期居民处于第一阶层的人数，即可计算出元素 t_{11}，转换矩阵的其他元素通过类似方法可依此计算出来，由此可知，转换矩阵是一个双随机方阵，即矩阵的列或行分别加总都等于 1。

$$T = \begin{bmatrix} t_{11} & t_{12} & \cdots & t_{15} \\ t_{21} & t_{22} & \cdots & t_{25} \\ \cdots & \cdots & \cdots & \cdots \\ t_{51} & t_{52} & \cdots & t_{55} \end{bmatrix} \qquad (7.1)$$

构建转换矩阵使用的数据来源于"中国健康与营养调查"（CHNS）。该数据采用多阶段分层整群随机抽样方法，对城乡居民家庭和个人进行追踪调查，调查内容涵盖人口特征、工作情况、工资收入、教育程度、健康状况等方面的数据。由于对同一居民进行多次调查，能够观测到居民不同时期的收入水平，因而可用来构建居民不同时期的收入转换矩阵。在构建收入转换矩阵时，选用家庭人均收入而不是个人收入作为居民收入水平的指标，因为家庭人均收入能更好地反映居民的社会经济状况。CHNS 数据调查年份包括 1989 年、1991

年、1993 年、1997 年、2000 年、2004 年、2006 年、2009 年和 2011
年共 9 轮调查，因此，可以依次构建出 8 个转换矩阵，CHARLS 数据
包括 2011 年和 2013 年两轮数据，可以用来构建第九轮转换矩阵，如
表 7 - 1 所示。

表 7 - 1　　　　　　　　各个时期的收入转换矩阵

	第一阶层	第二阶层	第三阶层	第四阶层	第五阶层
1989—1991 年					
第一阶层	0.39	0.2395	0.1748	0.1052	0.0906
第二阶层	0.2362	0.3204	0.2071	0.1375	0.0987
第三阶层	0.1722	0.2041	0.2552	0.2185	0.1499
第四阶层	0.1231	0.1324	0.2181	0.2539	0.2726
第五阶层	0.0891	0.1016	0.1484	0.2766	0.3844
1991—1993 年					
第一阶层	0.4175	0.2386	0.1667	0.093	0.0842
第二阶层	0.2591	0.2677	0.2211	0.1485	0.1036
第三阶层	0.1655	0.2345	0.2448	0.2103	0.1448
第四阶层	0.1061	0.1414	0.2155	0.271	0.266
第五阶层	0.0621	0.1275	0.1628	0.2634	0.3842
1991—1997 年					
第一阶层	0.4018	0.2489	0.1758	0.0799	0.0936
第二阶层	0.2343	0.244	0.186	0.1981	0.1377
第三阶层	0.1772	0.1969	0.2363	0.2101	0.1794
第四阶层	0.0739	0.1597	0.2196	0.2834	0.2635
第五阶层	0.0846	0.1299	0.1634	0.2598	0.3622
1997—2000 年					
第一阶层	0.0745	0.154	0.1747	0.2898	0.3765
第二阶层	0.1023	0.1696	0.2042	0.2764	0.2658
第三阶层	0.1698	0.2422	0.2457	0.1993	0.155
第四阶层	0.2444	0.2093	0.2336	0.1407	0.1227
第五阶层	0.409	0.2249	0.1419	0.0938	0.0801

	第一阶层	第二阶层	第三阶层	第四阶层	第五阶层
2000—2004 年					
第一阶层	0.0883	0.1313	0.1872	0.2222	0.385
第二阶层	0.12	0.1702	0.2246	0.2731	0.2426
第三阶层	0.1383	0.1977	0.2184	0.2392	0.1847
第四阶层	0.255	0.2577	0.2246	0.159	0.1033
第五阶层	0.3983	0.2431	0.1451	0.1065	0.0845
2004—2006 年					
第一阶层	0.0723	0.1177	0.1635	0.2271	0.4097
第二阶层	0.0949	0.1468	0.2233	0.3097	0.2747
第三阶层	0.1687	0.2151	0.2657	0.2316	0.1366
第四阶层	0.2093	0.2936	0.2107	0.1534	0.0911
第五阶层	0.4548	0.2267	0.1368	0.0782	0.0879
2006—2009 年					
第一阶层	0.0777	0.1163	0.1677	0.2397	0.3987
第二阶层	0.1014	0.147	0.2342	0.2968	0.2512
第三阶层	0.1267	0.2116	0.2468	0.227	0.1605
第四阶层	0.2331	0.2956	0.2025	0.1333	0.0972
第五阶层	0.4611	0.2294	0.1487	0.1032	0.0924
2009—2011 年					
第一阶层	0.091	0.1183	0.1606	0.2679	0.4642
第二阶层	0.097	0.1598	0.2379	0.3104	0.2627
第三阶层	0.1373	0.2115	0.2864	0.1918	0.1328
第四阶层	0.2806	0.2825	0.1833	0.1259	0.0642
第五阶层	0.394	0.2278	0.1318	0.104	0.0761
2011—2013 年					
第一阶层	0.0725	0.1177	0.1637	0.2271	0.4097
第二阶层	0.0949	0.1468	0.2233	0.3097	0.2747
第三阶层	0.1689	0.2149	0.2657	0.2316	0.1366
第四阶层	0.2093	0.2936	0.2107	0.1534	0.0911
第五阶层	0.4548	0.2267	0.1359	0.0782	0.087

注：2011—2013 年的收入转换矩阵使用的是 CHARLS 数据。

二 收入流动性分析

根据 CHNS 数据构建出的居民在两个时期间收入流动性变化情况（见表 7 - 1），居民收入流动性包括向上流动（居民在第二期进入更高收入阶层）、不流动（居民两期收入阶层没有变化）以及向下流动（居民在第二期进入更低收入阶层）三种情况。转换矩阵的主对角元素表示居民在不同时期处于相同收入阶层的概率，即居民收入不流动的概率；而转换矩阵主对角线上方和下方的元素分别表示居民在不同时期收入向下流动和向上流动的概率。根据表 7 - 1 可以分析居民收入流动性历年的变化趋势。

首先，分析收入不流动的居民，即转换矩阵主对角线上的元素。根据不同时期转换矩阵主对角线元素，可以绘制出图 7 - 1，图中曲线表示不同收入阶层在不同时期的收入不流动概率，即居民仍处于原来收入阶层的概率。由图 7 - 1 可得以下结论：

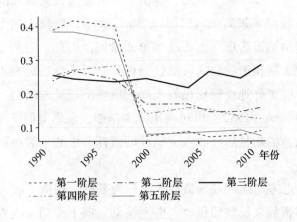

图 7 - 1 居民收入不流动曲线

其一，总体而言，居民收入不流动的概率处于下降趋势，也就是说，随时间流逝，居民处于原来收入阶层的可能性呈下降趋势。图 7 - 1 显示，除第三收入阶层外，其余阶层收入不流动曲线均出现逐渐向下的走势。

其二，最高收入阶层（第一阶层）和最低收入阶层（第五阶层）

收入不流动变化趋势非常相近。图 7 - 1 显示，收入不流动概率在世纪之交发生了较大变化，之前这两个收入阶层各期收入不流动的概率接近于40%，说明富人很可能仍然是富人，穷人很可能仍然是穷人；之后各期收入不流动的概率处于 10% 以下，说明富人不一定还是富人，穷人也不一定还是穷人。

其三，中等收入阶层收入不流动概率相对稳定，即图 7 - 1 中第三阶层居民收入不流动概率曲线在各个时期都处于 20%—30% 的区间，说明我国中等收入阶层居民群体相对稳定。

其次，分析收入向上流动和向下流动的居民，即转换矩阵主对角线之外的元素。由表 7 - 1 可知，转换矩阵主对角线下方的元素表示收入向上流动的居民，而主对角线上方的元素表示收入向下流动的居民。本书以转换矩阵为基础，来衡量居民收入向上和向下流动的趋势。值得一提的是，居民收入流动程度并不完全一致，例如，t_{51} 表示居民收入向上流动了四个阶层，即由第五阶层（最低收入阶层）向上流动到第一阶层（最高收入阶层）；而 t_{54} 表示居民收入向上流动了一个阶层，即由第五阶层向上流动到第四阶层。因此，当衡量居民收入流动趋势时，所构造的收入流动性指标只有考虑到居民收入流动程度的差异，才能更好地反映居民收入向上或向下流动的趋势。而巴塞洛缪（Bartholomew，1982）以转换矩阵为基础，采用类似于加权平均法的思路，构造的衡量居民收入流动性的指标考虑到了居民收入流动性的差异。

本书以巴塞洛缪的收入流动性指标为基础，构造了收入流动的加权平均概率指数来反映居民收入向上流动、向下流动和收入相对流动性大小，如式（7.2）、式（7.3）、式（7.4）所示。等式（7.2）反映居民收入向上流动的加权平均概率，其中，权重为（j-i）/m，j-i 和 m 分别表示居民收入向上流动的程度和转换矩阵（T）的维度。同理，等式（7.3）反映居民收入向下流动的加权平均概率。式（7.4）由式（7.2）除以式（7.3）并简化推出，反映居民收入流动的相对程度，当式（7.4）大于 1 时，反映居民收入向上流动的概率大于向下流动的概率，居民收入流动提高了社会福利水平；反之，居民收入流动则会降低社会福利水平。

$$M_{UP}(T) = \frac{\sum\limits_{j=1}^{m-1}\sum\limits_{i=j+1}^{m}\dfrac{t_{ij}(j-i)}{m}}{m-1}$$

$$= \frac{\sum\limits_{j=1}^{m-1}\sum\limits_{i=j+1}^{m}t_{ij}(j-i)}{m(m-1)} \qquad （向上流动） \qquad (7.2)$$

$$M_{DOWN}(T) = \frac{\sum\limits_{j=1}^{m-1}\sum\limits_{i=i+1}^{m}\dfrac{t_{ij}(j-i)}{m}}{m-1}$$

$$= \frac{\sum\limits_{i=1}^{m-1}\sum\limits_{j=i+1}^{m}t_{ij}(i-j)}{m(m-1)} \qquad （向下流动） \qquad (7.3)$$

$$M_{REL}(T) = \frac{\sum\limits_{j=1}^{m-1}\sum\limits_{i=j+1}^{m}t_{ij}(i-j)}{\sum\limits_{i=1}^{m-1}\sum\limits_{j=i+1}^{m}t_{ij}(i-j)} \qquad （相对流动程度） \qquad (7.4)$$

根据表 7 - 1 的转换矩阵以及表达式（7.2）、式（7.3）和式（7.4）可以描绘居民不同时期收入流动状况以及相对流动程度，如图 7 - 2 所示。

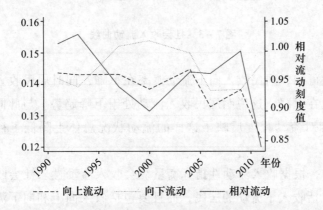

图 7 - 2　居民收入流动曲线

就居民收入向下流动而言，收入向下流动概率总体呈现倒"U"

形特征，也就是说，1989—2000 年，居民收入向下流动概率逐渐上升，此后收入向下流动概率处于下降趋势。

就居民收入向上流动而言，收入向上流动概率在 1989—2004 年相对稳定，此后，收入向上流动概率处于下降趋势。

就居民收入流动相对程度而言，只有 1989—1991 年和 1991—1993 年两个阶段相对流动程度明显大于 1（如图 7-3 中右边的纵坐标所示），说明这两个时期居民收入向上流动概率大于向下流动概率，收入流动提高了社会福利水平，除此之外的其余时期，其相对流动程度小于 1，收入流动降低了社会福利水平。

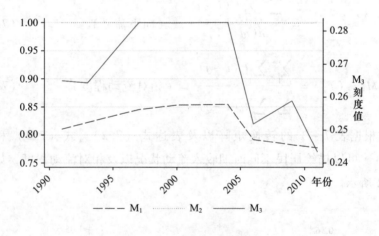

图 7 - 3　社会收入流动曲线

由此可知，居民收入向下流动概率在下降，同时居民收入向上流动概率也在下降，这说明居民收入流动处于下降趋势。与此同时，居民收入相对流动程度反映了这样的流动状况总体上降低了社会福利水平。

最后，根据收入流动性指标衡量社会收入流动性。社会收入流动性不但包括收入不流动的居民，而且要包括收入向上和向下流动的居民。现有文献（Prais，1955；Shorrocks，1978；Sommers，1979；Bartholomew，1982）以收入转换矩阵为基础，构建了很多衡量社会收入流动性的指标，本书选用以下几个指标来衡量社会收入流动性：

第一个衡量社会收入流动性的指标 M_1。肖罗克斯（Shorrocks，1978b）基于"不流动比例"（Immobility Ratio，IR）的思路，借助转化矩阵构建了"标准迹"衡量社会收入流动性，如式（7.5）所示，其中，Trace（T）为转换矩阵的迹，即转换矩阵主对角元素之和，表示居民收入不流动的概率。当社会收入完全不流动和完全流动时，M_1 的值分别为 0 和 1，因此，社会收入流动性越大，"标准迹"越趋近于 1；反之越趋近于 0。

$$M_1 = \frac{m - trace(T)}{m-1} = \frac{m - \sum_{i=1}^{m} t_{ji}}{m-1} \qquad (7.5)$$

第二个衡量社会收入流动性的指标 M_2，该指标等于 1 减转换矩阵的行列式（Shorrocks，1978a）。当社会收入完全流动时，即居民不同时期收入存在独立性，也就是说，无论居民当期收入处于哪一个阶层，在下一时期进入各个收入阶层的概率都一样，表示转换矩阵各行都相同，那么转换矩阵行列式等于 0，M_2 等于 1；反之，当居民收入完全不流动时，M_2 等于 0，同理，社会收入流动性越大，M_2 越趋近于 1；反之则越趋近于 0。如式（7.6）所示。

$$M_2 = 1 - |\det(T)| = 1 - \left|\prod_{i=1}^{m} \lambda_i\right| \qquad (7.6)$$

虽然上述两个指标都能衡量社会收入流动性，但是，这些指标没有反映居民收入流动程度，衡量社会收入流动性还不够准确。因此，当衡量居民收入流动趋势时，所构造的收入流动性指标只有考虑到居民收入流动程度的差异，才能更好地反映社会收入流动性。而巴塞洛缪（1982）以转换矩阵为基础，采用类似于加权平均法的思路，构造的衡量居民收入流动性指标考虑到了居民收入流动性的差异，因此，该指标是本书衡量社会收入流动性的第三个指标 M_3，如式（7.7）所示。

$$M_3 = \frac{1}{m(m-1)} \sum_{i=1}^{m} \sum_{j=1}^{m} t_{ij} |i-j| \qquad (7.7)$$

根据表 7-1 的转换矩阵和式（7.5）、式（7.6）和式（7.7）可以描绘不同时期社会收入流动情况，如图 7-2 所示。

就本书数据特征而言，衡量社会收入流动性的 M_2 指标不同时期变化幅度相对较小，难以反映社会收入流动情况，不利于分析社会收入流动性。

就 M_1 指标而言，说明社会收入流动性经历了两个阶段，即 1989—2004 年的 15 年时间，社会收入流动性由 0.81 缓慢上升至 0.854，增幅为 0.044；然而，2004—2011 年的 7 年时间，社会收入流动性由 0.854 下降至 0.777，降幅为 0.077，表明相对较短的第二时期社会收入流动性降幅高于相对较长第一时期的增幅，说明社会收入流动性趋于下降。然而，M_1 指标并没有考虑到居民收入流动程度问题，因此，分析 M_3 指标变化趋势更为重要，因为该指标涵盖了这一问题。

就 M_3 指标而言，社会收入流动性先后经历了递增、稳定和递减三个阶段，而且社会收入流动性减幅大于增幅。

综上所述，衡量社会收入流动性的各个指标都表明近期社会收入流动性处于下降趋势。

第三节 绝对收入流动性分析

一 收入流动性指标选取

上文基于转换矩阵方法详细分析了居民收入排序即相对收入变化趋势，有助于初步了解最近 20 年居民收入流动情况。然而，转换矩阵分析收入流动性具有三个重大缺陷，使转换矩阵方法不能准确地反映社会收入流动性。

其一，使用转换矩阵分析居民收入排序时，收入流动性指标不具有稳健性，即指标数值大小取决于收入阶层细分程度。例如，本书把居民收入划分为五个收入阶层，即转换矩阵维度为五的方阵，如果本书把居民收入划分为十个阶层，那么收入流动性指标数值就会更大，即划分收入阶层越多，指标数值就会越大。

其二，转换矩阵没有考虑到各个收入阶层内相对收入的变化。假设甲、乙、丙和丁四人在第一时期和第二时期的收入向量分别为（1、

2、3、4）和（2、1、4、3），如果根据收入高低划分为两个收入阶层，那么无论哪一个时期，甲和乙两位居民始终是低收入阶层，而丙和丁两位居民始终是高收入阶层，收入转换矩阵表明居民相对收入没有发生变化，但是，收入阶层内的相对收入实际发生了变化。

其三，转换矩阵方法只能反映居民相对收入变化而不能反映居民收入水平变化情况。

因此，为了弥补转换矩阵方法的不足之处，引入了基于收入水平变化的方法来研究居民收入流动性问题。

其一，以菲尔兹和欧克（Fields and Ok，1999b）构建的收入流动性指标最具有代表性，如式（7.8）所示，该指标把居民 i 收入水平变化表示为居民两个时期（对数）的收入差距，则社会收入流动性等于居民收入差距的平均。

其二，金（King，1983）基于居民"等级顺序统计量"构建的指标能反映收入流动性对社会福利的影响，如式（7.9）所示，其中，S_i 表示居民的等级顺序统计量，即为居民 i 在第 2 期处于第 r 位的收入，减去第 2 期的反事实收入（以第 1 期收入大小排序为标准，处于第 r 位的居民第 2 期收入）的绝对值除以第 2 期收入均值。

$$M_4\left[\left(y_i^1, y_i^2\right)\right] = \frac{1}{N} \sum_{i=1}^{N} \left| \log(y_i^2) - \log(y_i^1) \right| \tag{7.8}$$

$$M_5 = 1 - \exp\left(\frac{-1}{N} \sum_{i=1}^{N} S_i\right) \tag{7.9}$$

其中，$s_i = \dfrac{\left| y_{2,r}^i - y_{2,r(y_i)}^i \right|}{u_2}$。

二 收入流动性指标分解

居民收入水平变化通过以下两方面作用影响收入流动性：

其一，收入的结构流动性，即在居民收入排序不变的情况下，收入水平变化对边际收入分布的影响，从而作用于收入流动性（Van Kerm，2004）。结构流动性由增长流动性和分散流动性组成，其中，增长流动性表示居民收入按相同比例增长，例如，两个时期居民收入向量分别为（1、2、3）和（2、4、6），居民收入都增长了一倍，这样的流动性即为增长流动性；分散流动性表示居民收入变化不一致，但是，居民总收入和收入排序并没有发生变化，例如，两个时期居民收入向量分别为（1、2、3）和（0、2、4），这样的流动性即为分散流动性。由此可知，结构流动性可以分解为增长流动性和分散流动性。

其二，收入的交换流动性，即居民收入水平变化改变了居民收入排序情况，从而对收入流动性产生影响，例如，两个时期居民收入向量分别为（1、2、3）和（3、1、2），这样的流动性即为交换流动性。因此，对收入流动性指标进行分解，了解收入变化主要通过什么途径影响收入流动性，这既有助于了解收入流动性变化的原因，又为提高收入流动性而制定相应的政策措施提供了依据。

收入流动性分解如式（7.10）所示，等式右边三项大括号内依次表示增长流动性、分散流动性和交换流动性，其中，$G(y^1, y^2)$、$D(y^1, y^2)$ 和 $S(y^1, y^2)$ 是居民收入的三个反事实向量，分别称为收入的增长向量、分散向量和结构向量，如式（7.11）至式（7.13）所示。

首先，收入的增长向量说明居民收入总水平与第 2 时期相同，同时居民收入按照相同比例增长。

其次，就分散流动性而言，式（7.12）中的 L 为对角矩阵，其对角元素 $y^2_{r(y^1_i)}/y^1_i[y^2_{r(y^1_i)}]$ 和 $r(y^1_i)$ 分别表示顺序统计量和居民 i 在第一时期所处的位序，在居民总收入和排序不变的条件下，说明居民收入变化存在差异。

最后，收入的结构向量由增长向量和分散向量共同决定，如式（7.13）所示。

$$M(y) = M[y^1, G(y^1; y^2)] + \{M[y^1, D \cdot G(y^1; y^2)] - M[(y^1, G(y^1; y^2))]\} \tag{7.10}$$

$$G(y^1; y^2) = \frac{\mu_2}{\mu_1} \times y^1 \tag{7.11}$$

$$D(y^1; y^2) = \frac{\mu_1}{\mu_2} \times L \times y^1 \tag{7.12}$$

$$S(y^1; y^2) = G \cdot D(y^1; y^2) = D \cdot G(y^1; y^2) = L \times y^1 \qquad (7.13)$$

值得一提的是，式（7.10）对收入流动性分解的顺序依次为增长流动性、分散流动性和交换流动性，国内很多文献都是按照此顺序进行分解的。肖罗克（1999）、Chantreuil（1999）和 Rongve（1999）等注意到增长流动性、分散流动性和交换流动性的取值受到流动性分解顺序的影响，即序贯分解问题，因此，直接使用式（7.10）对收入流动性进行分解而得到的分解成分并不具有稳健性。基于萨普利分解方法，可以有效地解决序贯分解问题。首先，分别计算出各种序贯分解下的增长、分散和交换流动性；其次，再依次进行平均，这样就可以解决序贯分解的问题。本书说的收入流动性分解包括两个层级分解：第一层级，收入流动性下的结构流动性分解和交换流动性分解；第二层级，结构流动性下的增长流动性分解和分散流动性分解。因此，序贯分解具有四种情况：其一，增长流动性—分散流动性—交换流动性；其二，分散流动性—增长流动性—交换流动性；其三，交换流动性—增长流动性—分散流动性；其四，交换流动性—分散流动性—增长流动性。为了解决序贯分解问题，本书对收入流动性进行分解时使用上述分解方法进行。

三 收入流动性分析

采用菲尔兹、金的流动性指标以及菲尔兹流动性指标分解方法，借助 CHNS 调查数据可以推导出各期的绝对收入流动性（见表 7 - 2），可得以下结论：

表 7 - 2　　　　　　　各个时期的绝对收入流动性及其分解

时期	菲尔兹流动性 M_4	结构流动性	增长流动性	分散流动性	交换流动性	金流动性 M_5
1989—1991 年	0.6433	0.0096	−0.0099	0.0195	0.6337	0.4094
1991—1993 年	0.6602	0.0789	0.0414	0.0375	0.5813	0.4310
1993—1997 年	0.7669	0.1437	0.1751	−0.0313	0.6231	0.4487
1997—2000 年	0.7735	0.1252	0.0996	0.0256	0.6482	0.4778
2000—2004 年	0.8479	0.1353	0.1449	−0.0095	0.7126	0.4863

续表

时期	菲尔兹流动性 M_4	结构流动性	增长流动性	分散流动性	交换流动性	金流动性 M_5
2004—2006 年	0.8001	0.0613	0.0531	0.0082	0.7388	0.4951
2006—2009 年	0.9083	0.2498	0.3010	− 0.0513	0.6585	0.4805
2009—2011 年	0.7913	0.0920	0.0845	0.0075	0.6993	0.4640
2011—2013 年	0.8723	0.2738	0.302	− 0.0493	0.6705	0.4705

注：2011—2013 年是根据 CHARLS 数据计算出来的。

结论之一：绝对收入流动性总体上处于上升趋势，但是，这种趋势是否能持续值得深思。根据表 7 – 2 可以描绘出各期以菲尔兹和金衡量的收入流动情况，如图 7 – 4 所示。

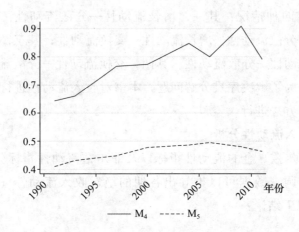

图 7 - 4 绝对收入流动性曲线

首先，就绝对收入流动性而言，菲尔兹流动性指标和金收入流动性指标值分别从初期（1989—1991 年）的 0.6433 和 0.4094，上升到末期（2009—2011 年）的 0.7913 和 0.4640，说明无论用哪个指标衡量绝对收入流动性，流动性总体上都处于上升趋势。

其次，绝对收入流动性具体变化情况受到流动性指标的影响。菲尔兹收入流动性指标说明，1989—2011 年，居民绝对收入流动性表现为波浪式上升趋势，而金收入流动性指标表明绝对收入流动性呈现出先上升后下降的特点。

最后，无论是哪个收入流动性指标，都表明绝对收入流动性在后期都处于下降趋势，因此，这种下降趋势具体能持续多久，只有获得最新调查数据，才能得出结论。

结论之二：在绝对收入流动性中，交换流动性作用较大，而结构流动性决定具体变化情况。根据表7-2可以描绘出对菲尔兹收入流动性的第一层分解，即分解为结构流动性和交换流动性，如图7-5所示。

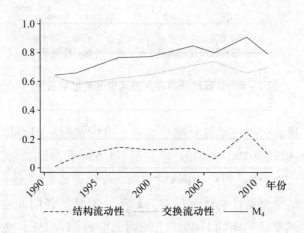

图7-5　绝对收入流动性的分解曲线

其一，交换流动性曲线与绝对收入流动性曲线非常接近，而结构流动性各期取值较小，说明绝对收入流动性的取值主要由交换流动性决定。

其二，结构流动性曲线与绝对收入流动性曲线在走势上比较一致，而与交换流动性曲线走势的差异明显，说明绝对收入流动性的具体变化由结构流动性决定。

结论之三：在绝对收入流动性中，交换流动性的贡献逐步下降，而结构流动性的贡献则略有上升，这归因于增长流动性的作用。根据

表7-2可以描绘出绝对收入流动性的分解成分对其贡献率，如图7-6所示。

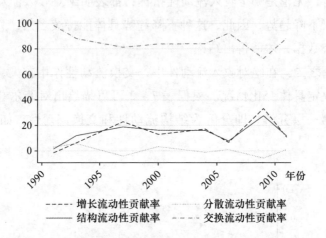

图7-6 分解成分对收入流动性的贡献率曲线

首先，虽然交换流动性贡献率也有上升的情况，但总体上处于下降趋势，从初期（1989—1991年）的98.5%下降到末期（2009—2011年）的88.4%，贡献率降幅约10个百分点。

其次，结构流动性总体上呈上升趋势，但是，各期波动较大。结构流动性贡献率从初期的1.49%上升到末期的11.62%，贡献率增幅约10个百分点。与此同时，各个时期结构流动性贡献差异较大，例如，2004—2006年的贡献率为7.66%，而2006—2009年的贡献率为27.5%。

最后，就结构流动性进一步分析可知，增长流动性是结构流动性影响绝对收入流动性的主要原因，而分散流动性作用较小。如图7-6所示，增长流动性贡献率曲线与结构流动性贡献率曲线在走势上非常一致，而分散流动性贡献率曲线一方面走势不一样，另一方面无论在哪个时期的贡献率都在0上下波动，说明贡献率较小。

第八章 收入流动性对社会福利水平的影响

第一节 引言

第七章分析了中国收入流动性的基本情况，本章在第七章基础之上，借助经济方法分析收入流动性变化对于社会福利水平的影响。

中国 2014 年的基尼系数为 0.469，如果根据人均可支配收入进行五等分分组，那么最高和最低收入群体的人均可支配收入分别为 50968 元和 4747 元，前者是后者的 10.7 倍（国家统计局，2015）。这表明中国不但存在较高的收入差距，而且收入极化问题也比较严重，然而，这并没有引发社会剧烈动荡。一个合理的解释是：在市场经济环境下，低收入者可通过持续不断的努力变为高收入阶层，这种激励机制保证了社会具有较高的收入流动性，这意味着居民收入水平或社会经济地位频繁变动，也就是说，今天的穷人可能成为明天的富人；反之亦然。从而避免了"富者越富、贫者越贫"的收入僵化局面，维护了社会的和谐稳定。

鉴于收入流动性在维护社会稳定方面发挥的重要作用，现有文献对收入流动性进行了系统研究，无论是关于代内收入流动性还是代际收入流动性的研究，都取得了丰硕成果，主要体现为以下五个方面：

其一，关于收入流动性变化趋势的研究。这类研究表明，虽然中国收入流动性相对较高，但是，表现出先上升后下降的变化趋势，居民收入逐渐僵化（王朝明，2008；张立冬，2009；严斌剑等，2014）。

其二，关于收入差距与收入流动性方面的研究。在较高收入差距背景之下，提出研究收入差距时考虑到收入流动性的重要性和必然性（权衡，2005），当研究收入分配考虑到收入流动性时，收入差距并没有像人们想象的那样严重，因为穷人变为富人的机会在增加（章奇等，2007）。通过将收入流动性分解为增长流动性、分散流动性和交换流动性三部分，发现增长流动性有助于降低收入差距，而分散流动性和交换流动性则会扩大收入差距（雷欣等，2012）。

其三，关于收入流动性区域差异的研究。就区位角度而言，收入流动性高低顺序依次为东部地区、中部地区和西部地区（王洪亮，2009），西部地区贫富僵化现象严重，东北地区富人收入地位固化（臧微等，2015）。就城乡而言，农村收入流动性高于城市，城乡间和地区间收入流动性较弱（王洪亮等，2012）。

其四，关于居民群体社会经济地位变动的研究。低收入阶层对总体收入流动性贡献最大，但大多在中低收入阶层内部变动（杨俊，2010），中等收入社会经济地位更加脆弱，其经济地位得到改善的前景不明朗（胡棋智，2009）。尹恒等（2006）还研究了不同职业群体在收入流动性中的变动情况。

其五，关于居民代际收入流动性方面的研究。代际收入流动性下降是造成"富二代""穷二代"现象和收入分配恶化的重要原因（周兴，2013），20世纪90年代出生的居民代际收入流动性较低（邸玉娜，2014）。就农村而言，低收入者和高收入者代际收入流动性较强，而中等收入者代际收入流动性较弱（韩军辉等，2011）。此外，收入流动性、贫困代际传递对反贫困有显著作用（谢婷婷，2014）。

值得一提的是，虽然收入流动性的研究成果丰硕，但是，关于收入流动性与社会福利水平关系的研究相对较少。现有文献从方差分解角度研究了收入流动性的社会福利效应（黄潇，2014），然而，这类研究存在两个方面的不足：一方面，虽然研究了收入流动性对社会福利水平的影响，但是，并没有研究出收入流动性如何影响社会福利水平；另一方面，在估计社会福利水平时，这类研究把居民效用进行简单加总，并没有考虑到居民收入问题。从福利经济学角度估计社会福利水平，应该要更加关注低收入者的福利水平，因此，估计社会福利水平应该通过把居民个体效用进行权重加总，收入越低，赋予的权重越高。基于这两方面的不足之处，本书在研究收入流动性与社会福利水平关系时，一方面，对收入流动性进行分解，研究收入流动性如何影响社会福利水平；另一方面，在估计社会福利水平时考虑到了居民收入问题。

第二节　收入流动性影响社会福利水平的原因分析

只有对收入流动性进行分解并且研究分解成分对社会福利水平的影响，才能了解收入流动性如何影响社会福利水平。对收入流动性进行分解，主要有两种方法：第一种方法（Ruiz，2004），先把收入流动性分解为结构流动性和交换流动性，前者表示居民收入分布发生变化而引起的收入流动性，后者表示居民社会经济地位（居民收入排序）发生变化而引起的收入流动性。其中，结构流动性又可以进一步分解为增长流动性和再分布流动性。第二种方法（Paul，2012），把收入流动性分解为垂直流动性和水平流动性，前者是指在不同收入水平下居民所具有的期望收入，后者表示在相同收入水平下居民之间所存在的收入增长差异。

因此，如何解释收入流动性对社会福利水平的影响，取决于所采用的收入流动性分解方法。本书从上述两种收入流动性分解方法入手，研究收入流动性分解成分对社会福利水平的影响，从而了解收入流动性如何影响社会福利水平。下文通过构建收入流动性影响社会福利水平模型，来识别收入流动性各个分解成分对社会福利水平的影响。

一　社会福利函数的选取

如何选取合理的社会福利函数是本书进行研究的前提条件，因此，根据本书研究需要，选取的社会福利函数要满足以下要求：

首先，社会福利函数必须考虑到居民收入问题。也就是说，估计社会福利水平时要更加关注低收入者的福利水平。

其次，社会福利函数要涉及收入差距对社会福利水平的影响。也就是说，当社会更加关注收入差距，社会福利水平受收入差距的影响就更大。

最后，构建的社会福利函数能够和收入流动性有效地联系起来，从而能够分析收入流动性对社会福利水平的影响。贝雷比和西尔伯（Berrebi and Silber，1981）构建的社会福利函数满足以上要求，因此，本书选用此社会福利函数来估计社会福利水平，其表达式如式（8.1）、式（8.2）和式（8.3）所示。

$$W_t = \int_0^1 U[Y_t(p_t),\ \varepsilon]w(p_t,\ v)\,\mathrm{d}p_t;\ t = 1,\ 2 \qquad (8.1)$$

$$\text{其中，}\ U[Y_t(p_t),\ \varepsilon] = \frac{y_t^{1-\varepsilon},\qquad \varepsilon \neq 1}{\ln(y_t),\qquad \varepsilon = 1};\ \varepsilon \geqslant 0 \qquad (8.2)$$

$$w(p_t,\ v) = v(1 - p_t)^{(v-1)};\ v \geqslant 1 \qquad (8.3)$$

由式（8.1）可知，t 期的社会福利水平（W_t）是居民效用水平 $U[Y_t(p_t),\ \varepsilon]$ 的权重平均，其中，权重函数为 $w(p_t,\ v)$。就居民效用函数 $U[Y_t(p_t),\ \varepsilon]$ 而言，p_t 表示 t 时期居民收入累计分布函数的取值 p，ε 表示相对收入差距规避参数，当 ε 取值越大时，社会就越关注收入差距；反之亦然。当 $\varepsilon = 0$ 时，表示社会并不关注收入差距，因此，ε 反映了收入差距影响社会福利水平的程度。就权重函数 $w(p_t,\ v)$ 而言，v 表示分布判定参数，该参数反映了收入由低到高变化时居民权重函数递减速度。当 v 取值越大，居民权重函数递减速度就越快，高收入者被赋予的权重就越小，社会福利函数就越关注穷人的福利水平。当 v = 2 时，居民权重函数变为单调递减的线性函数，这个权重函数就是基尼系数的权重函数。

二 收入流动性指标的构建及分解

通过阿特金森（Atkinson，1970）提出的"等价分布的同等收入"（以下简称等价收入）概念，把收入流动性与社会福利水平联系起来，等价收入表达式如式（8.4）所示，其中社会福利水平 W_t 如式（8.1）所示。等价收入 ξ_t 是指居民收入都为 ξ_t 所带来的社会福利水平与 t 时期居民收入的社会福利水平相同。换句话说，保证社会福利水平不变条件下消除社会收入差距，那么每个居民被赋予的收入都

为等价收入 ξ_t。由此可知，一方面等价收入越高，社会福利水平越大；另一方面收入流动性表示居民收入水平或社会经济地位的动态变化，因此，社会福利水平和收入流动性通过等价收入而联系起来。

$$\xi_t = U^{-1}(W_t) = \begin{cases} \left\{ \int_0^1 U[Y_t(p_t,\varepsilon)w(p_t,v)]\mathrm{d}p_t \right\}^{\frac{1}{1-\varepsilon}}, & \varepsilon \neq 1 \\ \exp\left\{ \int_0^1 U[Y_t(p_t,\varepsilon)w(p_t,v)]\mathrm{d}p_t \right\}, & \varepsilon = 1 \end{cases} \quad \varepsilon \geq 0;$$

$t = 1, 2$ \hfill (8.4)

值得一提的是，均值收入必然大于等价收入，原因在于收入差距会降低社会福利水平。一方面，等价收入表明居民收入都一样，不存在收入差距，故社会福利水平不受收入差距的影响；另一方面，均值收入是居民实际收入的平均数，表明社会存在收入差距，这会降低社会福利水平。因此，只有均值收入大于等价收入，才能保证这两种收入分布状态下社会福利水平相等。均值收入与等价收入的差值如式(8.5)所示，其中，A_t 为绝对收入差距，该指标表示：在保证社会福利水平不变条件下，消除居民之间收入差距所需均值收入的损耗量。绝对收入差距 A_t 越大，均值收入损耗量越大；社会收入差距就越大；反之亦然。

$$A_t = u_1 - \xi_t; \quad t = 1, 2 \tag{8.5}$$

在等价收入概念基础之上，运用 Dardanoni(1993)方法构建的收入流动性指标如式(8.6)所示。其中，ξ_X 表示反事实等价收入，其表达式为：$\xi_X = U^{-1}(W_X)$，函数 $U^{-1}(W_X)$ 如式(8.4)所示。该指标是在反事实社会福利函数 W_X 基础之上构建出来的。反事实社会福利函数式(8.7)表明，社会福利水平也是效用函数的权重平均，与社会福利函数区别在于以第2时期收入计算居民效用。因此，收入流动性 M 反映了收入分布不变条件下等价收入变化情况，从而反映了社会福利水平的变化。当收入流动性 M 大于0时，表明收入流动性提高了社会福利水平；反之降低了社会福利水平。

$$M = \xi_X - \xi_1 \tag{8.6}$$

$$W_X = \int_0^1 \int_0^1 U[Y_2(p_2),\varepsilon]w(p_1,v)\mathrm{d}p_2\mathrm{d}p_1 \tag{8.7}$$

一方面，收入流动性 M 可以分解为交换流动性 M_E 和结构流动性 M_S，如式（8.8）所示。其中，交换流动性等于反事实等价收入 ξ_X 与第 2 时期等价收入 ξ_2 之差，这个差值反映了前后两个时期居民收入排序变化对等价收入的影响，因此，交换流动性表示收入增长过程中居民收入排序变化对社会福利水平的影响。结构流动性不但等于前后两个时期等价收入之差，而且根据式（8.5）结构流动性又进一步分解为增长流动性 M_G 和再分布流动性 M_R，如式（8.9）所示。增长流动性表示平均收入增长，即收入分布函数右移对社会福利水平的影响；再分布流动性表示收入分布函数结构变化对社会福利水平的影响，也就是说，因居民收入增长差异而引起收入差距的变化，从而对社会福利水平的影响。

$$M = (\xi_X - \xi_1) = (\xi_X - \xi_2) + (\xi_2 - \xi_1) = M_E + M_S \qquad (8.8)$$

$$M_S = (\xi_2 - \xi_1) = (u_2 - u_1) + (A_1 - A_2) = M_G + M_R \qquad (8.9)$$

另一方面，收入流动性 M 也可以分解为垂直流动性 M_V 和水平流动性 M_H，如式（8.10）所示。其中，ξ_E 表示期望收入下的等价收入，其表达式为：$\xi_E = U^{-1}(W_E)$，该指标是在期望收入社会福利函数 W_E 基础之上构建出来的。通过不同收入分位数下的期望收入 $u_2(p_1)$ 计算居民效用，再根据第 1 时期收入分布赋予居民权重，从而推导出期望收入社会福利函数 W_E 如式（8.11）所示。期望收入下的等价收入 ξ_E 与第 1 时期等价收入 ξ_1 之差即为垂直流动性，表明在不同收入水平下居民期望收入对社会福利水平的影响。反事实等价收入 ξ_X 与期望收入条件下的等价收入 ξ_E 之差即为水平流动性，表明在相同收入水平下居民之间收入增长差异对社会福利水平的影响。

$$M = \xi_X - \xi_1 = (\xi_E - \xi_1) + (\xi_X - \xi_E) = M_V + M_H \qquad (8.10)$$

$$W_E = \int_0^1 U[u_2(p_1), \varepsilon] w(p_1, v) \mathrm{d}p_1 \qquad (8.11)$$

其中，$u_2(p_1) = \int_0^1 Y_2[p_2 \mid Y_1(p_1)] \mathrm{d}p_2$。

三 模型估计时应注意的事项

研究收入流动性对社会福利水平的影响，应注意以下问题：

首先，由于城乡收入差距较大，所以，估计收入流动性对社会福利水平的影响应该要考虑城乡因素，因此，本书不但从样本总体进行估计，而且还分城乡进行估计，以探讨收入流动性对社会福利水平的影响是否存在城乡差异。

其次，确定收入差距规避参数 ε 和分布判定参数 v 的取值，这两个参数取值是估计式（8.1）社会福利函数的前提条件。杜克洛斯（Duclos，2003）研究得出，收入差距规避参数最优取值范围介于 0—1 之间，因此，本书赋予收入差距规避参数 ε 的值为 0.5。就分布判定参数而言，当 $v = 2$ 时，权重函数就是基尼系数的权重函数，为易于理解，这里设定 2 为其取值。

再次，估计垂直流动性和水平流动性的前提条件是如何估计不同收入分位数下的期望收入，这是非参数估计。现有多种非参数方法用来估计不同收入分位数下的期望收入（Sen，2005），其中之一为克利夫兰（Cleveland，1979）提出的稳健局部权重回归法，该方法进行估计时既考虑到平滑性又使估计结果具有稳健性。因此，本书采用该方法估计不同收入分位数下的期望收入。

最后，估计收入流动性对社会福利水平的影响时，通过 Bootstrap 方法探讨这种影响是否具有显著性。

第三节 数据处理和变量描述

一 数据处理

本书数据来源于 CHNS 和 CHARLS。CHNS 调查内容涵盖人口特征、工作状况、个人收入等方面的数据。该调查采用多阶段分层随机抽样方法，对城乡家庭和个人进行追踪调查，1989—2011 年共采集了9 次数据。调查范围涵盖我国 9 个省份和 3 个直辖市（辽宁、黑龙江、江苏、山东、河南、湖北、湖南、广西、贵州、北京、上海和重庆）。由于对同一样本进行多次调查，能够观测到不同时期的个人收入，可用该数据研究收入流动对社会福利水平的影响。CHARLS 数据有助于把研究年限扩展到 2013 年，从而提高研究结论的可靠性。

根据研究需要，数据处理时应注意以下问题：

其一，确定满足研究要求的样本。由于 1989 年国内外政治局势动荡，中国经济增长受到了一定的冲击，因此，本书剔除了 1989 年和 1991 年两年的数据，只研究 1993—2013 年近 20 年的时间，这样确定样本数据更为合理。

其二，避免样本损耗过大问题。选取数据时不要求被调查居民数据在每轮调查中都存在，如果以这个要求来选取数据，必然会导致样本量损耗较大。收入流动性只是研究两个时期居民收入变化情况，因此，只要被调查居民数据连续出现在两轮调查中就满足要求。

其三，为了排除通货膨胀对收入流动性的影响，根据 CHNS 和 CHARLS 提供的物价指数，把不同时期居民收入转换成 2011 年的收入水平。最后，以居民个人净收入作为计算收入流动性的依据。

二 变量描述

运用 CHNS 调查数据，借助 Bootstrap 方法，对式（8.1）至式（8.5）方程进行估计的结果如表 8-1 所示。

表 8-1　　　　　　　　关键变量描述　　　　　　　单位：元

	年份	1993	1997	2000	2004	2006	2009	2011	2013
总体	等价收入	2088 (37)	2776 (47)	3467 (58)	4348 (90)	5135 (107)	8712 (135)	10512 (182)	13527 (192)
	平均收入	4748 (86)	6077 (93)	7643 (143)	10127 (184)	12848 (286)	19144 (434)	22179 (421)	24179 (451)
	绝对收入差距	2659 (69)	3301 (72)	4176 (117)	5779 (137)	7713 (249)	10432 (387)	11668 (367)	10652 (423)
城市	等价收入	2857 (81)	3678 (101)	5756 (139)	8161 (173)	9282 (258)	13529 (258)	15605 (272)	19827 (356)
	平均收入	5434 (237)	6954 (217)	10021 (321)	13590 (308)	17577 (724)	23889 (801)	26346 (767)	28564 (957)
	绝对收入差距	2577 (204)	3275 (173)	4264 (275)	5429 (244)	8295 (607)	10360 (670)	10741 (670)	8737 (742)

续表

年份		1993	1997	2000	2004	2006	2009	2011	2013
农村	等价收入	1889	2513	2892	3307	4052	7105	8717	9623
		(36)	(49)	(63)	(82)	(106)	(153)	(175)	(175)
	平均收入	4530	5763	6794	8631	10980	16926	20232	22853
		(81)	(110)	(157)	(219)	(300)	(497)	(514)	(514
	绝对收入差距	2641	3250	3901	5324	6928	9821	11515	13230
		(63)	(81)	(125)	(184)	(246)	(442)	(459)	(459)
城乡比	等价收入	1.512	1.464	1.99	2.468	2.291	1.904	1.79	2.06
	平均收入	1.2	1.207	1.475	1.575	1.601	1.411	1.302	1.24
	绝对收入差距	0.976	1.008	1.093	1.02	1.197	1.055	0.933	0.66

注：通过 Bootstrap 方法重复 300 次得出等价收入和绝对收入标准差，即表中括号内数值，估计这两个系数时设定收入差距规避参数 ε 和判定参数 v 分别为 0.5 和 2。值得一提的是，本书是以居民个人净收入作为计算依据，所以，城乡人均收入之比小于以人均可支配收入计算的城乡人均收入之比。2013 年的数据根据 CHARLS 计算得出。

其一，虽然城乡等价收入都处于上升趋势，但是，等价收入的城乡差距日益扩大，说明城乡社会福利差异在扩大。图 8-1 显示，无论是总体还是城市或农村，等价收入都处于严格单调递增趋势，这说明社会福利水平是在不断提高的，然而，城乡之间等价收入的绝对差距在不断扩大。就等价收入相对差距而言，表 8-1 显示，城乡等价收入比从 1993 年的 1.512 上升到 2004 年的 2.468，之后逐渐下降为 2011 年的 1.79，相对差距虽然表现为倒 "U" 形特征，但是，在后期城乡等价收入比较高，这表明无论是从等价收入的绝对差距还是相对差距上看，都表明城乡社会福利水平的差异在扩大。

其二，扩大的城乡社会福利水平归因于城乡之间收入差距的恶化。由式（8.5）可知，等价收入等于平均收入减去绝对收入差距。一方面，城乡人均收入差距日益扩大（见表 8-1），城乡人均收入之比从 1993 年的 1.2 上升到 2006 年的 1.6，之后逐渐下降为 2011 年的 1.3，表明城乡人均收入之比总体上处于上升趋势，说明城乡收入差距在扩大；另一方面，城乡绝对收入差距的变化趋势一致（见图8-2），绝对收入差距的城乡变化趋势一致，而且表8-1显示，绝对收入差距的城乡之比最大值和最小值分别为1.197和0.66，表明两者之间的差异较小。因此，扩大的城乡等价收入归因于扩大的城乡人均收入，即扩大的城乡社会福利水平归因于城乡之间收入差距的恶化。

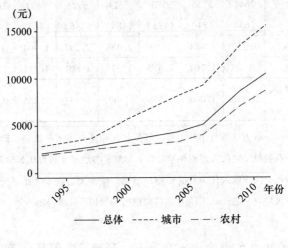

图 8 - 1   等价收入变化

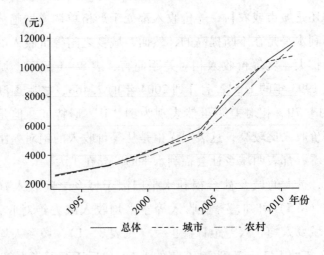

图 8 - 2   绝对收入差距变化

注：根据表8-1绘制出了图8-1和图8-2。

第四节 实证结果分析

一 收入流动性对社会福利水平的影响

在表8-1估计结果的基础之上，结合式（8-6）至式（8-11）估计了不同时期的收入流动性及其分解成分（见表8-2）。

表8-2 收入流动性与社会福利水平关系 单位：元

	时期	第1时期（1997—2000年）	第2时期（2000—2004年）	第3时期（2004—2006年）	第4时期（2006—2009年）	第5时期（2009—2011年）	第6时期（2011—2013年）
总体	收入流动性	2904（68）	3340（84）	3999（110）	5653（149）	10482（256）	9438（233）
	交换流动性	2206（36）	2800（47）	3616（58）	4786（96）	6995（182）	7639（154）
	结构流动性	699（51）	540（57）	383（79）	867（91）	3487（139）	1799（170）
	增长流动性	1325（110）	1543（125）	1836（173）	2685（260）	7047（485）	3035（526）
	再分布流动性	−627（91）	−1003（107）	−1453（148）	−1819（236）	−3559（465）	−1236（474）
	垂直流动性	8（49）	−245（57）	−457（82）	−778（115）	733（181）	−2333（192）
	水平流动性	2896（47）	3585（69）	4557（96）	6432（124）	9750（197）	11771（194）
城市	收入流动性	3003（142）	4944（183）	5801（234）	6394（297）	12844（529）	9477（384）
	交换流动性	2308（81）	3006（119）	3998（149）	5222（214）	7753（411）	7401（302）

续表

	时期	第 1 时期 （1997— 2000 年）	第 2 时期 （2000— 2004 年）	第 3 时期 （2004— 2006 年）	第 4 时期 （2006— 2009 年）	第 5 时期 （2009— 2011 年）	第 6 时期 （2011— 2013 年）
城市	结构流动性	695 （121）	1938 （134）	1802 （168）	1173 （166）	5091 （270）	2075 （233）
	增长流动性	1503 （280）	3068 （270）	3207 （397）	3618 （646）	9020 （1313）	2456 （1064）
	再分布流动性	－ 808 （244）	－ 1130 （240）	－ 1404 （375）	－ 2445 （597）	－ 3929 （1231）	－ 381 （984）
	垂直流动性	－ 446 （103）	－ 247 （140）	－ 1630 （176）	－ 3657 （254）	－ 1914 （532）	－ 6683 （341）
	水平流动性	3449 （107）	5192 （139）	7432 （190）	10053 （263）	14760 （500）	16159 （344）
农村	收入流动性	2832 （74）	2795 （78）	3310 （119）	4959 （167）	9247 （268）	8923 （264）
	交换流动性	2136 （43）	2563 （49）	3180 （65）	4228 （104）	6234 （181）	7311 （166）
	结构流动性	695 （54）	232 （56）	130 （78）	731 （102）	3012 （153）	1611 （189）
	增长流动性	1268 （116）	996 （138）	1347 （175）	2283 （287）	6268 （475）	3305 （591）
	再分布流动性	－ 573 （88）	－ 763 （113）	－ 1216 （151）	－ 1552 （258）	－ 3255 （434）	－ 1693 （532）
	垂直流动性	142 （54）	－ 234 （65）	－ 91 （91）	96 （127）	1466 （184）	－ 812 （211）
	水平流动性	2690 （60）	3030 （67）	3401 （95）	4863 （148）	7780 （199）	9736 （195）

注：通过 Bootstrap 方法重复 300 次得出括号内的标准差，估计社会福利函数时设定收入差距规避参数 ε 和判定参数 v 分别为 0.5 和 1。

其一，收入流动性使得社会福利水平出现先上升后下降的趋势。由上文分析可知，收入流动性大于 0，表明收入流动性提高了社会福利水平；反之，则降低了社会福利水平。图 8-3 显示，无论是总体还是城市或农村，不同时期的收入流动性都大于 0，表明社会福利水平因为收入流动性而不断提高。然而，收入流动性先从第 1 时期的 2904 元持续上升到第 5 时期的 10482 元，随之下降到第 6 时期的 9438 元，这表明收入流动性使社会福利水平出现先上升后下降趋势。

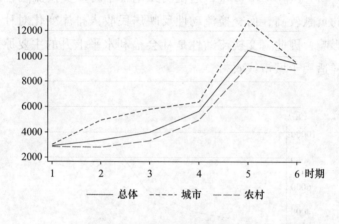

图 8-3　收入流动性变化趋势

其二，收入流动性对社会福利水平的影响存在城乡差异。图 8-3 显示，一方面，无论在哪个时期，城市收入流动性增加社会福利水平的幅度都大于农村。表 8-2 显示，就收入流动性绝对差距而言，城乡差异在第 5 时期最大，其差值为 3597 元，（12844-9247）就收入流动性相对差距而言，城乡差异在第 2 时期最大，城乡收入流动性之比为 1.77（4944/2795）。另一方面，就收入流动性影响社会福利水平的程度而言，农村比城市更加平稳。图 8-3 显示，农村收入流动性曲线相对于城市收入流动性曲线而言更加平缓，说明农村收入流动性影响社会福利水平程度相对稳定。

二　收入流动性影响社会福利水平原因之一

根据收入流动性第一种分解方法，先把收入流动性分解为交换流动性和结构流动性，然后进一步把结构流动性分解为增长流动性和再分布流动性（见表8-2）。

　　首先，就总体样本而言，社会福利水平的上升主要归因于居民收入排序的不断变化。图8-4显示，虽然结构流动性和交换流动性在各个时期都大于0，表明这两种流动性都提高了社会福利水平，但是，交换流动性远大于结构流动性。由表8-2可知，交换流动性对收入流动性贡献率在第3时期最大为90%（3616/3999），在第5时期最小为66.7%（6995/10482），这说明无论哪个时期交换流动性对收入流动性的贡献较高，而交换流动性反映居民收入排序变化对社会福利水平的影响，因此，交换流动性是社会福利水平上升的主要原因，该结论同样适用于城市或农村。

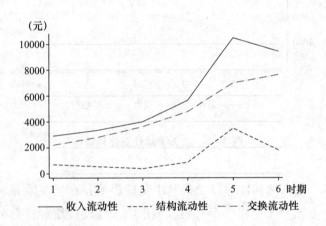

图8-4　总体收入流动性及其分解成分

注：根据表8-2绘制出了图8-3和图8-4。

　　其次，一方面居民收入增长提高了社会福利水平，另一方面绝对收入差距上升又降低了社会福利水平，这两种力量相互作用使结构流动性对社会福利水平的贡献较小。表8-2显示，结构流动性进一步分解为增长流动性和再分布流动性。就增长流动性而言，人均收入增长对结构流动性的影响从第1时期的1325元上升到第5时期的7047元，之后降为第6时期的3035元，增长流动性对结构流动性的贡献率在第3时期最大为479%（1836/383），在第5时期最小为168%

（3035/1799）。就再分布流动性而言，无论哪个时期再分布流动性都小于0，这说明居民收入增长上的差异扩大了居民收入差距，从而降低了社会福利水平。再分布流动性降低结构流动性的幅度从第1时期的627元变为第6时期的1236元，再分布流动性对结构流动性的贡献率在第3时期最强为-379%（-1453/383），在第5时期最弱为-68%（-1236/1799），这表明增长流动性与再分布流动性作用相互抵消，使结构流动性对社会福利水平的影响较小。

最后，收入流动性影响社会福利水平存在城乡差异，这归因于上升的居民收入和上升的收入差距。表8-2显示，各个时期城市与农村的交换流动性差异不大，最大和最小差异分别体现在第3时期和第6时期，城乡交换流动性之比分别为1.25（3998/3180）和1.01（7401/7311），这表明居民收入排序对社会福利水平的影响不存在城乡差异。然而，结构流动性的城乡差异较大，最大和最小差异分别体现在第1时期和第3时期，城乡结构流动性之比分别为1（695/695）和13.8（1802/130），这表明城乡结构流动性差异导致收入流动性影响社会福利水平存在城乡差异，而结构流动性既反映了居民收入增长（增长流动性），又反映了收入差距的变化（再分布流动性）。

三 收入流动性影响社会福利水平的原因之二

根据收入流动性第二种分解方法，把收入流动性分解为垂直流动性和水平流动性。

其一，就总体而言，相同经济水平居民收入增长上的差异是社会福利水平上升的主要因素。表8-2显示，一方面，垂直流动性对收入流动性的贡献率在第1时期最弱为0.3%（8/2904），在第5时期最强为7%（733/10482），这表明垂直流动性对收入流动性的影响较小；另一方面，这种影响效果不断变化，即垂直流动性对社会福利水平有时表现为正面影响，有时表现为负面影响，甚至有时不发挥作用。一方面，无论哪个时期，水平流动性始终大于0，表明水平流动性提高了社会福利水平；另一方面，水平流动性对收入流动性的贡献率在第5时期最小为93%（9750/10482），在第6时期最大为125%

（11771/9438），因此，水平流动性是社会福利水平上升的主要因素。由上文分析可知，水平流动性表示在相同收入水平下居民之间所存在的收入增长差异对社会福利水平的影响。

其二，垂直流动性对社会福利水平的影响存在城乡差异。表8-2显示，一方面，无论哪个时期，城市垂直流动性都小于0，表明城市垂直流动性降低了社会福利水平；另一方面，垂直流动性反映了不同经济水平下居民的收入增长幅度，垂直流动性降低社会福利水平，说明不同经济水平下居民收入增长幅度存在差异，从而扩大了居民收入差距，进而对社会福利水平产生不利影响。农村垂直流动性有时大于0、有时小于0，甚至有时与0无差异，这表明农村垂直流动性有时缩小了收入差距，有时扩大了收入差距，甚至有时对收入差距不构成影响，受到影响的收入差距进而改变了社会福利水平。

第九章　人力资本对工资收入流动性的影响

第一节　引言

上文研究表明，居民收入流动性下降使社会福利水平处于下降趋势，本章探讨人力资本在居民收入流动性下降趋势中所发挥的作用。

改革开放以来，中国经济取得了举世瞩目的成就，贫困人口持续减少，居民物质生活水平不断提高，然而，在向市场经济转型过程中严重冲击了传统收入分配体制和格局，导致收入差距不断扩大。与此同时，收入极化问题严重。《中国家庭追踪调查》数据显示，2012年，处于收入分位数最高5%的家庭收入和最低5%的家庭收入累计分别占总收入的23.4%和0.1%，前者是后者的234倍。然而，较大的收入差距和严重的收入极化问题却没有引发社会剧烈动荡。一个可能的解释是：居民收入水平并不是一成不变的，低收入阶层居民可通过持续不断的努力能变为高收入阶层，这种激励机制避免了社会剧烈动荡。为了解居民收入的这种动态变化特征，本书研究中引入了收入流动性概念，深化了我国经济学领域对收入问题的分析。

国外对收入流动性的研究大致可分为三个阶段：第一阶段，收入流动性概念形成时期。在研究收入差距问题时，发现居民收入在不同时期波动较大，逐渐提出了收入流动性概念（Prais，1955）。所谓收入流动性，是指某特定人群，其居民收入水平或社会经济地位的动态变化。第二阶段，收入流动性统计指标构建和完善阶段。居民收入既可以表现为收入水平的绝对增长，也可以表现为社会经济地位的相对变化，因此，收入流动性分为绝对收入流动性和相对收入流动性，并相应地构建了一系列绝对收入和相对收入流动性统计指标（Shorrocks，1978；King，1983）。第三阶段，收入流动性进入应用研究时期。主要体现在关于代际收入流动性研究和代内收入流动性研究。

就国内研究而言，首先，在高收入差距背景之下，国内研究非常关注收入流动性与收入差距的关系。提出研究收入差距时要考虑到收入流动性的重要性和必然性（权衡，2005），当研究收入分配考虑到收入流动性时，收入差距并没有人们想象的那样严重，因为穷人变为富人的机会在增加（章奇，2007）。通过将收入流动性分解为增长流动性、分散流动性和交换流动性三部分，然后研究其如何影响收入差距，发现增长流动性有助于降低收入差距，而分散流动性和交换流动性则会扩大收入差距（雷欣，2012）。其次，国内研究也很关注居民收入水平和社会经济地位的动态变化。20 世纪90 年代至 21 世纪初，城镇居民收入流动性表现出下降趋势，而农村居民收入流动性则略有上升（罗楚亮，2009）。相对于其他收入阶层而言，中等收入阶层经济地位更加脆弱，经济地位得以改善的前景不明朗，同时农村收入流动性高于城市（胡棋智，2009），农村收入流动性高于城市归因于收入水平的波动，而不是由其社会经济地位大幅变动所致（王朝明，2008）。最后，在"富二代"和"穷二代"的时代背景下，研究代际收入流动性也成为国内研究收入流动性的重要领域之一（王海港，2005）。

值得一提的是，虽然收入差距较大，但是，只要收入流动性越高，穷人变为富人的概率越大，就会避免"富者越富、贫者越贫"的收入僵化现象，从而不会引发社会剧烈动荡。那么，影响收入流动性高低的原因是什么？如何提高收入流动性？这是一个极具现实意义的研究课题，然而，现有文献关于这方面的研究相对不足，本书试图从人力资本如何影响工资收入流动性的视角研究以上两个问题。

第二节　人力资本影响工资收入
流动性的路径分析

人力资本主要通过两个路径影响工资收入流动性：其一，人力资本随时间而不断积累，使人力资本禀赋越来越高，不但有利于提高劳动生产率，而且有利于从事高技能工作，这提高了居民的工资收入，从而对工资收入流动性产生影响，这种影响称为人力资本禀赋效应。其二，即使人力资本禀赋恒定不变，一方面，居民工资收入也会随着工龄而增加；另一方面，随着我国经济不断增长，工资收入会出现水涨船高的现象，这说明人力资本报酬率会不断提高，从而对工资收入流动性产生影响，这种影响称为人力资本报酬效应。下文通过构建人力资本影响工资收入流动性模型，来识别这两种效应对工资收入流动性的作用，从而回答影响工资收入流动性高低的原因是什么和如何提高工资收入流动性两个问题。

一　工资收入流动性指标的选取

如何从众多的收入流动性指标中选取合适的指标是本书进行研究的前提条件。为此，选取收入流动性指标时应注意：收入流动性越大并不意味着收入差距会缩小。例如，假设某社会由甲和乙二人组成，第一阶段甲（富人）的收入高于乙（穷人）；在第二阶段，甲和乙的收入水平与第一阶段相比完全相反，即富人变为穷人，而穷人变为富人，表明收入流动性较高，但是，收入差距并没有发生变化。在此背景之下，西尔伯和韦伯（Silber and Weber，2005）基于"等价分布的同等收入"构建的收入流动性指标能反映收入差距的变化，也就是说，收入流动性指标值越大，收入差距越小，社会福利水平越高。鉴于西尔伯和韦伯的收入流动性指标不仅能反映收入差距，而且能反映社会福利水平，因此，该指标问世之后便被研究收入流动性问题的文献所采纳，例如，杜马斯（2010）等利用该指标研究了以色列1983—1995 年的工资收入流动性，故本书也采用该指标来衡量工资收入流动性。

根据研究需要，参照西尔伯和韦伯研究方法，把工资收入流动性定义为居民社会福利变化。其具体步骤如下：

首先，根据阿特金森（1970）提出的"等价分布的同等收入"可知，居民工资收入的基尼系数 G 可表示为式（9.1），其中，$\overline{w}$ 表示平均工资，w_{EG} 即为"等价分布的同等收入"。因为基尼系数反映了工资差距大小程度，所以，w_{EG} 越大，工资差距越小，居民社会福利水平越高，故 w_{EG} 可作为衡量居民社会福利水平的指数。与此同时，根据贝雷比（1987）关于广义洛伦兹曲线的研究结论，居民工资收入的基尼系数可以表示为式（9.2），其中，n 为调查数据的样本量，w_i 和 w_j 分别为居民 i 和居民 j 的工资收入，Δ 为平均工资差，Δ 数值越大，说明基尼系数越高，工资差距越大。由式（9.1）和式（9.2）可推出，居民社会福利水平指数 w_{EG} 表达式为式（9.3）。

$$G = 1 - (w_{EG}/\overline{w}) \tag{9.1}$$

$$G = \frac{1}{2}\frac{1}{\overline{w}}\Delta = \frac{1}{2}\frac{1}{\overline{w}}\frac{1}{n^2}\sum_{i=1}^{n}\sum_{j=1}^{n}|w_i - w_j| = \frac{1}{2\overline{w}}\left(\frac{2}{n^2}\sum_{i=1}^{n}(n - 2i + 1)w_i\right) \tag{9.2}$$

$$w_{EG} = \overline{w} - \frac{1}{2}\Delta \tag{9.3}$$

其次，工资收入流动性（M）等于不同时期居民社会福利水平（w_{EG}）的变化量。如式（9.4）所示，其中，w_{EG1}、Δ_1 和 $\overline{w_1}$ 分别为第 1 时期的社会福利水平、平均工资差和平均工资，$\overline{w_2}$ 为第 2 时期的平均工资。Pw_{EG2} 和 $P\Delta_2$ 分别为第 2 时期的 Pesudo 社会福利水平和 Pesudo 平均工资差，也就是说，计算第 2 时期的社会福利水平（Pw_{EG2}）和平均工资差（$P\Delta_2$）时，工资位序不是由第 2 时期工资收入决定，而是由第 1 时期工资收入决定（Silber，1989）。

$$M = Pw_{EG2} - w_{EG2} = \left[\overline{w_2} - \left(\frac{1}{2}\right)P\Delta_2\right] - \left[\overline{w_1} - \left(\frac{1}{2}\right)\Delta_1\right] \tag{9.4}$$

最后，对工资收入流动性进行分解，如式（9.5）所示，其中，等式右边第一项表示了第 2 时期相对于第 1 时期平均工资的增长水

平，即为工资收入的增长流动性；第二项表示第 2 时期相对于第 1
时期工资收入不平等的变化情况，即为工资收入的结构流动性；Δ_2
和 $P\Delta_2$ 分别为第 2 时期的社会福利水平和 Pesudo 社会福利水平，两
者的区别在于 Δ_2 的工资位序是由第 2 时期工资收入决定，而 $P\Delta_2$ 的
工资位序是由第 1 时期工资收入决定。因此，第三项反映了工资差
异的变化是由于居民工资位序变化所导致的，即为工资收入的交换
流动性。值得一提的是，式（9.5）中关于工资收入流动性的分解
方法避免了序贯分解问题（Kerm，2004）。国内一些文献利用其他
方法将收入流动性（M）分解为增长流动性（Gr）、分散流动性和
交换流动性（Ex）时就存在序贯分解问题，即分解出的流动性指标
数值大小取决于分解的先后顺序。

$$M = (\overline{w_2} - \overline{w_1}) + \frac{1}{2}(\Delta_1 - \Delta_2) + \frac{1}{2}(\Delta_2 - P\Delta_2) \qquad (9.5)$$

二　人力资本影响工资收入流动性的方程

为了构建人力资本影响工资收入流动性的方程，本书采用的方法
类似于 Oaxaca（1973）的工资分解法，具体步骤如下：

第一步，构建明瑟尔（1974）工资方程，如式（9.6）所示。其
中，$\ln(w_{it})$ 为 i 居民 t 时期工资收入的对数形式，h_{lit} 为 i 居民 t 时期
人力资本 l 的禀赋水平，β_{lt} 为人力资本 l 的要素回报率；x_{kit} 和 α_{kt} 分别
为 i 居民 t 时期非人力资本 k 的要素禀赋和非人力资本 k 的回报率；
μ_{it} 为残差项。

$$\ln(w_{it}) = \sum_{l=1}^{L} \beta_{lt} h_{lit} + \sum_{k=1}^{K} \alpha_{kt} x_{kit} + \mu_{it} \qquad (9.6)$$

第二步，构建人力资本影响增长流动性的方程。因为明瑟尔工资
方程采用工资收入的对数形式，所以，测度工资收入流动性也采用相
应形式。由式（9.5）和式（9.6）可知，增长流动性（Gr）如式
（9.7）所示，其中，$\overline{\ln(w_t)}$ 表示对 t 时期居民工资收入的期望值。由
式（9.7）和式（9.8）可得增长流动性，也可表示为式（9.9），其
中，式（9.9）右边第 1 项表示第 2 时期相对于第 1 时期人均人力资
本禀赋变化对增长流动性的影响，即人力资本禀赋效应；第 2 项表示

第 2 时期相对于第 1 时期人力资本回报率变化对增长流动性的影响，即人力资本报酬效应；第 3 项和第 4 项与前两项类似，分别为非人力资本禀赋效应和报酬效应。

$$Gr = \overline{\ln(w_2)} - \overline{\ln(w_1)} = \left(\sum_{l=1}^{L} \beta_{l2} \overline{h_{l2}} - \sum_{l=1}^{L} \beta_{l1} \overline{h_{l1}} \right) + \left(\sum_{k=1}^{K} \alpha_{k2} \overline{x_{k2}} - \right.$$

$$\left. \sum_{k=1}^{K} \alpha_{k1} \overline{x_{k1}} \right) \tag{9.7}$$

$$(ab - cd) = \frac{(a+c)}{2}(b-d) + \frac{(b+d)}{2}(a-c) \tag{9.8}$$

$$Gr = \sum_{l=1}^{L} \left(\frac{\beta_{l1} + \beta_{l2}}{2} \right) (\overline{h_{l2}} - \overline{h_{l1}}) + \sum_{l=1}^{L} \left(\frac{\overline{h_{l2}} + \overline{h_{l1}}}{2} \right) (\beta_{l2} - \beta_{l1}) +$$

$$\sum_{k=1}^{K} \left(\frac{\alpha_{k1} + \alpha_{k2}}{2} \right) (\overline{x_{k2}} - \overline{x_{k1}}) + \sum_{k=1}^{K} \left(\frac{\overline{x_{k2}} + \overline{x_{k1}}}{2} \right) (\alpha_{k2} - \alpha_{k1}) \tag{9.9}$$

第三步，构建人力资本影响结构流动性的方程。由式（9.2）和式（9.5）可知，结构流动性（St）如式（9.10）所示，再由式（9.6）、式（9.8）和式（9.10）可知，结构流动性也可表示为式（9.11）。式（9.11）右边方括号内共有 5 项，其中，第 1 项和第 2 项分别为人力资本禀赋效应和报酬效应对结构流动性的影响，第 3 项和第 4 项分别为非人力资本禀赋效应和报酬效应对结构流动性的影响，最后一项，即两个时期残差项之差，表示不可观测因素对结构流动性的影响。

$$St = \frac{1}{2}(\Delta_1 - \Delta_2) = \frac{1}{n^2} \sum_{i=1}^{n} (n - 2i + 1) [\ln(w_{i2}) - \ln(w_{i1})] \tag{9.10}$$

$$St = \frac{1}{n^2} \sum_{i=1}^{n} (n - 2i + 1) \left[\sum_{l=1}^{L} \left(\frac{\beta_{l1} + \beta_{l2}}{2} \right) (h_{li2} - h_{li1}) + \sum_{l=1}^{L} \left(\frac{h_{li2} + h_{li1}}{2} \right) \right.$$

$$(\beta_{l2} - \beta_{l1}) + \sum_{k=1}^{K} \left(\frac{\alpha_{k1} + \alpha_{k2}}{2} \right) (x_{ki2} - x_{ki1}) + \sum_{k=1}^{K} \left(\frac{x_{ki2} + x_{ki1}}{2} \right)$$

$$[(\alpha_{k2} - \alpha_{k1}) + (\mu_{i2} - \mu_{i1})] \tag{9.11}$$

第四步，构建人力资本影响交换流动性的方程。由式（9.2）和式（9.5）可知，交换流动性（Ex）如式（9.12）所示，其中，$\ln(Pw_{i2})$ 表示第 2 时期 Pesudo 工资收入。值得一提的是，在计算交换流动性时，工资收入 $\ln(w_{i2})$ 的位序根据第 2 时期工资水平 w_{i2} 进行降序排列；Pesudo 工资收入 $\ln(Pw_{i2})$ 表示工资收入 $\ln(w_{i2})$ 的位序根据第 1 时期工资水平 w_{i1} 进行降序排列，由此可知，$\ln(w_{i2})$ 和 $\ln(Pw_{i2})$ 样本构成完全相同，区别在于样本排序不一致，因此，人力资本报酬效应不可能是交换流动性的组成部分。同理，交换流动性（Ex）也可表示为式（9.13），方括号内第 1 项表示由于工资位序标准不同而导致的人力资本禀赋差异，即为人力资本禀赋效应对交换流动性的影响，第 2 项为非人力资本禀赋效应对交换流动性的影响，最后一项为不可观测因素对交换流动性的影响。

$$Ex = \frac{1}{2}(\Delta_2 - P\Delta_2) = \frac{1}{n^2} \sum_{i=1}^{n} (n - 2i + 1) \left[\ln(w_{i2}) - \ln(Pw_{i2}) \right]$$

$$(9.12)$$

$$Ex = \frac{1}{n^2} \sum_{i=1}^{n} (n - 2i + 1) \left[\sum_{l=1}^{L} \beta_{l2}(h_{li2} - Ph_{li2}) + \right.$$

$$\left. \sum_{k=1}^{K} \alpha_{k2}(x_{ki2} - Px_{ki2}) + (\mu_{i2} - P\mu_{i2}) \right]$$

$$(9.13)$$

第五步，构建人力资本影响工资收入流动性的方程。综上所述，人力资本对工资收入流动的影响是通过人力资本禀赋效应和人力资本报酬效应，依次影响工资收入的增长流动性、结构流动性和交换流动性，从而对工资收入流动性产生影响，因此，分别加总人力资本的结构效应和报酬效应，就得到人力资本影响工资收入流动性的方程。式（9.14）和式（9.15）分别表示人力资本禀赋效应和人力资本报酬效应对工资收入流动性的影响。

$$M_{human\_endow} = \sum_{l=1}^{L} \left(\frac{\beta_{l1} + \beta_{l2}}{2} \right) (\overline{h_{l2}} - \overline{h_{l1}}) + \frac{1}{n^2} \sum_{i=1}^{n} (n - 2i + 1)$$

$$\left[\sum_{l=1}^{L} \left(\frac{\beta_{l1} + \beta_{l2}}{2} \right) (h_{li2} - h_{li1}) + \sum_{l=1}^{L} \beta_{l2}(h_{li2} - Ph_{li2}) \right]$$

$$(9.14)$$

$$M_{human\_endow} = \sum_{l=1}^{L} \left(\frac{\overline{h_{l2}} + \overline{h_{l1}}}{2} \right) (\beta_{l2} - \beta_{l1}) + \frac{1}{n^2} \sum_{i=1}^{n} (n - 2i + 1)$$

$$\sum_{l=1}^{L} \left(\frac{h_{li2} + h_{li1}}{2} \right) (\beta_{l2} - \beta_{l1})$$

$$(9.15)$$

三 方程估计时应注意的事项

估计人力资本影响工资收入流动性，应注意以下四个问题：

第一，现有研究表明，性别工资差异显著影响工资收入流动性，因此，只选用男性样本进行方程估计可以，避免人力资本对工资收入流动性的影响受到性别工资差异的干扰。

第二，使用多个变量测度居民人力资本比仅使用一个变量更具合理性，故本书把受教育年限、工作经历和工作岗位类型作为人力资本的代理变量。

第三，估计式（9.6）的明瑟尔工资方程时，应注意以下两个问题：其一，居民是否具有工资收入取决于其是否参加工作，因此，工资收入是样本自选择行为，为避免估计系数出现偏误，本书采用赫克曼样本自选择模型来估计工资方程式（9.6）。其二，工作单位的部门类型以及单位规模都会影响工资收入（尹志超，2009），因此，工资方程中引入部门类型和单位规模自变量。

第四，估计人力资本禀赋效应和报酬效应对工资收入流动性的影响时，通过 Bootstrap 方法探讨这种影响是否具有显著性。

第三节 数据处理和变量描述

一 数据处理

本书使用的数据来源于"中国健康与营养调查（CHNS）"。该调查采用多阶段分层整群随机抽样方法，对城乡居民家庭和个人进行追踪调查，调查内容涵盖人口特征、工作情况、工资收入、受教育年限、健康状况等方面的数据。由于对同一居民进行多次调查，能够观测到居民不同时期的工资收入和人力资本禀赋，因而可以用来估计人力资本对工资收入流动性的影响。

值得注意的是，一方面，2003 年为高校扩招后第一批毕业的大学生，因此，2003 年前后，居民平均受教育存在一定的差异，从而使高校扩招影响居民人力资本人均水平；另一方面，高校扩招增加了大学生劳动力供给，从而影响工资收入。为避免人力资本影响工资收入流动性受到高校扩招因素的干扰，本书选用高校扩招增加大学生劳动力供给之后的时期进行分析，即 2003 年以后的调查数据。

2003 年以后，CHNS 包括 2004 年、2006 年、2009 年和 2011 年四轮调查数据，因此，工资收入流动性可以分为 2004—2006 年、2006—2009 年和 2009—2011 年三个时期。为了避免样本损耗过大，实证分析时样本选取条件并不要求同一样本连续出现在四轮调查数据中，而是规定只要同一样本连续出现在两轮调查数据中即可。在此基础之上，追加 CHARLS 的数据分析 2011—2013 年的情况。

二 变量选取及样本描述

首先，确定居民在不同时期的工资水平是计算工资收入流动性的前提条件。本书说的居民工资收入是指居民从事主要职业的工资收入，不包括奖金和第二职业收入。相对于奖金和第二职业收入而言，主要职业的工资收入更加稳健，更能反映人力资本对工资收入流动性的影响。与此同时，为了剔除不同年份工资收入的价格因素，根据 CHNS 提供的消费价格指数，把工资收入调整为 2011 年价格水平的工资收入。

其次，就居民人力资本禀赋而言，本书把受教育年限、工作经历和岗位类型作为人力资本的代理变量。因为 CHNS 数据中没有工作经历变量，为了构建此变量，把 16—60 岁的居民年龄扣除受教育年限之后再减去 7 年，作为居民工作经历变量。工作岗位类型很大程度上反映了人力资本禀赋的高低，因此，也把工作岗位类型作为人力资本代理变量之一，工作岗位类型包括管理岗、高级专业技术岗、一般专业技术岗和其他岗位类型。

最后，就估计人力资本对工资收入影响而言，其一，居民是否具有工资收入取决于其是否参加工作。因此，工资收入是样本自选择行为，为避免估计系数出现偏误，采用赫克曼样本自选择模型来估计工资方程，把家庭人均收入（对数形式）作为居民是否参加工作的影响因素。其二，工作单位的部门类型以及规模也会影响工资收入。因此，把单位类型为党政机关或事业单位列为公有部门，其他单位类型为私有部门，单位人数大于 100 人、大于 20 人且小于 100 人，以及小于 20 人的企业分别定义为大企业、中型企业和小企业。具体变量描述性统计如表 9 - 1 所示。

表 9 - 1　　　　　　　　　　变量描述性统计

变量	均值	标准差	最小值	最大值
工资收入	2065	2819	55	96525
受教育年限	9.161	3.980	0	18
工作经历（年）	25.50	10.96	0.03	43.99
管理岗位	0.046	0.210	0	1
高级专业技术岗位	0.123	0.328	0	1
一般专业技术岗位	0.304	0.306	0	1
其他类型岗位	0.527	0.438	0	1
公有部门	0.197	0.398	0	1
大企业	0.158	0.364	0	1
中型企业	0.149	0.356	0	1
小企业	0.421	0.494	0	1
家庭人均收入	6122	10695	0	395285

注：计算家庭人均收入不仅包括工资收入，还包括奖金、第二职业收入、家庭农业生产收入、工商业等方面的收入，表 9 - 1 中工资收入仅为主要职业的工资收入，从而使表 9 - 1 中工资收入均值小于家庭人均收入。家庭人均收入也根据 CHNS 的消费价格指数调整为 2011 年价格水平的收入。

第四节　实证结果分析

一　工资方程实证结果分析

运用 CHNS 调查数据，借助赫克曼样本自选择模型，对明瑟尔工资方程式（9.6）进行回归估计的结果如表 9 - 2 所示。

表 9 − 2　　　　　　　　明瑟尔工资方程实证结果

自变量	2004 年	2006 年	2009 年	2011 年
受教育年限	− 0.0693 **	− 0.0609 **	− 0.0606 **	− 0.0678 ***
受教育年限平方项	0.002	0.0019 *	0.0018 *	0.0026 **
工作经历（年）	0.0234 ***	0.0267 ***	0.0198 ***	0.0233 ***
工作经历平方项	− 0.004 ***	− 0.005 ***	− 0.004 **	− 0.005 ***
管理岗位	0.1258 *	0.0326	0.0944	0.0232
高级专业技术岗位	0.0615	0.0688	0.077	0.1559 ***
一般专业技术岗位	0.1333 ***	0.0592	0.1895 ***	0.1096 ***
公有部门	− 0.1494 ***	− 0.1827 ***	− 0.1075 **	− 0.1383 ***
大企业	0.0695	0.0501	0.1237 **	0.0775 **
中等企业	0.0962 **	0.0697	0.1492 ***	0.0611 *
常数项	7.4818 ***	7.7270 ***	7.9661 ***	8.1570 ***
选择方程				
受教育年限	0.0372	0.036	− 0.0004	0.0296
受教育年限平方项	0.0039 *	0.003	0.0048 ***	0.0022
工作经历（年）	0.0366 ***	0.0069	0.0462 ***	0.0133
工作经历平方项	− 0.0011 ***	− 0.0003	− 0.0012 ***	− 0.0004 **
家庭人均收入（对数）	0.8658 ***	0.7592 ***	0.6963 ***	0.8377 ***
常数项	− 8.7439 ***	− 7.6123 ***	− 7.3197 ***	− 8.4322 ***
样本量	2275	2284	2274	2898
逆米尔斯比例	− 0.4939 ***	− 0.6385 ***	− 0.6155 ***	− 0.603 ***

　　注：***、**和*分别表示估计系数的显著性水平为1%、5%和10%。工作岗位类型的参照组为其他岗位类型，私有部门为公有部门的参照组，小企业为企业规模的参照组。

　　首先，由于逆米尔斯比例的估计系数在1%的显著性水平下与0具有显著性差异，表明居民是否具有工资收入取决于居民是否参加工作的选择行为，这是样本自选择的结果。在这种情况下，如果仅使用具有工资收入的居民样本来估计明瑟尔工资方程，那么估计系数就会存在偏误，因此，赫克曼样本自选择模型用来估计工资方程更为合理。选择方程中家庭人均收入的估计系数显著为正，说明家庭人均收入越高，居民参加工作的可能性越大。

其次，就人力资本对工资收入的影响而言，体现为以下三个方面：其一，受教育年限对工资收入的影响体现为"U"形特征，表明只有居民处于较高学历水平下，受教育年限的增加，才能提高居民工资收入。其二，工作经历对工资收入的影响体现为倒"U"形特征。工作经历对工资收入具有正反双重效应：正面效应表明工作经历越长，居民工作经验越丰富、工作效率越高，越能提高工资收入；负面效应表明工作经历越长，居民年纪越大，工作效率越低，越能降低工资收入。当居民刚参加工作时，正面效应大于负面效应，使工作经历越长，工资收入越高；当居民工龄较高时，负面效应大于正面效应，使得工作经历越长，工资收入越低。其三，工作岗位类型的工资回报率差异明显。在2004年管理岗位工资回报率显著高于其他岗位类型，而在此之后，两者之间没有明显差异。与此同时，高级专业技术岗位工资回报率直到2011年才明显高于其他岗位类型。值得注意的是，一般专业技术岗位工资回报率在大多数年份明显高于其他岗位类型，这与我国劳动力市场技术工人供给相对不足、技工工资收入相对较高的现实相一致。本书工资方程模型得出的实证结论与现实情况比较一致，说明实证结果可信度较高。

最后，就单位部门类型而言，实证结果表明，公有部门的工资收入比私有部门低10%—18%。与此同时，企业规模对工资收入的影响不同，例如，在2006年，企业规模没有显著影响工资收入，自此之后，大中型企业的工资收入显著高于小企业，但是，这种工资差异在逐渐缩小。

二　人力资本影响工资收入流动性的路径分析

根据表 9 - 2 实证结果，结合式（9.9）、式（9.11）和式（9.13）把工资收入流动性分解为增长流动性、结构流动性和交换流动性，同时测算了人力资本禀赋效应和报酬效应对这些流动性的影响，实证结果如表 9 - 3 所示。为了叙述方便，把 2004—2006 年、2006—2009 年和 2009—2011 年分别定义为第 1 时期、第 2 时期和第 3 时期，根据表 9 - 3 可得以下结论：

表9-3　　　　　　　　　人力资本影响工资收入流动性的路径

	第1时期 (2004—2006年)		第2时期 (2006—2009年)		第3时期 (2009—2011年)		第3时期 (2011—2013年)	
	系数	t统计量	系数	t统计量	系数	t统计量	系数	t统计量
增长流动性	0.2776	2.06 **	0.2912	15.22 ***	0.189	13.10 ***	0.1986	10.10 ***
人力资本禀赋效应	0.006	1.89 *	−0.0022	−1.49	0.0027	1.72 *	0.0013	1.82 *
人力资本报酬效应	−0.2267	−1.09	0.3557	2.08 **	0.4412	3.79 ***	0.4522	3.49 ***
部门及单位规模结构效应	−0.0001	−0.11	−0.0016	−4.59 ***	−0.0014	−4.13 ***	−0.0024	−3.13 ***
部门及单位规模报酬效应	−0.0218	−0.98	0.0602	3.73 ***	−0.0285	−2.64 ***	−0.0375	−2.84 ***
其他不可观测因素	0.5201	1.67 *	−0.1208	−0.7	−0.225	−1.98 **	−0.215	−1.97 **
结构流动性	0.0385	6.23 ***	0.0178	3.00 ***	−0.0192	−5.71 ***	−0.0202	−4.71 ***
人力资本禀赋效应	−0.0085	−2.65 ***	0.0011	0.38	0.0073	2.28 **	0.0057	2.28 **
人力资本报酬效应	−0.0009	−0.22	−0.0012	−1.07	0.0027	0.42	0.0352	0.34
部门及单位规模结构效应	−0.0012	−0.86	−0.0016	−0.92	0.0009	0.72	0.0006	0.56
部门及单位规模报酬效应	−0.0033	−2.00 **	0.0132	4.20 ***	−0.0032	−3.14 ***	−0.0031	−4.14 ***
其他不可观测因素	0.0524	4.71 ***	0.0063	1.26	−0.0269	−5.11 ***	−0.0270	−3.11 ***
交换流动性	0.1375	11.32 ***	0.1419	9.25 ***	0.1293	10.87 ***	0.1583	7.87 ***
人力资本禀赋效应	−0.0083	−2.42 ***	0.0025	0.69	0.0057	1.4	0.0045	1.32
部门及单位规模结构效应	0.0012	0.7	0.0062	2.85 ***	−0.0002	−0.18	−0.0005	−0.30
其他不可观测因素	0.1446	11.06 ***	0.1333	8.87 ***	0.1238	10.64 ***	0.1543	8.64 ***

注：***、**和*分别表示估计系数显著性水平为1%、5%和10%。通过Bootstrap方法重复300次得出标准误，从而计算出估计系数的t统计量。2011—2013年根据CHARLS数据得出相应结论。

首先，增长流动性虽然不断提高了社会福利水平，但是，作用在递减，同时人力资本主要通过报酬效应影响增长流动性。增长流动性说明居民工资收入按相同比例增长，也就是说，在没有影响收入差距的条件下改变了居民收入水平。由表9-3可知，增长流动性的估计系数始终显著为正，说明在收入差距不变条件下，居民工资收入一直在提高，表明社会福利水平因为增长流动性而不断提高，然而，在第3时期增长流动性显著下降，说明增长流动性作用于社会福利水平的效应是递减的。

就人力资本影响增长流动性而言，人力资本禀赋效应对增长流动性的影响较小，原因在于每个时期时间跨度较短，使短期内人力资本禀赋难以大幅提高，从而不可能对增长流动性产生较大影响。与此同时，人力资本报酬效应对增长流动性的作用较大，说明人力资本回报率的提高是影响增长流动性的主要因素。例如，在第 2 期、第 3 时期人力资本报酬效应对增长流动性具有显著正向的影响。而第 1 时期对增长流动性的影响不显著，而且估计系数为负值，可能是由于首批高校扩招的大学生毕业后进入劳动力市场，造成劳动力供给冲击，降低了人力资本回报率，从而对增长流动性产生不利影响。与此同时，表 9 - 3 还汇报了单位类型和企业规模对增长流动性的影响，但是，这些影响相对于人力资本作用而言较小。由此可知，就人力资本而言，对增长流动性的贡献主要归因于人力资本报酬效应，即人力资本回报率的增加。

其次，结构流动性不但对工资收入流动性的影响较小，而且后期还降低了工资收入流动性，同时人力资本对结构流动性的作用较小。结构流动性反映了居民工资差距的变化，即结构流动性越大、工资收入不平等程度越小、社会福利水平越高。如表 9 - 3 所示，结构流动性不但依次递减，而且在后期为负值，说明结构流动性扩大了工资差距，降低了居民社会福利水平。

就人力资本影响结构流动性而言，由表 9 - 3 可知，人力资本禀赋效应对结构流动性的影响表现为递增趋势，然而，无论是哪个时期，人力资本禀赋效应影响结构流动性的估计系数远小于结构流动性，说明人力资本禀赋效应对结构流动性的影响较弱。与此同时，人力资本报酬效应在任何时期对结构流动性没有显著影响，说明人力资本对结构流动性的影响较弱。因此，人力资本通过结构流动性影响工资收入流动性的作用可以忽略不计。

最后，交换流动性对工资收入流动性产生正向影响，而且这种影响相对稳定，同时人力资本对交换流动性的作用较小。交换流动性反映了居民工资收入位序变化对工资差距的影响，交换流动性越大，居民工资位序变化导致工资差距下降越大，社会福利水平越高。如

表9-3所示，相对稳定并且显著为正的交换流动性，说明居民工资收入位序变化有利于缩小工资差距，提高社会福利水平。与此同时，在第1时期，人力资本禀赋效应对交换流动性产生负向影响，这可能是因为首批高校扩招的大学生毕业后进入劳动力市场，在提高居民人力资本禀赋的同时，这些刚毕业的大学生初始工资收入低于其他居民工资收入，使原有居民工资收入位序受到影响，从而导致人力资本禀赋效应降低了交换流动性，但是降幅较小。第2时期、第3时期人力资本禀赋效应没有显著影响交换流动性，说明短期内人力资本禀赋的增加并不是居民工资收入位序发生变化的根本原因。

三　人力资本影响工资收入流动性的结果分析

表9-4是根据表9-3实证结果，结合式（9-14）和式（9-15）得出了不同时期人力资本对工资收入流动性的影响及其贡献率。由表9-4可得以下结论：

表9-4　　　　　　　人力资本影响工资收入流动性

	第1时期 （2004—2006年）		第2时期 （2006—2009年）		第3时期 （2009—2011年）		第3时期 （2011—2013年）	
	系数	贡献率	系数	贡献率	系数	贡献率	系数	贡献率
工资收入流动性	0.4536		0.4509		0.2991		0.3367	
增长流动性	0.2776	61.19	0.2912	64.59	0.189	63.2	0.1986	58.98
结构流动性	0.0385	8.49	0.0178	3.95	-0.0192	-6.42	-0.0202	-5.99
交换流动性	0.1375	30.32	0.1419	31.47	0.1293	43.22	0.1583	47.02
人力资本总效应	-0.2384	-52.55	0.3559	78.92	0.4596	153.65	0.4989	148.17
人力资本禀赋效应	-0.0108	-2.38	0.0013	0.3	0.0157	5.25	0.0115	3.41
人力资本报酬效应	-0.2276	-50.17	0.3545	78.62	0.4439	148.4	0.4874	144.7

其一，影响工资收入流动性大小的成分，依次为增长流动性、交

换流动性和结构流动性。其中，增长流动性对工资收入流动性的贡献保持在60%以上，说明工资上涨是工资收入流动性上升的主要因素。与此同时，交换流动性对工资收入流动性的贡献从30.32%上升到47.02%，说明居民工资收入位序变化有利于提高工资收入流动性，降低工资收入差距，提高社会福利水平。然而，结构流动性影响工资收入流动性的作用较小并且效果不一致。

其二，工资收入流动性表现出递减的趋势，而且这种趋势在加快，表明工资收入流动性虽然降低了居民工资差距，提高了社会福利水平，但这种作用是递减的。

其三，人力资本缓解了工资收入流动性的下降趋势，这归因于人力资本报酬效应，即上升的人力资本回报率缓解了工资收入流动性的下降趋势。如表9-4所示，一方面人力资本对工资收入流动性的贡献在不断上升，另一方面人力资本对工资收入流动性的正向作用在不断加强，这表明如果没有人力资本对工资收入流动性的作用，那么工资收入流动性在第3时期应该为负值，工资收入流动性应该下降得更快，因此，人力资本缓解了工资收入流动性的下降趋势。

第十章 相对收入流动性下益贫式增长研究

第一节 引言

上文在分析居民收入流动性变化趋势的背景下，研究了收入流动性对社会福利水平的影响，研究发现，下降的收入流动性降低了社会福利水平，并且分析了人力资本对社会福利水平的影响。本章及第十章在收入流动性的背景之下，研究穷人的收入变化情况。因为收入变化可以分为收入社会排序和收入水平的变化，所以，研究穷人收入可以分为相对收入流动性下和绝对收入流动性下两种情况，本书首先研究相对收入流动性下的穷人收入变化情况，即相对收入流动性下益贫式增长研究。

益贫式增长能降低收入差距吗？通常情况下，人们持肯定态度。例如，周华（2008）指出，严重的社会不平等不但会制约经济增长，而且会引发社会冲突，造成社会动荡，因此，政府在保持经济增长的同时，更要关注穷人是否会从经济增长中受益，寻求更有利于穷人的增长方式，即益贫式增长。这意味着实现了益贫式增长，就会降低收入差距，故国内关于益贫式增长的研究主要集中于对益贫式增长的测度及其原因分析（纪宏，2008；阮敬，2009；韩秀兰，2013；周华，2013），并在此基础之上提出相应的政策建议，很少有关于益贫式增长如何影响收入差距的研究。

人们通常认为，益贫式增长能降低收入差距，是因为无论绝对益贫式增长（穷人增加的收入更多）还是相对益贫式增长（穷人收入增长速度更快），都表明穷人与富人之间的收入差距在缩小，从而改善了社会收入不平等。值得注意的是，上述推论成立的必要条件是：在益贫式增长过程中，居民社会经济地位没有流动，否则推论不一定成立。如果益贫式增长引起居民社会经济地位大幅流动，那么益贫式增长未必能缩小收入差距，甚至还可能扩大收入差距。例如，甲、乙、丙三人前后两个时期的收入分别为（1、2、3）和（4、2、1），表明收入增长不但是益贫的，而且收入差距也在扩大，在此过程中，穷人变为富人，而富人变为穷人，说明益贫式增长导致居民社会经济地位的大幅流动。由此可知，益贫式增长能否降低收入差距，受到居民社会经济地位流动的影响。因此，在我国居民社会经济地位频繁流动的背景之下，本书试图研究益贫式增长如何影响居民收入差距。

第二节 分析框架

一 益贫式增长影响收入差距的路径分析

对益贫式增长的认识越来越全面、合理和科学。由早期把益贫式增长简单定义为：经济增长与贫困指标的相关关系，演变为经济增长所引起贫困人口的减少或贫困深度的降低（McCulloch，1990；Kakwani，2008），发展到绝对益贫式增长，再到相对益贫式增长。并建立了判断益贫式增长是否科学合理的一系列指标，例如，构建的益贫式增长指标是否来源于全局性方法、是否满足单调性公理、是否从多角度测度贫困，以及是否具有匿名性假设特征等（周华，2011）。

虽然益贫式增长指标日趋完善，但这些指标都是以贫困（绝对贫困或相对贫困）人口为基础所构建起来的，而没有涉及富人的收入变化。因此，以这些指标衡量的益贫式增长，只能说明富人收入增长不及穷人。在益贫式增长背景下，如果富人收入增长较小，甚至为负增长，那么就可能引起居民社会经济地位流动，从而对居民收入差距产生不利影响。因此，益贫式增长通过两条路径影响收入差距，一是在居民社会经济地位不变的条件下，益贫式增长改变了穷人与富人的相对收入水平，从而缩小了穷人与富人的收入差距，这种影响称为益贫式增长效应；二是益贫式增长使居民社会经济地位发生流动，从而扩大了收入差距，这种影响称为收入流动效应。下文通过构建益贫式增长影响收入差距模型，来识别这两种效应对收入差距的相对作用，从而回答益贫式增长是否能缩小收入差距。

二　收入差距指标的选取及描述

如何从众多的收入差距指标中选择合适指标是本书进行研究的前提条件，根据研究需要所选取的收入差距指标不但能够进行分解，而且分解为益贫式增长效应和收入流动效应两部分。广义基尼系数（Donaldson，1980；Yitzhaki，1983）能够满足这些条件，因此，本书选用这一指标衡量居民收入差距。该指标是一个权重平均指标，即收入分配完全平等的洛伦兹曲线与实际洛伦兹曲线差值的权重平均，表达式如式（10.1）所示（Stephen，2006）。广义基尼系数指标 $G(v)$ 的取值介于 0（收入分配完全平等）和 1（收入分配完全不平等）之间，其中，$L(s)$ 表示收入分配的实际洛伦兹曲线，权重函数 $k(s;v)=v(v-1)(1-s)^{v-2}$ 的 v 是收入差距规避参数。当 $v=2$ 时，广义基尼系数就演变为常用来衡量收入差距的基尼系数；当 $v>2$ 时，说明广义基尼系数相对于基尼系数而言，测度收入差距时赋予穷人更大的权重；反之亦然。

$$G(v) = \int_0^1 k(s;v)[s - L(s)]ds, v > 1 \tag{10.1}$$

$$G(v) = 1 - \int_{F^{-1}(0)}^{F^{-1}(1)} w[F(x);v]\frac{x}{u}f(x)dx \tag{10.2}$$

由洛伦兹曲线可知，$s = F(x)$，$F(x)$ 为收入累计分布函数且表示居民社会经济地位，$f(x)$ 为其密度函数。把 $F(x)$ 代入式（10.1）并对该式进行分部积分，则广义基尼系数可表示为式（10.2），其中，$w[F(x);v] = v[1 - F(x)]^{v-1}$ 和 x/u 分别为权重函数和居民相对收入（居民收入除以平均收入），表明收入差距可以表示为居民相对收入（x/u）的权重平均。由式（10.2）可知，居民收入通过影响相对收入和社会经济地位，从而对收入差距产生影响，也就是说，居民的相对收入和社会经济地位相互作用决定了社会收入差距。

三 益贫式增长影响收入差距的方程

社会收入差距的变化 $\Delta G(v)$ 可由不同时期广义基尼系数的差异所表示，如式（10.3）所示，其中，$G_1(v)$ 和 $G_2(v)$ 为前后两个时期的广义基尼系数，u_1 和 u_2 为前后两个时期平均收入，x 和 y 为前后两个时期的居民收入。当两个时期的居民是同一群体时，则式（10.3）可表示为居民收入的联合密度函数 h(x，y) 的形式，如式（10.4）所示，对该等式进行分解，可得式（10.5）。

$$\Delta G(v) = G_2(v) - G_1(v) = \int_{F^{-1}(0)}^{F^{-1}(1)} w[F_1(x); v] \frac{x}{u_1} f_1(x) dx - \int_{F^{-1}(0)}^{F^{-1}(1)}$$

$$w[F_2(y); v] \frac{y}{u_2} f_2(y) dy \tag{10.3}$$

$$\Delta G(v) = \int_{F^{-1}(0)}^{F^{-1}(1)} \int_{F^{-1}(0)}^{F^{-1}(1)} \left\{ w[F_1(x); v] \frac{x}{u_1} - w[F_2(y); v] \frac{y}{u_2} \right\} h(x,$$

$$y) dx dy \tag{10.4}$$

$$\Delta G(v) = \int_{F^{-1}(0)}^{F^{-1}(1)} \int_{F^{-1}(0)}^{F^{-1}(1)} \left\{ w[F_1(x); v] - w[F_2(y); v] \right\} \frac{y}{u_2} h(x,$$

$$y) dx dy - \int_{F^{-1}(0)}^{F^{-1}(1)} \int_{F^{-1}(0)}^{F^{-1}(1)} w[F_1(x); v] \left(\frac{y}{u_2} - \frac{x}{u_1} \right) h(x, y) dx dy \tag{10.5}$$

　　　　　　收入流动效应　　　　　益贫式增长效应

式（10.5）说明社会收入差距的变化由两项构成，其中，第1项是相对收入的权重平均，且权重为广义基尼系数［式（10.2）］权重函数的变化量。表达式 y/u_2 表示居民在第2时期的相对收入，而 $w[F_1(x); v] - w[F_2(y); v]$ 表示居民收入由第1时期的 x 变为第2时期的 y，改变了居民社会经济地位，进而对权重的影响。因此，当居民收入为益贫式增长时，式（10.5）第1项说明相对收入不变，居民社会经济地位发生流动，对收入差距产生影响，即上述的收入流动效应。

式（10.5）中第2项是居民两个时期相对收入差值的权重平均，且权重为居民第1时期广义基尼系数［式（10.2）］的权重函数，该表达式可变为式（10.6）（Kanwani，1977）。当居民收入增长是益贫式增长时，则 $\dfrac{u_2 - u_1}{u_2} > 0$，对于穷人表达式 $\left(\dfrac{y - x}{u_2 - u_1} - \dfrac{x}{u_1}\right) > 0$，而对于

富人表达式 $\left(\dfrac{y - x}{u_2 - u_1} - \dfrac{x}{u_1}\right) < 0$。就权重函数 $w[F_1(x); v] = v[1 - F_1$

$(x)]^{v-1}$ 而言，一方面，说明居民收入分布为第 1 时期的分布，即居民社会经济地位为第 1 时期的经济地位；另一方面，权重函数是居民收入 x 的减函数，表明赋予穷人的权重大于富人。因此，当出现益贫式增长时，式（10.6）大于 0，从而使收入差距 $\Delta G(v)$ 变小。这表明在居民社会经济地位不变的条件下，益贫式增长改变了穷人与富人的相对收入水平，缩小了社会收入差距，即上述的益贫式增长效应。反之，当收入增长不是益贫式增长时，式（10.6）小于 0，使收入差距 $\Delta G(v)$ 变大。因此，推断出式（10.6）与 0 的大小关系，就能判断居民收入增长是不是益贫式增长。

$$\int_{F^{-1}(0)}^{F^{-1}(1)} \int_{F^{-1}(0)}^{F^{-1}(1)} w[F_1(x); v]\left(\frac{y}{u_2} - \frac{x}{u_1}\right) h(x, y)\, \mathrm{d}x \mathrm{d}y =$$

$$\frac{u_2 - u_1}{u_1} \int_{F^{-1}(0)}^{F^{-1}(1)} \int_{F^{-1}(0)}^{F^{-1}(1)} w[F_1(x); v]\left(\frac{y - x}{u_2 - u_1} - \frac{x}{u_1}\right) h(x, y)\, \mathrm{d}x \mathrm{d}y$$

$$(10.6)$$

四 方程估计时应注意的问题

估计益贫式增长对收入差距的影响，应注意以下四个问题：

首先，确定广义基尼系数的规避参数。当规避参数 v = 2 时，广义基尼系数演变为常用的基尼系数，因此，为易于理解本书选取的规避参数值为 2。值得一提的是，选取其他数值的规模参数与 v = 2 时的研究结论比较一致。

其次，选取个人收入作为居民收入的指标。选用个人收入而不是家庭人均收入的好处在于，在估计益贫式增长对收入差距的影响时，能排除性别因素的干扰。

再次，因为我国城乡收入差距较大，所以，估计益贫式增长对收入差距的影响应该要考虑城乡因素。

最后，在估计益贫式增长效应和收入流动效应对收入差距的影响时，通过 Bootstrap 方法探讨这种影响是否具有显著性。

第三节　数据处理和变量描述

一　数据处理

本书数据来源于"中国健康与营养调查（CHNS）"。调查内容涵盖人口特征、工作状况、个人收入等方面的数据。该调查采用多阶段分层随机抽样方法，对城乡家庭和个人进行追踪调查，1989—2011年共采集了9次数据。调查范围涵盖我国9个省份和3个直辖市（辽宁、黑龙江、江苏、山东、河南、湖北、湖南、广西、贵州、北京、上海和重庆）。由于对同一样本进行多次调查，能够观测到不同时期的个人收入，可使用该数据来分析益贫式增长对收入差距的影响。

值得一提的是，其一，确定满足研究要求的样本。本书研究的时间是1989—2011年，因此，要求样本在每轮调查中都被采访。而辽宁省在1997年没有被调查，黑龙江省从1997年才成为被调查省份，而北京、上海和重庆在2011年才被纳入调查范围，因此，这些省份的样本数据不满足研究要求。其二，获取居民收入时排除通货膨胀因素。根据CHNS调查数据提供的物价指数，把不同时期居民收入转换成2011年的收入水平。

二　收入差距描述

根据居民收入计算了不同时期的基尼系数，如图10-1和图10-2所示。

首先，收入差距前期相对平稳，后期波动式上升。图10-1显示，前期基尼系数从1989年的0.436变为2000年的0.438，表明收入差距相对平稳。后期基尼系数经历了先上升后下降的阶段，从2000年的0.438上升到2009年的0.548，增幅为0.11，再从2009年下降到2011年的0.482，降幅为0.066，表明收入差距在后期呈波动式上升。

其次，农村收入差距更为严重，而城市收入差距呈波浪式上升。图10-1显示，除2009年城市收入差距更大外，其余时期农村收入差距都比城市高，而且两者之间差异明显，说明农村收入不平等程度更为严重。一方面农村收入差距更为严重，另一方面农村收入差距呈现出相对平稳的趋势，说明农村收入差距相对稳定。就城市而言，收入差距从 2004 年之后经历了大幅上升时期，基尼系数从 2004 年的 0.307 上升到 2009 年的 0.55，增幅为 0.243，再从 2009 年下降到 2011 年的 0.382，降幅为 0.168，表明城市收入差距呈波浪式上升。

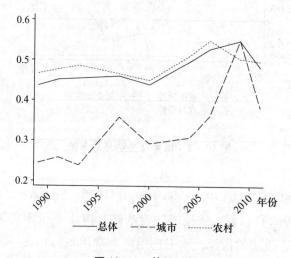

图 10 -1　基尼系数

最后，城乡收入差距较大，性别因素对收入差距的影响较小。图 10 -1 显示，总体基尼系数的走势与农村非常接近，表明总体收入差距也较大，较大的总体收入差距归因于较大的城乡收入差距。图 10 -2 显示，无论是城市还是农村，在不同时期男性和女性的基尼系数都非常接近，表明性别因素对城市或农村收入差距的影响较小。

三　居民社会经济地位流动性描述

由上文分析可知，益贫式增长通过收入流动效应和益贫式增长效应影响收入差距。如果只有益贫式增长效应，那么收入差距就会降低。如果同时存在两种效应，那么，只有确定这两种效应的相对大小，才能决定益贫式增长如何影响收入差距。因此，判断是否存在收入流动效应是研究益贫式增长影响收入差距的前提条件，判断依据是：居民社会经济地位是否发生流动。

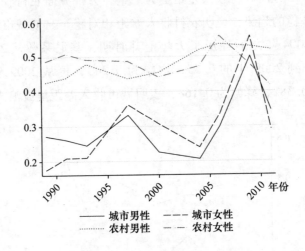

图 10 - 2　城乡及性别基尼系数

现有文献（Prais, 1955; Shorrocks, 1978; Sommers, 1979; Bartholomew, 1982）以收入转换矩阵为基础，构建了很多衡量居民社会经济地位是否流动的指标，本书选用两个常用指标：其一，标准迹指标。如式（10.7）所示，该指标基于"不流动比例"的思路，借助转换矩阵，构建标准迹指标用来衡量居民社会经济地位的流动性，其中 Trace（T）为转换矩阵的迹。当居民社会经济地位完全不流动和完全流动时，M_1 的值分别为 0 和 1。其二，巴塞洛缪（1982）也以转换矩阵为基础，采用类似于加权平均法的思路，构造了衡量居民社会经济地位流动性的指标，如式（10.8）所示，其中 t_{ij} 为转换矩阵 i 行 j 列的元素。

$$M_1 = \frac{m - trace(T)}{m - 1} = \frac{m \sum_{i=1}^{m} t_{ij}}{m - 1} \tag{10.7}$$

$$M_2 = \frac{1}{m(m-1)} \sum_{i=1}^{m} \sum_{j=1}^{m} t_{ij} |i-j| \tag{10.8}$$

通过构建转换矩阵，再根据式（10.7）和式（10.8）测算出了不同时期居民社会经济地位流动程度，如图 10 - 3 所示。

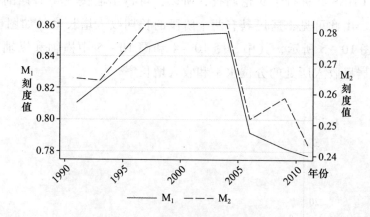

图 10 - 3　居民社会经济地位流动性

　　其一，就 M_1 指标而言，说明居民社会经济地位流动性经历了先上升后下降两个阶段，即 1991—2004 年，流动性由 0.81 缓慢上升至 0.854，增幅为 0.044；2004—2011 年，流动性下降至 0.777，降幅为 0.077。然而，无论哪个时期，居民社会经济地位流动性都较高。

　　其二，就 M_2 指标而言，居民社会经济地位具有一定的流动性，并且先后经历了递增、平稳和递减三个阶段。以上两个衡量指标都表明，无论在哪个时期，居民社会经济地位都具有一定的流动性。因此，分析益贫式增长对收入流动性的影响应该要考虑到收入流动效应。

四　居民收入增长描述

　　只有居民收入增长表现为益贫的，研究益贫式增长对收入差距的影响才有意义。因此，为了初步判断居民收入是否表现为益贫式增长，本书对不同收入水平下的居民收入增长进行拟合，看看低收入居民的收入增长是否更高。值得一提的是，把长期收入作为居民收入水平的代理变量，能有效地规避暂时性收入对收入增长的冲击，能更好地反映居民收入增长的趋势。因此，对居民各期收入进行平滑处理，以此作为相应时期的长期收入，具体做法是：把

CHNS 连续三轮的居民收入进行平均以此表示相应时期的长期收入。因为 CHNS 共进行了 9 轮调查，所以，可得出居民三个时期的长期收入。由此可见，居民具有两个阶段的长期收入增长率，如图 10 - 4 和图 10 - 5 所示，其中，图 10 - 4 和图 10 - 5 中横轴和纵轴分别表示居民收入所处的分位水平和收入增长率。

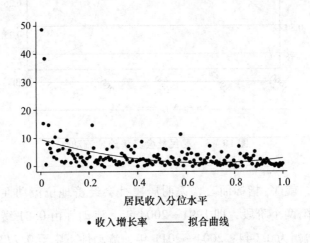

图 10 - 4　第一阶段居民收入增长情况

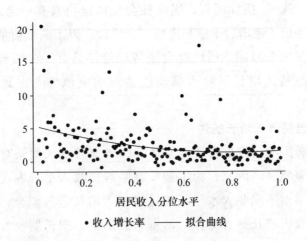

图 10 - 5　第二阶段居民收入增长情况

注：收入增长率 =（当期长期收入 - 上期长期收入）/上期长期收入。

首先，两个阶段的居民收入增长都是益贫的。如图 10 - 4 和图
10 - 5 所示，拟合曲线都向右下方倾斜，说明低收入居民的收入增
长更高，满足相对益贫式增长的定义。

其次，居民在第一阶段益贫式增长程度比第二阶段高。如图
10 - 4 所示，第一阶段低收入居民的收入增长明显高于第二阶段的
低收入居民，例如，拟合曲线表明在第一阶段最低收入居民的收入
增长了 10 倍，而第二阶段的相应居民收入却只增长了 5 倍。与此同
时，两个阶段的高收入居民的收入增长基本一致。

最后，虽然居民在第二阶段也表现为益贫式增长，但是，表现
并不明显，图 10 - 5 的拟合效果明显低于图 10 - 4，表明拟合相对
较差。由此可知，我国居民收入增长一方面表现为益贫式增长，另
一方面不同时期的益贫式增长存在一定差异。因此，本书将根据
CHNS 数据，研究不同时期的益贫式增长对收入差距的影响。

第四节　实证结果分析

一　益贫式增长对总体收入差距的影响

首先，总体收入增长，不但表现为益贫式增长，而且这种增长
引起居民社会经济地位大幅变动。根据居民收入数据和式（10.5），
把不同时期收入差距变化（dG）分解为收入流动效应（Mobility）
和益贫式增长效应（Pro - poor），如表 10 - 1 所示。由表 10 - 1 可
知，无论哪个时期总体的益贫式增长效应的估计系数不但显著大于
0，而且数值较大，这表明居民收入增长不但是益贫的，而且通过
益贫式增长效应降低了收入差距，例如，1997—2000 年，益贫式增
长效应使基尼系数降幅为 0.3197。然而，益贫式增长的收入流动效
应同样显著，这表明益贫式增长引起了居民社会经济地位的大幅变
动，从而通过收入流动效应提高了收入差距，例如，在 1997—2000
年，收入流动效应使基尼系数降幅为 0.2981。

表 10 – 1 益贫式增长影响收入差距的路径分析

时期（年）	总体			城市			农村		
	dG	Mobility	Pro-poor	dG	Mobility	Pro-poor	dG	Mobility	Pro-poor
1989—1991	0.0151	0.3142 ***	0.2992 ***	0.0133	0.2119 *	0.1986 **	0.0110	0.3355 ***	0.3245 ***
1991—1993	− 0.0034	0.312 ***	0.3154 ***	− 0.0244	0.112 **	0.1364 *	0.0050	0.3273 ***	0.3223 ***
1993—1997	0.0083	0.2779 ***	0.2696 ***	0.1110	0.2782 ***	0.1671 **	− 0.0192	0.2878 *	0.307 **
1997—2000	− 0.0216	0.2981 ***	0.3197 ***	− 0.0597	0.2347 *	0.2944 *	− 0.0211	0.316 *	0.3371 **
2000—2004	0.0587	0.2223 ***	0.1636 **	0.0132	0.0706 *	0.0575	0.0627	0.2835 ***	0.2208 **
2004—2006	0.0312	0.2824 ***	0.2512 **	0.0488	0.1326 *	0.0838 *	0.0413	0.3559 ***	0.314 ***
2006—2009	0.0244	0.4245 ***	0.4 ***	0.1657	0.6572 *	0.4915 ***	− 0.0487	0.3419 ***	0.3906 ***
2009—2011	− 0.0594	0.2651 ***	0.3245 ***	− 0.1387	0.1495 **	0.2882 *	− 0.0060	0.2879 ***	0.2938 ***
2011—2013	− 0.0614	0.2649 ***	0.3263 **	− 0.1012	0.176 *	0.2772 *	− 0.0051	0.2775	0.2826 **

注：dG、Mobility 和 Pro – poor 分别表示收入差距变化、收入流动效应和益贫式增长效应。***、** 和 * 分别表示估计系数显著性水平为 1%、5% 和 10%。通过 Bootstrap 方法重复 300 次得出标准误，从而得出估计系数的显著水平。

其次，收入差距前期相对平稳是因为益贫式增长效应与收入流动效应相互抵消所致，后期波动式上升归因于两种效应的相对大小不断变化。图 10 – 6 描绘出了不同时期收入差距变化曲线（dG）、收入流动效应曲线和益贫式增长效应曲线。由图 10 – 6 可知，1989—2000 年，益贫式增长效应和收入流动效应作用相当，从而使收入差距相对稳定，因此，收入差距变化曲线是一条接近于 0 的水平曲线。然而，2000—2011 年，两种效应的相对大小不断变化，但是，总体而言，收入流动效应发挥主导作用，因此，收入差距表现为波动式上升。

最后，虽然收入流动效应和益贫式增长效应对收入差距产生较大影响，但是，收入差距变动较小。图 10 – 7 描绘了收入差距变化、收入流动效应和益贫式增长效应分别所占基尼系数的百分比。由图 10 – 7 可知，无论在哪个时期，收入差距变化所占基尼系数的百分比（dG 曲线）都处于 – 10.8%—13.3%，表明收入差距变动程度较小。然而，益贫式增长效应所占基尼系数的百分比（Pro-poor 曲线）处于

37.3%—75.7%，而收入流动效应（Mobility 曲线）处于 48.3%—80.3%，说明这两种效应对收入差距产生了较大影响。

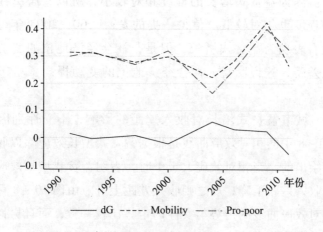

图 10-6 总体收入流动效应与益贫式增长效应

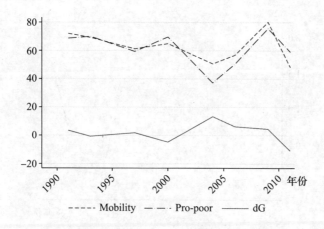

图 10-7 总体收入流动与益贫式增长效应的贡献率

二 益贫式增长对城市收入差距的影响

首先，虽然城市收入增长也表现为益贫式增长，但是，这种收入增长幅度相对于总体而言更低，居民社会经济地位流动性也因此而降低。如表 10-1 所示，除 2006—2009 年外，城市益贫式增长效应小于总体益贫式增长效应，甚至在 2000—2004 年，益贫式增长效应的估计系数不显著，表明在此期间城市居民收入增长不是益贫式增长。因为益贫式增长的程度相对较小，所以，居民社会经济地位流动程度也相对较低。值得一提的是，2000—2004 年，虽然居民收入没有表现为益贫式增长，但是，社会经济地位的变动影响了城市收入差距，这说明富人社会经济地位的变动提高了城市居民收入差距。

其次，城市益贫式增长对收入差距的影响，不受性别因素的干扰。图 10 - 8 中的相对效应曲线是根据益贫式增长效应除以收入流动效应所描绘出的，当相对效应大于 1 时，表明益贫式增长效应发挥主导作用，收入差距下降；反之则收入差距上升。由图 10 - 8 可知，不但男性相对效应曲线的走势与女性的走势比较一致，而且男性收入差距的变化与女性的变化也比较一致，这表明城市益贫式增长对收入差距的作用不受到性别因素的影响。

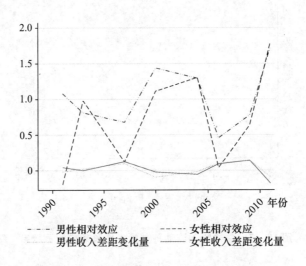

图 10 - 8　城市相对效应曲线与收入差距变化

最后，城市收入差距的较大波动，归因于益贫式增长效应和收入流动效应相对作用的大幅变化。图 10 - 9 描绘了城市收入差距变化量、收入流动效应和益贫式增长效应分别所占基尼系数的百分比。由图 10 - 9 可知，无论在哪个时期，收入差距变化所占基尼系数的百分比（dG 曲线）处于 - 25.2%—46.5%，表明收入差距波动程度较大。与此同时，一方面，益贫式增长效应所占基尼系数的百分比（Pro-poor 曲线）处于 19.6%—135%，而收入流动效应（Mobility 曲线）处于 24.1%—181.8%，说明这两种效应对收入差距产生了较大影响。另一方面，如图 10 - 8 所示，无论是男性还是女性，相对效应波动较大，以上两个因素使城市收入差距出现较大波动。

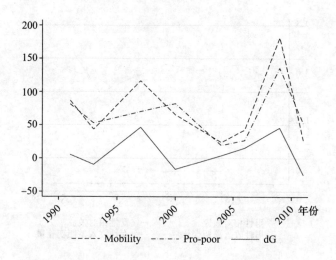

图 10 - 9　城市收入流动与益贫式增长效应的贡献率

三　益贫式增长对农村收入差距的影响

首先，农村收入差距相对稳定，这归因于较高的益贫式增长效应伴随着较高的收入流动效应。如表 10 - 1 所示，除 2006—2009 年外，无论是益贫式增长效应还是收入流动效应，农村都高于城市，表明农村收入增长不但表现为益贫式增长，而且益贫式增长程度比城市高，居民社会经济地位也因此而大幅流动。值得一提的是，农村益贫式增长效应与收入流动效应相互抵消之后，收入差距变化幅度相对于城市而言更低，说明农村益贫式增长效应和收入流动效应对收入差距的作用相当。

其次，农村益贫式增长对收入差距的影响，也不受到性别因素的干扰。图10-10描绘出了农村男性和女性的相对效应曲线，由图10-10可知，不但男性相对效应曲线的走势与女性的走势比较一致，而且男性收入差距的变化与女性的变化也比较一致，这表明农村益贫式增长对收入差距的作用不受性别因素的影响。由此可见，无论是城市还是农村，益贫式增长对收入差距的作用都不受性别因素的影响。

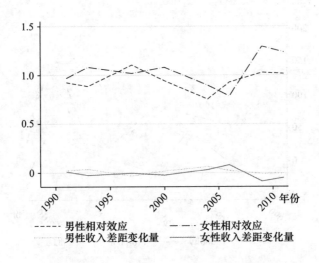

图 10-10　农村相对效应曲线与收入差距变化

最后，不但农村相对效应波动幅度比城市小，而且收入流动效应和益贫式增长效应对收入差距的贡献率的波动幅度也比城市小。如图10-8和图10-10所示，在1989—2011年，城市男性和女性相对效应所处的区间分别为（0.455，1.732）和（0.118，1.8），而农村相应区间分别为（0.886，1.1）和（0.896，1.29），表明农村相对效应波动幅度更小。如图10-9和图10-11所示，就益贫式增长效应和收入流动效应而言，虽然两种效应的绝对量都是农村高于城市，但是，就这两种效应对收入差距的贡献而言，农村波动幅度要低于城市。

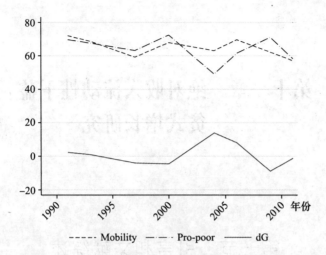

图 10 – 11　农村收入流动与益贫式增长效应的贡献率

第十一章 绝对收入流动性下益贫式增长研究

第一节 引言和文献综述

第十章分析了相对收入流动性下穷人的收入增长情况，本章紧接着分析绝对收入流动性下穷人的收入增长情况，即绝对收入流动性下益贫式增长研究。

改革开放以来，中国经济保持快速增长，经济发展取得了举世瞩目的成就，尤其是在反贫困领域，例如，绝对贫困人口从 1978 年的 2.5 亿下降到 2014 年的 7017 万（国家统计局，2015），为世界反贫困做出了巨大贡献。然而，近年来，中国经济的"新常态"标志着经济增长速度将不及从前，因此，只有追求更有利于穷人的经济增长方式，即益贫式增长，才能继续加速我国反贫困的进程。那么，什么是益贫式增长？高速增长的中国经济是益贫的吗？一些学者对这些问题进行了深入的研究。

对益贫式增长的认识越来越全面、合理和科学。由早期把益贫式增长简单地定义为经济增长与贫困指标的相关关系，演变为经济增长所引起贫困人口的减少或贫困深度的降低（McCulloch，1990），发展到绝对益贫式增长，再到相对益贫式增长。其中，绝对益贫式增长又分为强绝对益贫式增长和弱绝对益贫式增长，前者是指经济增长使穷人增加的收入高于富人或者高于社会平均水平（White，2001），后者是指只要经济增长增加了穷人的收入就是益贫式增长（Cord，2004）。

相对益贫式增长是指穷人的收入增长速度高于富人或者高于社会平均增长速度。

根据上述定义构建了各种度量益贫式增长的方法：

首先，从弱绝对益贫式增长的角度构建了益贫式增长指数（Kakwani，2000），该指数表明贫困人口的收入增长同时受到经济增长和收入分配的影响。

其次，从相对益贫式增长的角度构建了增长发生曲线和累计增长发生曲线，其中，增长发生曲线描绘了不同收入分位数下的收入增长速度，也就是说，把居民根据其收入由低到高在0—1之间进行排列，增长发生曲线描绘了各个收入分位数上的收入增长率。如果描绘出的增长发生曲线单调递减，表明收入分位数越高收入增长速度越低，收入不平等随着收入增长而降低，那么经济增长就是益贫的，这种益贫式增长称为一阶益贫式增长。然而，由于不同收入分位数之间可能存在异质性使增长发生曲线并未表现出单调递减或递增的趋势，也就是说，增长发生曲线表现为波浪形式，为了解决收入分位数之间异质性问题，提出了累计增长发生曲线的概念（Essama，2009），该曲线上不同收入分位数下的收入增长率是该收入及其以下收入的平均收入增长速度，例如，处于0.5收入分位数下的收入增长率为10%，意思是说，处于收入分位数50%及其以下居民的平均收入增长率为10%，如果累计增长发生曲线单调递减，表明收入分位数越低的群体平均收入增长速度越高，经济增长也算是益贫的，这种益贫式增长称为二阶益贫式增长。

再次，益贫式增长率（Ravallion，2003）和减贫等值增长率（Kakwani，2007）。益贫式增长率是指在增长发生曲线的基础之上，根据特定的贫困度量指标，测算穷人的平均收入增长率。在益贫式增长率和贫困增长弹性基础之上构建减贫等值增长率，该指数反映贫困人口收入增长导致贫困人口的减少量。

最后，Duclos（2009）构建了二阶益贫式增长的度量方法，该方法优点体现在判定益贫式增长时不受贫困线的影响。

在对国外益贫式增长相关研究进行文献综述基础之上，国内研究收入增长时引入了益贫式增长的概念（蔡荣鑫，2007；周华，2008；阮敬，2009）。张克中（2010）利用增长发生曲线研究了我国益贫式增长，发现只存在弱绝对益贫式增长，如果考虑到通货膨胀因素，弱绝对益贫式增长的程度更小。周华（2011）不但从收入角度，而且还从教育、医疗和综合福利等多个角度研究了我国的益贫式增长，发现在一些年份实现了益贫式增长，并且对 Duclos 的二阶益贫式增长方法加以改进，使研究者更容易使用二阶益贫式判定方法（周华，2013）。此外，还有关于益贫式增长与社会公平的研究（韩秀兰，2011）以及益贫式增长与宏观经济方面的研究（吕炜，2010；罗知，2011；刘畅，2011，2012）。

益贫式增长概念的引入，不但丰富了我国对收入问题的研究，而且有助于了解经济增长是否体现为益贫式增长，以及益贫式增长的程度如何。值得一提的是，发达国家在研究益贫式增长时，往往把焦点集中于穷人，而不太注重居民收入流动性问题。例如，增长发生曲线表示的收入增长率，往往不能代表具体某个居民的收入增长率，这是因为，居民在连续两个时期都处于同一收入分位数的概率非常小。国外研究益贫式增长而忽略收入流动性是由于居民收入流动性相对平稳，忽略收入流动性对研究结论的影响不大。就我国实际情况而言，由于经济的快速增长，无论是绝对收入流动性（居民收入水平的变动）还是相对收入流动性（居民收入排序的变动）都比较高。因此，研究益贫式增长应该要考虑到收入流动性问题，否则，对益贫式增长的研究并不全面，而国内现有文献没有考虑到该问题，本书试图从收入流动性角度研究益贫式增长。

第二节　分析框架

一　收入流动性的选取

亚当（Adam，2009）研究中国益贫式增长时考虑到了居民相对流动性问题，即居民收入排序随时间而不断变化的问题，该研究发现，如果研究益贫式增长涉及相对收入流动性问题，那么，中国益贫式增长程度比以往研究结论更高。亚当把相对收入流动性融入中国益贫式增长的研究之中，提高了研究益贫式增长的水平。然而，相对收入流动性只能反映居民相对收入变化而不能反映收入水平变动情况，例如，甲、乙、丙三人前后两个时期的收入向量分别为（1、2、3）和（2、3、4），表明居民收入排序并没有变化，不存在相对收入流动性，但是，居民收入都增加了，存在绝对收入流动性。由此可知，绝对收入流动性比相对收入流动性更准确地反映社会收入流动水平，研究益贫式增长更应该要考虑到绝对收入流动性。

因此，本书研究绝对收入流动性下的益贫式增长，绝对收入流动性有两种方法：其一，居民收入增加的绝对量，即前后两个时期居民收入增量；其二，居民收入增加的相对量，即前后两个时期居民收入增长率。这两种衡量方法分别与绝对益贫式增长和相对益贫式增长密切相关，因此，本书对现有益贫式增长的判定方法加以调整，使其测度益贫式增长时考虑到绝对收入流动性的问题。

二　考虑到绝对收入流动性的益贫式增长判定方法

本书对增长发生曲线和累计增长发生曲线进行改进，使其衡量益贫式增长时考虑到绝对收入流动性问题，经过改进后的这两种曲线分别称为流动发生曲线（Mobility Incidence Curve，MIC）和累计流动发生曲线（Cumulative Mobility Incidence Curve，CMIC）（Stephen，2011）。由上文可知，增长发生曲线把各个时期的居民根据收入水平由低到高依次进行排序，然后把各个时期的收入按照居民排序进行一一对应，计算出各个收入分位数下的收入增长率。而流动发生曲线根据居民上期收入构建出居民收入分位数，然后根据居民的当期和上期收入估计出不同收入分位数下的期望收入变化量，如式（11.1）所示。

$$MIC(p) = E\{M[x(p),\ y]\ |\ X = x(p)\} \tag{11.1}$$

$$CMIC(p) = \frac{1}{p}\int_0^p MIC(q)\,\mathrm{d}q = \frac{1}{p}\int_0^p E\{M[x(q),\ y\ |\ X = x(q)]\}\,\mathrm{d}q \tag{11.2}$$

式中，$M[x(p),\ y]$ 表示居民绝对收入流动性，也就是居民收入的变化量，$x(p)$ 和 y 分别表示上期处于第 p 收入分位数的居民上期收入（x）和当期收入（y），注意：x 和 y 是指同一居民不同时期的收入。

一方面，令 $M[x(p)，y] = y - x(p)$ 就可以表示居民收入增长的绝对量，可用来测度绝对益贫式增长；另一方面，令 $M[x(p)，y] = \ln(y) - \ln[x(p)]$ 就可以表示居民收入增长的相对量，可用来测度相对益贫式增长。值得注意的是，构建流动发生曲线时，采用期望收入变化量，而不是实际收入变化量，这是因为，采用期望收入变化量能排除不可预知因素对居民收入的影响，从而使流动发生曲线稳健性更高。如果流动发生曲线单调递减，说明上一时期收入越高的居民，当期收入增量就越低，表明收入增长是益贫的，称为流动性下一阶益贫式增长。然而，流动发生曲线有可能并未表现出单调递减或单调递增的趋势，即流动发生曲线表现为波浪形式，则累计流动发生曲线能判断这种情况是否存在益贫式增长。累计流动发生曲线表达式如式（11.2）所示，该曲线上的期望收入变化量是该收入及其以下收入居民的期望收入变化量的平均值。如果累计流动发生曲线单调递减，说明收入越低的居民群体，期望收入增量的均值就越高，表明收入增长也算是益贫的，这种益贫式增长称为流动性下二阶益贫式增长。

三　流动发生曲线的估计方法

流动发生曲线描绘了各个收入分位数下居民的期望收入变化量，该曲线其实就是 Mathalanobis（1960）定义的分位图。分位图估计实际上就是函数估计而不是参数估计，应该使用非参数估计方法。现有多种非参数方法用来估计分位图（Sen，2005），其中之一为克利夫兰（1979）提出的稳健局部权重回归法（Robust Locally Weighted Regression，RLWR），该方法估计分位图函数时既考虑到平滑性又使估计结果具有稳健性，因此，本书采用该方法估计流动发生曲线。

$$M\hat{I}C(p) E\{M[x(p)，y] \mid X = x(p)\} = \hat{\partial}_0 \tag{11.3}$$

$$(\hat{\partial}_0，\hat{\partial}_1) \underset{\partial_0, \partial_1}{\operatorname{argmin}} \sum_i K\left(\frac{P_i - P}{h}\right)\{M_i[x(p)，y] - \partial_0 - \partial_1(p - p_i)\}^2$$

$$\tag{11.4}$$

RLWR 为两阶段估计法：第一阶段通过权重最小二乘法估计各个收入分位数 p 下居民的期望收入变化量，其中，当居民收入分位数 p_i 越接近被估计的收入分位数 p 时，赋予样本的权重就越大；反之亦然，该阶段的估计方程如式（11.3）和式（11.4）所示。其中，$p_i = F(x_i)$ 和 $M_i(x(p)，y)$ 分别表示居民 i 在上期所处的收入分位数等级和绝对收入流动性。权重函数 K(z) 赋值如下：当 z 的绝对值小于 1 时为 Tricube 权重函数，否则权重为零。被估计的收入分位数 p 依次取如下向量元素值（0.02，0.06，…，0.98）。第二阶段根据第一阶段的估计结果，对每个样本重新分配权重，目的是减少异常值对估计结果的影响，再把新权重替换式（11.4）中的原有权重，然后估计稳健性的流动发生曲线。在流动发生曲线的基础之上，根据式（11.2）则可估计累计流动发生曲线。

第三节　数据处理与益贫式增长描述

一　数据处理

本书数据来源于"中国健康与营养调查（CHNS）"。调查内容涵盖人口特征、工作状况、个人收入等方面的数据。该调查采用多阶段分层随机抽样方法，对城乡家庭和个人进行追踪调查，1989—2011 年采集了 9 次数据。调查范围涵盖我国 9 个省份和 3 个直辖市（辽宁、黑龙江、江苏、山东、河南、湖北、湖南、广西、贵州、北京、上海和重庆）。由于对同一样本进行多次调查，能够观测到不同时期的个人收入，可使用该数据研究绝对收入流动性下益贫式增长情况。

值得一提的是，其一，确定满足研究要求的样本。本书研究的是中国从 1989—2011 年的 20 多年时间，因此，要求样本在每轮调查中都被采访。而辽宁省在 1997 年没有被调查，黑龙江省从 1997 年才成为被调查省份，而北京、上海和重庆在 2011 年才被纳入调查范围，因此，这些省份的样本数据不满足研究要求。其二，为了排除通货膨胀对益贫式增长的影响，根据 CHNS 调查数据提供的物价指数，把不同时期居民收入转换成 2011 年的收入水平。其三，研究长期益贫式增长能更好地反映居民收入增长的长期趋势，因此，本书研究了 1989—2000 年和 2000—2011 年两个时期。最后，对居民收入进行平滑处理能有效地规避暂时性收入对益贫式增长的影响，因此，把相应年份的居民收入进行平均，依次分别表示 1989 年、2000 年和 2011 年的居民平滑收入。

二 居民收入益贫式增长描述

根据 CHNS 数据，本书绘制出的增长发生曲线和累计增长发生曲线如图 11−1 和图 11−2 所示，其中，横轴和纵轴分别表示居民收入分位数和增长率。由图 11−1 和图 11−2 可知：首先，居民收入增长不是一阶益贫式增长。无论是第 1 时期（1989—2000 年）还是第 2 时期（2000—2011 年），增长发生曲线都为波浪形式，说明不同收入分位数之间存在异质性，使增长发生曲线并未表现为单调递增或者单调递减的趋势。值得一提的是，文本绘制的增长发生曲线与张克中（2010）绘制出单调递增的增长发生曲线并不矛盾，原因在于居民收入的宏观数据会排除居民收入分位之间的异质性，使增长发生曲线呈现出单调趋势，张克中则采用居民收入的宏观数据估计出的增长发生曲线就会表现为单调趋势，而本书直接使用微观个体数据则不存在这一问题。

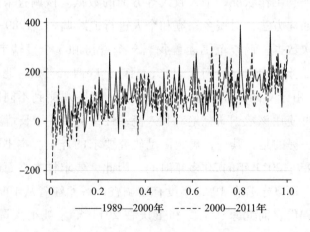

图 11−1　增长发生曲线

其次，居民收入增长也不是二阶益贫的。如图 11-2 所示，无论是第一时期（1989—2000 年）还是第 2 时期（2000—2011 年），累计收入增长曲线都表现为单调递增的趋势，说明收入分位数越低的居民群体，平均收入增长率越低，经济增长不是二阶益贫的。而且，第 1 时期的累计增长发生曲线高于第 2 时期，说明在各个收入分位数下，第一时期的居民群体平均收入增长率都高于第 2 时期，也就是说，居民群体平均收入增长速度随时间递减。

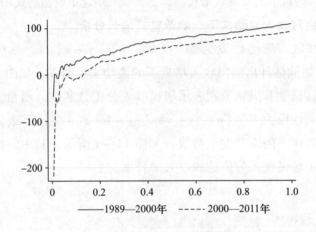

图 11-2　累计增长发生曲线

最后，弱绝对益贫式增长处于递减趋势，表明滴漏经济学并不适用。滴漏经济学表明，经济增长会使社会各收入阶层获得益处，贫困会因经济增长而自动消除。如图 11-2 所示，在第 1 时期，居民收入处于负增长的人口占 2.7%，而这一人口比例在第 2 时期扩大为 12.6%，说明收入增长并不能自动使所有居民获益。

第四节　绝对收入流动性下益贫式 增长实证结果及分析

利用增长发生曲线和累计增长发生曲线研究益贫式增长，表明我国只存在弱绝对益贫式增长，不存在一阶和二阶益贫式增长，该结论与张克中（2010）的研究结论一致。然而，这两种曲线关于益贫式增长的研究并未考虑到居民收入流动性问题，本书利用流动发生曲线和累计流动发生曲线研究绝对收入流动性下的益贫式增长。首先利用RLWR方法估计出式（11.3）的流动发生曲线，然后再根据式（11.2）推导出累计流动发生曲线。因为绝对收入流动性有居民收入增量和居民收入增长率两种表示方法，所以，绝对收入流动性下的益贫式增长就有相应两种情况：其一，收入增量下的益贫式增长；其二，收入增速下的益贫式增长。

一　绝对收入流动性下一阶益贫式增长分析

把居民收入流动性设为 $M[x(p), y] = y - x(p)$，然后代入式（11.4），则能估计出居民收入增量下的流动发生曲线，如图 11 – 3 所示，其中，横轴和纵轴分别表示居民收入分位数和收入增量。如果居民收入流动性设为 $M[x(p), y] = \ln(y) - \ln[x(p)]$，那么就估计出居民收入增速下的流动发生曲线，如图 11 – 4 所示，其中，横轴和纵轴分别表示居民收入分位数和收入增长率。

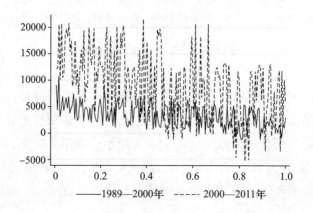

图 11 – 3　收入增量下的流动发生曲线

首先，从居民收入增量角度看，不存在一阶益贫式增长，但弱绝对益贫式增长程度处于上升趋势。图 11 – 3 显示，无论是第 1 时期（1989—2000 年）还是第 2 时期（2000—2011 年），居民收入增量下的流动发生曲线都表现为波浪形式,并未表现出单调递减趋势,说明不存在一阶益贫式增长。虽然两个时期的流动发生曲线都表现为波浪形式,但是,收入分位在 0.44 以下的居民收入都增加了,说明低收入居民在经济增长中获益了,存在弱绝对益贫式增长。而且,低收入居民在第 2 时期的流动发生曲线高于第 1 时期,说明低收入居民在第2 时期的收入增量更高,也就是说,弱绝对益贫式增长程度在提高。

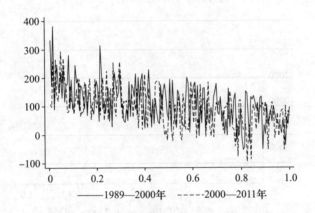

图 11 - 4 收入增速下的流动发生曲线

其次,从居民收入增速角度看,也不存在一阶益贫式增长,但弱绝对益贫式增长程度比以往研究更高,该结论与亚当(2009)关于相对收入流动性下益贫式增长的研究结果一致。图 11 - 4 显示,无论是第 1 时期(1989—2000 年)还是第 2 时期(2000—2011 年),收入增速下的流动发生曲线都表现为波浪形式,并未表现出单调递减趋势,说明不存在一阶益贫式增长。通过图 11 - 1 与图 11 - 4 对比可知,不考虑收入流动性的增长发生曲线左端部分在 0—1 之间波动,表明部分低收入分位居民在这两个时期的收入为负增长。而流动发生曲线的左端部分都大于 0,说明低收入居民收入都增加了,因此,在绝对收入流动性下,弱绝对益贫式增长的程度更高。

最后,绝对收入流动性变化较大,研究益贫式增长不应该忽略绝对收入流动性问题。图 11 - 3 显示,流动发生曲线在第 2 时期

（2000—2011 年）的波动程度明显大于第 1 时期（1989—2000 年），表明居民收入流动性变化较大。国外研究益贫式增长忽略收入流动性问题，是因为收入流动性相对平稳，而我国并不满足这一条件，因此，研究益贫式增长不应该忽略这一问题。

二　绝对收入流动性下二阶益贫式增长分析

估计出的流动发生曲线结合式（11.2）则能推导出相应的累计流动发生曲线，如图 11 - 5 和图 11 - 6 所示。

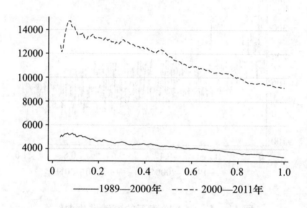

——1989—2000年　- - - - -2000—2011年

图 11 - 5　收入增量下的累计流动发生曲线

其一，从居民收入增量的角度，不但存在二阶益贫式增长，而且益贫式增长程度提高了。图 11 - 5 显示，一方面，无论是第 1 时期（1989—2000 年）还是第 2 时期（2000—2011 年），居民收入增量下的累计流动发生曲线总体表现为单调递减的趋势，说明居民收入存在二阶益贫式增长。也就是说，收入越低的群体，平均收入增加量越高。另一方面，第 2 时期居民收入增量下的累计流动发生曲线比第 1 时期更加陡峭，也就是说，低收入群体平均收入增加量相对于高收入群体而言，第 2 时期比第 1 时期更高，表明第 2 时期二阶益贫式增长程度更高。

其二，从居民收入增速的角度，不但存在二阶益贫式增长，而且益贫式增长程度相对稳定。图 11 - 6 显示，一方面，无论是第 1 时期

（1989—2000）还是第 2 时期（2000—2011），居民收入增速下的累计流动发生曲线总体表现为单调递减的趋势，说明居民收入存在二阶益贫式增长。也就是说，收入越低的群体，收入的平均增长率越高。另一方面，两个时期的累计流动发生曲线的倾斜程度比较相似，表明二阶益贫式增长程度相对稳定。

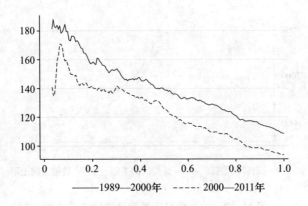

图 11 - 6　收入增速下的累计流动发生曲线

三　二阶益贫式增长下社会福利水平分析

由上文分析可知，无论是用收入增量还是用收入增速衡量绝对收入流动性，都表明绝对收入流动性下存在二阶益贫式增长。现在分析在二阶益贫式增长下社会福利水平的变化情况，由上文推导出的两个时期累计流动发生曲线根据收入分位数依次相减，可得累计流动变化曲线，如图 11 - 7 和图 11 - 8 所示，其中，横轴表示收入分位数，纵轴分别表示收入的增量和增长率，并且显著性水平为 95% 的置信区间上下限是用 Bootstrap 方法重复 300 次而估计出来的。该曲线反映了前后两个时期累计流动发生曲线的变化情况。由图可知：

其一，从收入增量角度看，社会福利水平不断上升，尤其是低收入群体福利水平上升更快。图 11 - 7 显示，在各个收入分位数下，累计流动变化曲线及其显著性水平为 95% 的置信区间上下限都大于 0，也就是说，在第 2 时期（2000—2011 年），各个收入分位数下的居民群体平均收入增加量都显著大于第 1 时期（1989—2000），居民收入增量随时间递增，社会福利水平在提高。并且累计流动变化曲线表现为递减的趋势，表明相对于第 1 时期而言，第 2 时期低收入的居民群体平均收入增量更高，低收入居民的社会福利水平提高更快。

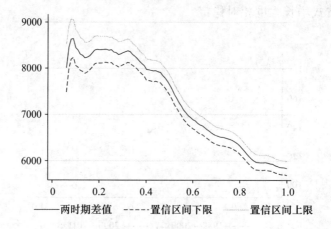

图 11 - 7　收入增量下的累计流动变化曲线

其二，从收入增速角度看，社会福利水平增速是递减的。虽然图 11 - 6 说明各个收入分位数下居民群体的平均收入增长率都大于 0，但是，图 11 - 8 表明，在各个收入分位数下，累计流动变化曲线及其

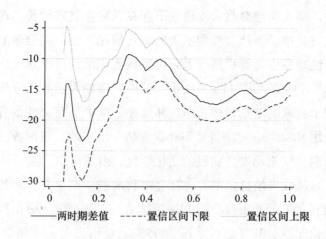

图 11 - 8　收入增速下的累计流动变化曲线

显著性水平为95%的置信区间上下限都小于0。也就是说，相对于第1时期而言，第2时期居民群体平均收入增长率更低，居民收入增长率递减表明社会福利水平上升速度是递减的。

第十二章 农业政策、收入流动性对
农村经济发展的影响

第一节 引言

第九章至第十一章节分别研究了新农合门诊补偿政策如何影响农户健康需求行为、退耕还林政策如何影响农户生产决策行为以及农户配置家庭劳动力和物质资本机制。当然,农户耕地和家庭劳动力的优化配置以及健康状况的改善,不仅影响农户家庭,而且对于农村区域经济也会产生深远影响。在上述三章研究的基础之上,本章研究了农户健康状况的改善如何影响农村区域经济、农户退荒还林套取退耕补偿费行为对农村区域经济的影响、农户根据农业补贴优化配置家庭劳动力和物质资本如何影响农村区域经济。

第二节 农户健康需求行为的改变对
农村区域经济的影响

一 格罗斯曼健康资本需求模型和新古典经济增长理论介绍

本书运用格罗斯曼健康资本需求模型和新古典经济增长理论来分析新农合门诊补偿政策如何对农村区域经济产生影响。为便于读者理解本书分析过程,以下简要地介绍健康资本需求模型和新古典经济增长理论。

　　如果说阿曼的论文《不确定性与卫生保健的福利经济学》的发表标志着健康经济学的正式诞生，那么格罗斯曼的论文《一个关于健康资本和健康需求的概念》的发表就标志着健康经济学分析框架的确立。格罗斯曼将贝克尔（Becker）提出的家庭生产函数引入了健康的效用函数分析之中，提出医疗保健需求是一种派生需求，进而确立了消费者行为的人力资本模型。格罗斯曼假定消费者为了决定他们最理想的健康状况，对能改善他们健康状况的开支进行估价，并与花费在其他商品上的开支做比较。他假定消费者在健康生产函数上有完全信息，从而可以求出带有时间效用函数的极大值，建立了健康需求的均衡模型。成功地运用格罗斯曼健康需求的人力资本模型分析我国居民的健康需求问题的代表人物有赵忠、侯振刚、封进、秦蓓、苗艳青、王弟海等。

　　基于格罗斯曼人力资本健康需求模型的研究是从微观角度进行的，而王弟海等（2008）运用阿曼—罗默生产函数和格罗斯曼人力资本健康需求模型，从宏观视角分析了健康投资和健康人力资本积累对物质资本积累与经济增长的影响。该研究表明：首先，在短期内，经济增长率同健康投资增长率存在正相关关系，健康投资增长率的提高能够促进经济增长。但是，健康人力资本存量的提高是否能够提高经济增长则取决于健康人力资本对劳动生产力的贡献是否超过对物质资本积累的基础效应。如果健康人力资本提高劳动生产力的效应超过对物质资本的挤出效应，那么健康人力资本的提高就有利于促进经济增长；反之则会抑制经济增长。从长期来看，由于健康投资在经济增长过程中具有不断增长的趋势，因此，健康投资在长期内肯定会对经济增长具有抑制作用。其次，该研究表明，在格罗斯曼—阿曼—罗默模型中，健康人力资本肯定会使经济出现贫困性陷阱，在这种情况下，初始状态高于均衡点的经济会存在持续的经济增长，而初始状态低于均衡点的经济将会陷入低收入、低健康水平、低物质资本积累的恶性循环。

　　本章借助于消费者最优条件下的经济增长模型即拉姆齐模型，来分析农户健康状况的改善如何对农村区域经济产生影响。拉姆齐模型描述经济增长的过程如下：每个家庭提供劳动服务和贷出资本，从而获得工资收入和资本租金收入；家庭根据效用最大化原则，确定每期的最优商品消费量和资本积累量；企业则根据利润最大化原则，借入资本和雇用劳动力进行生产；家庭和企业相互作用的结果，实现了经济的增长。

二 新农合门诊补偿政策对农户健康资本需求的影响

由第三章分析可知，新农合门诊补偿政策的效果表现为一方面提高了农户健康状况，另一方面医疗支出没有大幅上涨。如果把新农合门诊补偿政策对农户健康状况的影响引入格罗斯曼的健康资本需求模型中，那么门诊补偿政策相当于提高了农户对健康的总投资，同时减少了农户患病的时间。

格罗斯曼在其经典论文《一个关于健康资本和健康需求的概念》中把对健康的总投资表示为 $I_i = I_i(M_i, TH_i; E_i)$，即第 i 年的健康总投资 I_i 是当年医疗花费 M_i、健康投入时间 TH_i 和人力资本 E_i 边际产量递减的增函数，并且格罗斯曼假定健康总投资 $I_i = I_i(M_i, TH_i; E_i)$ 是医疗花费和健康投入时间的一次齐次函数。令 $t_i = M_i/TH_i$，则健康总投资函数可表示为式（12.1）：

$$I_i = TH_i \times I_i(M_i/TH_i, 1; E_i) = TH_i \times g(t_i; E_i) \tag{12.1}$$

健康总投资函数对医疗花费和健康投入时间分别求导，可得到式（12.2）和式（12.3）：

$$\frac{\partial I_i}{\partial M_i} = \frac{\partial g}{\partial t_i} = g'(t_i; E_i) \tag{12.2}$$

$$\frac{\partial I_i}{\partial TH_i} = g(t_i; E_i) - t_i \times g'(t_i; E_i) \tag{12.3}$$

$$H_{i+1} - H_i = I_i - \delta_i \times H_i \tag{12.4}$$

健康状况不仅取决于对健康的总投资，而且健康作为一种资本也存在相应的折旧，则农户健康存量的变化如表达式（12.4）所示，该表达式说明第 i 年到第 i+1 年健康存量（健康状况）的变化量等于当年健康总投资减去健康资本的折旧。因此，折旧率的高低也对健康状况产生影响，人们达到一定的年龄之后，则折旧率与年龄呈正相关关系。格罗斯曼模型指出，折旧率随着年龄的增加而增加，当健康资本折旧小于健康总投资时，就会导致健康存量上升即健康状况变好；反之，当健康资本折旧大于健康总投资时，就会导致健康存量下降即健康状况变差。

从格罗斯曼的健康资本需求模型视角来看，新农合门诊补偿政策提高了农户的健康状况，就说明农户的健康存量增加。因为新农合门诊补偿政策不会对农户的年龄产生影响，所以，新农合门诊补偿政策不会影响农户健康资本的折旧率。那么，农户增加的健康存量就归因于增加的总投资。由健康总投资函数 $I_i(M_i, TH_i; E_i)$ 可知，农户健康存量的增加有两种形式：一种是农户在未患病的情况下增加健康投入时间，例如加强体育锻炼等，从而提高其健康存量；另一种是农户在患病的情况下增加医疗费用的支出，从而提高其健康存量。因为新农合门诊补偿政策对于农户未患病情况下健康投入时间没有影响，所以，新农合门诊补偿政策只对农户患病情况下的健康投资产生影响。与此同时，新农合门诊补偿政策没有导致农户医疗费用的大幅上涨，却使农户健康状况变好。因此，农户患病后，在相同的医疗费用支出情况下，有新农合门诊补偿农户的健康恢复状况优于没有新农合门诊补偿农户的健康恢复状况，新农合门诊补偿政策相当于增加医疗费用的效果。故本书把新农合门诊补偿政策对农户患病后健康投资的作用定义为有效医疗费用系数 A 且 A > 1，则新农合门诊补偿政策条件下农户健康总投资函数变为：$I_i = I_i(A \times M_i, TH_i; E_i)$，则其对医疗花费和健康投入时间分别求导，可得式（12.5）和式（12.6）：

$$\frac{\partial I_i}{\partial M_i} = A \times g'(A \times t; E_i) \tag{12.5}$$

$$\frac{\partial I_i}{\partial TH_i} = g(A \times t; E_i) - A \times t \times g'(A \times t, E_i) \tag{12.6}$$

首先，分析有新农合门诊补偿政策的农户与没有新农合门诊补偿政策的农户在健康总投资函数上是否具有显著的差异。式（12.2）和式（12.3）分别表示没有新农合门诊补偿政策条件下农户总投资函数中医疗费用和健康投入时间的边际产量；式（12.5）和式（12.6）

分别表示新农合门诊补偿政策条件下农户总投资函数中医疗费用和健康投入时间的边际产量。健康总投资函数边际产量递减且 A > 1 可知 $g'(t_i; E_i) > g'(A \times t_i; E_i)$，故不通过以上分析而事先确定式（12.2）与式（12.5）的相对大小，这表明新农合门诊补偿政策农户总投资函数中医疗费用的边际产量并不一定大于无门诊补偿政策农户总投资函数中医疗费用的边际产量。该经济含义为：新农合门诊补偿政策并不必然导致医疗费用支出的增加，该分析结论与第三章实证结果新农合门诊补偿政策仅仅导致农户医疗费用支出增加 0.5 个百分点相一致。同理，式（12.3）和式（12.6）的相对大小也不能事先确定，这表明新农合门诊补偿政策农户总投资函数中健康投入时间的边际产量并不一定大于无新农合门诊补偿政策农户总投资函数中健康投入时间的边际产量，新农合门诊补偿政策对农户健康投入时间的影响具有不确定性。

其次，分析健康人力资本的均衡情况。先分析没有新农合门诊补偿政策条件下农户健康人力资本的均衡状态。由格罗斯曼的健康资本需求模型可得农户跨期效用函数如式（12.7）所示。其中，H_0 和 H_i 分别表示初始的健康存量和第 i 年的健康存量，Φ_i 和 $h_i = \Phi_i H_i$ 分别表示每单位健康存量所能供给农户消费的健康天数和第 i 年所能供给农户消费的健康总天数，第 i 年其他商品的总消费量 $Z_i = Z_i(X_i, T_i; Ei)$，X_i 和 T_i 分别表示为获得 Z_i 商品，农户的要素投入和时间投入。农户最大化其跨期效用函数受到预算约束和时间约束两个前提条件的限制，这两个约束条件如式（12.8）和式（12.9）所示。其中，预算约束式（12.8）表示农户医疗费用 $P_i M_i$ 和农户要素投入 $V_i X_i$ 的现值之和等于农户劳动收入 $W_i TW_i$（劳动报酬率 W_i 和劳动时间 TW_i 的乘积）与初始禀赋 A_0 之和。时间约束式（12.9）表示农户劳动时间 TW_i、患病休息时间 TL_i、健康投入时间 TH_i 和生产 Z 商品的投入时间 T_i 之和等于第 i 年农户总的时间禀赋。把式（12.9）代入式（12.8），则得到表达式（12.10）。

$$U = U(\Phi_0 H_0, \cdots, \Phi_n H_n, Z_0, \cdots, Z_n) \tag{12.7}$$

$$\sum \frac{P_i M_i + V_i X_i}{(1+r)} = \sum \frac{W_i TW_i}{(1+r)} + A_0 \tag{12.8}$$

$$TW_i + TL_i + TH_i + T_i = \Omega \tag{12.9}$$

$$\sum \frac{P_i M_i + V_i X_i + W_i(TL_i + TH_i + T_i)}{(1+r)^i} = \sum \frac{W_i \Omega_i}{(1+r)^i} + A_0 = R \tag{12.10}$$

农户在约束条件式（12.10）前提下最大化其效用函数式（12.7），即建立拉格朗日函数求解，可得式（12.11）和式（12.12）。其中，Uh_i 表示农户效用函数对第 i 年农户健康天数求偏导，即健康天数的边际效用；λ 表示财富的边际效用；G_i 表示健康时间对健康存量求偏导，即健康天数函数中健康存量的边际产量；Π_i 表示健康总投资的边际成本。式（12.11）含义为：如果农户要想最大化其效用函数，那么第 $i-1$ 年健康总投资的边际收益必须等于边际成本。式（12.12）表示健康投资成本最小化的条件。

$$\frac{\Pi_{i-1}}{(1+r)^i} = \frac{W_i G_i}{(1+r)^i} + \frac{(1-\sigma_i) W_{i+1} G_{i+1}}{(1+r)^{i+1}} + \cdots +$$

$$\frac{(1-\sigma_i)\cdots(1-\sigma_{n-1}) W_n G_n}{(1+r)^n} + \frac{Uh_i}{\lambda} G_i + (1-\sigma_i)$$

$$\frac{Uh_{i+1}}{\lambda} G_{i+1} + \cdots (1-\sigma_i)\cdots(1-\sigma_{n-1}) \frac{Uh_{i+1}}{\lambda} G \tag{12.11}$$

$$\Pi_{i-1} = \frac{P_{i-1}}{g'(t_i; E_i)} = \frac{W_{i-1}}{g(t_i; E_i) - t_{i-1} g'(t_i; E_i)} \tag{12.12}$$

同理，可以求出第 i 年最优健康总投资的表达式，利用第 $i-1$ 年和第 i 年最优健康表达式之间的关系，可以得到式（12.13）。式（12.13）可以推导出等价的式（12.14），该表达式的经济含义为：最优健康资本存量的边际产量必然等于健康资本的供给价格 Π_i（$r - \Pi_i^{\sim} + \delta_i$）。其中，$G_i W_i/\Pi_{i-1}$ 表示投资于健康的边际货币回报率，即农户因健康投资的增加而提高了健康存量，提高的健康存量所获得的劳动收入与健康投资成本的比例。$G_i(Uh_i/\lambda)(1+r)^i/\Pi_{i-1}$ 投资于健康的边际非货币回报率。如果农户拥有健康存量不从事劳动，那么农户健康存量的边际效应等于零即 $Uh_i = 0$，则表达式（12.14）可以简化为式（12.15）。

$$\frac{\Pi_{i-1}}{(1+r)^{i-1}} = \frac{W_i G_i}{(1+r)^i} + \frac{U h_i G_i}{\lambda} + \frac{(1-\delta_i)\Pi_i}{(1+r)^i} \qquad (12.13)$$

$$G_i \left[W_i + \left(\frac{U d_i}{\lambda}\right)(1+r)^i \right] = \Pi_{i-1}(r - \tilde{\Pi}_{i-1} + \delta_i) \qquad (12.14)$$

$$\frac{W_i G_i}{\Pi_{i-1}} = r - \tilde{\Pi}_{i-1} + \delta_i \qquad (12.15)$$

式（12.15）表示农户效用函数最大化时，农户的最优健康存量为健康需求（$G_i W_i / \Pi_{i-1}$）等于健康供给（$r - \tilde{\Pi}_i + \delta_i$）时所确定的健康存量。就健康需求函数（$G_i W_i / \Pi_{i-1}$）与健康存量之间的关系而言，随着健康存量的增加，健康存量对健康天数的边际产量 G_i 是递减的。农户的劳动报酬率由市场决定与农户健康存量没有关系，健康投资的边际成本由医疗费用价格和农户劳动报酬率决定，因此不受健康存量的影响。由此可知，随着健康存量的增加，G_i 随之下降，W_i 和 Π_{i-1} 都不变，所以，健康需求是健康存量的减函数。同理可得，健康供给（$r - \tilde{\Pi}_i + \delta_i$）不受健康存量的影响。健康需求曲线 D 与健康供给曲线 S 如图 12-1 所示。

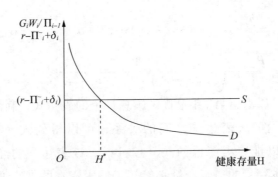

图 12-1 健康需求与供给结构

最后，分析新农合门诊补偿政策条件下，农户健康人力资本均衡状态的变化。在相同医疗费用支出情况下，有新农合门诊补偿政策的患病农户健康恢复状况优于没有新农合门诊补偿政策的农户，这表明有新农合门诊补偿农户的健康需求高于没有新农合门诊补偿农户的健康需求。因此，有新农合门诊补偿政策农户的健康需求曲线 D_1 高于没有新农合门诊补偿政策农户的健康需求曲线 D_0，与此同时，健康需求的供给曲线不受新农合门诊补偿政策的影响，其新的均衡如图 12 - 2 所示。在没有新农合门诊补偿政策条件下，新农合农户的健康需求曲线 D_0 与健康供给曲线 S 相交于 A 点，此时，农户的最优健康存量为 H_0^*，新农合门诊补偿政策提高了农户的健康需求，从而使农户的健康需求曲线向上移动到 D_1，新的健康需求曲线与健康供给曲线相交于 B 点，此时，农户的最优健康存量为 H_1^*，这表明有新农合门诊补偿政策农户健康状况高于没有新农合门诊补偿政策农户健康状况。该结论与第三章结论的区别在于：第三章只是实证证明了农户会因为新农合门诊补偿政策而及时就诊，防止了小病拖成大病的可能性，并不能证实有新农合门诊补偿政策农户的健康存量优于没有新农合门诊补偿政策的健康存量。本结论却证实了有新农合门诊补偿政策农户健康状况优于没有新农合门诊补偿政策的农户。一方面，农户因新农合门诊补偿政策及时就诊防止小病拖成大病；另一方面，新农合门诊补偿政策提高了农户的健康存量。接下来，分析农户健康状况的提高如何影响农村区域经济。

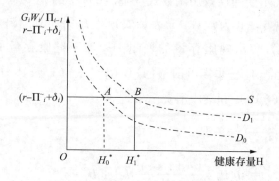

图 12 - 2　新农合门诊补偿政策的效应

三 农户健康状况的改善对农村区域经济的影响

本章在运用拉姆齐模型来分析农户健康状况的改善对农村区域经济的影响之前做以下三点说明：第一，拉姆齐模型分析最优消费指的是商品消费，而本书分析的最优消费决策是指劳动者对其健康存量的消费。第二，拉姆齐模型分析的消费者是以家庭为单位，从而在分析家庭动态决策时引入了人口增长率的因素。而本书分析的对象是以劳动者为单位，模型中未考虑人口增长率的因素，其原因在于拉姆齐模型中的商品消费可以在家庭成员之间进行分配，而消费者健康存量却不能在人与人之间进行转移。第三，本书假定在生产技术不变的条件下，分析农户健康状况改善对农村区域经济的影响，这个假设有利于简化分析过程，当然，去掉该假设并不会对本书分析结论产生影响。

首先，分析农户作为健康消费者的情况。本书同样遵循拉姆齐模型的假设：（1）假定所有农户都是同质的；（2）假定投资于健康的平均货币回报率和平均非货币回报率分别等于投资健康的边际货币回报率（$G_i W_i / \Pi_{i-1}$）和投资健康的边际非货币回报率$[G_i(Uh_i/\lambda)(1+r)^i/\Pi_{i-1}]$；（3）健康消费为跨期替代不变弹性（CIES）的效用函数。为获得最大化效用，农户作为消费者决定各期健康存量的最优消费量（c_i^*），则农户最优决策模型如式（12.16）和式（12.17）所示。其中，跨期替代不变弹性效用函数式（12.16）中的p（p>0）为健康消费的主观贴现率，θ为常数，n表示农户生命周期时间跨度；约束条件式（12.17）表示健康存量的增量H_i'等于健康存量的货币回报（$\Phi_i H_i G_i W_i / \Pi_{i-1}$）与非货币回报$[H_i G_i(Uh_i/\lambda)(1+r)^i/\Pi_{i-1}]$扣除健康存量折旧（$\delta_i H_i$）和健康消费量（$c_i$）。

$$\text{Max}: \int_0^n \frac{c_i^{1-\theta}-1}{1-\theta} e^{-p_i} \mathrm{d}i \tag{12.16}$$

$$\text{S. T. } H_i = \frac{G_i W_i}{\Pi_{i-1}} \Phi_i H_i + \frac{Uh_i(1+r)^i}{\lambda} \frac{H_i}{\Pi_{i-1}} - \delta_i H_i - c_i$$

$$H(0) = H_0 \qquad H(n) = 0 \qquad c(i) \geqslant 0 \tag{12.17}$$

为求解农户最优健康消费，构造现值汉密尔顿函数如式（12.18）所示。由控制变量健康消费量和状态变量健康存量的一阶最优条件可

得式（12.19）和式（12.20）。对式（12.19）时间 i 求导并代入式
（12.20）可得式（12.21），该表达式的经济学含义为：农户效用函
数的替代弹性（$1/\theta$）和主观贴现率（p）、每单位健康存量所能供给
消费的健康天数（Φ_i）、健康资本折旧率（δ_i）、健康资本货币回报率
（G_iW_i/Π_{i-1}）和非货币回报率[$G_i(Uh_i/\lambda)(1+r)^i/\Pi_{i-1}$]共同决定最
优健康消费随时间变化的趋势。由式（12.21）可知，当健康资本的
货币回报率和非货币回报率大于健康资本折旧率和主观贴现率时，农
户消费健康存量随时间的流逝而增加；反之，当健康资本的货币回报
率和非货币回报率小于健康资本折旧率和主观贴现率时，农户健康存
量的消费随时间流逝而减少。因此，最优健康消费路径为健康资本的
货币回报率和非货币回报率等于健康资本折旧率和主观贴现率。然
而，与拉姆齐模型中资本折旧率为常数的区别在于，健康资本折旧率
（δ_i）在生命周期某一阶段之后随时间增加而增加，因此，农户最优
健康消费路径为两个阶段：第一阶段，当健康资本折旧率（δ_i）较小
即农户处于生命周期早期时，农户最优健康消费路径为健康资本的货
币回报率和非货币回报率等于健康资本折旧率和主观贴现率，此时各
阶段农户健康消费量最优；第二阶段，当健康资本折旧率较大即农户
处于生命周期后期时，农户最优健康消费路径为健康资本的货币回报
率和非货币回报率小于健康资本折旧率和主观贴现率，此时，随着时
间的流逝农户对健康存量的消费逐渐减少，直至对健康存量的消费为
零，即农户生命周期的终点。

$$Ham = \frac{c_i^{1-\theta}-1}{1-\theta}e^{-p_i} + m\left(\frac{G_iW_i}{\Pi_{i-1}}\Phi_iH_i + \frac{Uh_i(1+r)^i}{\lambda\Pi_{i-1}}H_i - \delta_iH_i - c_i\right)$$

$$\tag{12.18}$$

$$\frac{\partial Ham}{\partial c} = \frac{1}{c^\theta}e^{-p_i} - m = 0 \tag{12.19}$$

$$\frac{\partial Ham}{\partial H} = -m\left[\frac{G_iW_i}{\Pi_{i-1}}\Phi_i + \frac{Uh_i(1+r)^i}{\lambda\Pi_{i-1}} - \delta_i\right] = m \tag{12.20}$$

$$\frac{c'}{c} = \frac{1}{\theta}\left[\frac{G_iW_i}{\Pi_{i-1}}\Phi_i + \frac{Uh_i(1+r)^i}{\lambda\Pi_{i-1}} - \delta_i - p\right] \tag{12.21}$$

其次，分析农户作为生产者的情况。先分析在没有新农合门诊补偿政策情况下农户的生产决策行为。为简化分析过程，假设农户生产过程服从规模报酬不变的柯布—道格拉斯函数（C—D）即 $Y = K^a L^b$，其中，$a + b = 1$，K 和 L 分别表示物质资本和农户提供的劳动量，则农户利润最大化生产决策行为如式（12.22）所示，其中，δ 是指不随时间变化的物质资本折旧率。由式（12.22）函数的一阶条件可以得出最优单位劳动资本存量 k^*（k = K/L）= $(b/W)^a$。农户物质资本 K 随时间的增量 K′ = Y − C − δK 或 K′ = k′L + L′k，因为健康消费不能在人与人之间进行转移，所以，本书分析对象是以劳动者而不是家庭为单位，上文中已假设不存在人口增长，故人口不随时间而变化即 L′ = 0，由此可得：k′ = Y/L − C/L − δK/L = k^a − c − δk。由此可知，当单位劳动物质资本生产收入 k^a 大于单位劳动健康消费量 c 和物质资本折旧 δk 之和时，单位劳动资本随时间增长而增加；反之，当单位劳动物质资本生产收入 k^a 小于单位劳动健康消费量 c 和物质资本折旧 δk 之和时，单位劳动资本随时间增长而减少。因此，当单位劳动物质资本生产收入 k^a 等于单位劳动健康消费量 c 和单位劳动物质资本折旧 δk 之和时，单位劳动物质资本存量最大。

$$\text{Max}: \varGamma = K^a L^b - (r + \delta)K - WL \tag{12.22}$$

借助相位图分析农户作为消费者和生产者时的均衡情况，如图 12 − 3 所示，垂直直线 c′ = 0 表示农户的最优健康消费量，即式（12.21）等于零的情况。当农户初始健康消费量处于垂直直线 c′ = 0 左边时，即式（12.21）大于零，农户对健康的消费随着时间流逝而增加，垂直向上的箭头表示农户健康消费随时间的变化趋势；反之，当农户初始健康消费量处于垂直直线 c′ = 0 右边时，即式（12.21）小于零，农户对健康的消费随着时间流逝而减少，垂直向下的箭头表示农户健康消费随时间变化的趋势。同理，抛物线 k′ = 0 表示 k′ = Y/L − C/L − δK/L = k^a − c − δk = 0 的情况，即单位劳动物质资本存量不随时间而变化。当农户初始单位劳动物质资本存量处于抛物线 k′ = 0 下方时，农户的健康消费 c 太低，从而使 k′ = ka − c − δk > 0，即单位物质资本随时间流逝而增加，水平向右的箭头表示单位物质资本随时间的变化趋势；反之，当农户初始单位劳动物质资本存量处于抛物线 $k'=0$ 上方时，农户的健康消费太高，从而使 $k'=k^a-c-\delta k<0$，即单位物质资本随时间流逝而减少，水平向左的箭头表示单位物质资本随时间的变化趋势。当农户的初始健康消费和单位劳动物质资本位于鞍线路径之上时，农户随时间流逝会逐步调整健康消费量和单位劳动物质资本存量，从而最终达到最优健康存量消费量（c^*）和最优单位劳动物质资本存量（k^*）。如图 12-3 所示，垂直直线 $c'=0$ 和抛物线 $k'=0$ 相交的点即为农户最优的健康消费量和最优单位劳动物质资本存量。

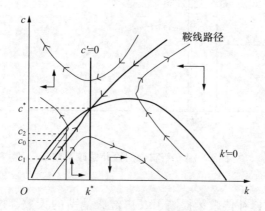

图 12-3　农户消费均衡和相位

最后，分析在新农合门诊补偿政策条件下对于农户最优健康消费和最优单位劳动物质资本的影响，从而对农村区域经济的影响。由上文分析可知，新农合门诊补偿政策在提高农户健康状况的同时，并没有大幅增加农户医疗支出。另一种表述方式为新农合门诊补偿政策虽然没有提高农户健康状况，但是，提高了每单位健康存量所能转化成的健康天数即 Φ_i 值。以上两种表述方式本质上是一样的，其原因在于健康消费所具有的特殊性，即人们对于医疗服务的消费并不是消费医疗服务本身，而是为了获得更好的健康状况，享有更多的健康天数。第一种表述方式说明 Φ_i 不变，健康存量（H_i）增加从而农户获

得的健康天数 h_i ($h_i = \Phi_i H_i$) 增加；第二种表述方式说明健康存量 (H_i) 不变，Φ_i 增加从而农户获得的健康天数 h_i ($h_i = \Phi_i H_i$) 增加。本书应用第二种表述方式来分析农户作为消费者如何因为新农合门诊补偿政策最优化其健康消费量。如图 6 - 4 所示，由式（6.21）可知，新农合提高了 Φ_i 值意味着没有门诊补偿政策农户的垂直直线（$c' = 0$）向右平移 Φ_i 值增加量的距离就是新农合门诊补偿政策农户（$ct' = 0$）健康消费量不随时间变化的曲线。

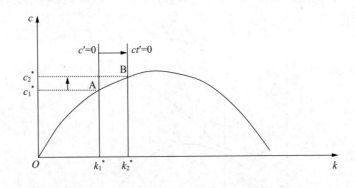

图 12 - 4　新农合门诊补偿政策效应

新农合门诊补偿政策提高了农户健康消费的天数，这意味着农户从事生产的劳动供给增加，本书把因新农合门诊补偿政策导致农户劳动供给增加定义为有效劳动供给系数 T（T > 1），则农户在新农合门诊补偿政策条件下的利润函数如式（12.23）所示。由式（12.23）关于劳动供给 L 和物质资本 K 的一阶条件可以得出，最优单位劳动资本存量 kt^*（$k = K/L$）等于 $T(b/W)^a$，由此可知，新农合门诊补偿政策条件下农户单位劳动最优资本存量 $T(b/W)^a$ 大于没有新农合门诊补偿政策条件下农户单位劳动最优资本存量 $(b/W)^a$。如图 12 - 4 所示，新农合门诊补偿政策使农户健康消费不随时间变化的垂直直线（$c' = 0$）向右位移到新的垂直直线（$ct' = 0$）。这表明新农合门诊补偿政策使农户最优健康消费量由 c_1 增加到 c_2，单位劳动最优资本存量由 k_1 增加到 k_2。从短期来看，农户因新农合门诊补偿政策提高了劳动供给量，从而推动农村产量的增加，这意味着新农合门诊补偿政策推动了农村经济的增长；从长期来看，当农户根据新农合门诊补偿政策不断调整健康消费量和单位劳动物质资本存量，从而实现最优健康消费量和单位劳动最优资本存量，农户消费和生产决策最终处于新的均衡状态，这意味着新农合门诊补偿政策提高了最优健康消费量和最优单位劳动物质资本存量，但新农合门诊补偿政策不会继续推动农村经济的增长，因此，新农合门诊补偿政策不是长期推动农村区域经济增长的因素。

$$Max：\Gamma = K^a (TL)^b - (r + \delta) K - WL \qquad (12.23)$$

第三节　农户退荒还林行为对农村区域经济的影响

一　农户退荒还林行为的介绍

政府推行退耕还林政策目标既是为了实施生态流域保护和生态修复工程，也为了实施反贫困的目标战略。从短期来看，退耕还林使农村地区粮食产量下降，从而不利于农村区域经济的发展；从长期来看，退耕还林使生态流域得以保护和修复，有利于农村地区发展旅游业为主的第三产业，从而推动农村区域经济的发展。退耕还林的长期收益高于短期损失，实施退耕还林政策是一项利国利民的农业政策。

退耕还林政策能否得到贯彻实施取决于农户的生产决策行为。对于交通便利、非农工作机会多的农村地区，退耕还林一方面有利于农户从农业劳动中解放出来从事非农行业，另一方面因退耕还林政策而获得的补助减轻了农户的短期损失。而且，如果农户退耕还林种植的是经果林，农户长期获得的收益不低于农户的耕地收益。即使政府的退耕还林补助费没有及时拨付或者说没有拨付，这些农村地区的农户也能从事非农行业来维持家庭的生计。因此，交通便利、非农工作机会多的农户退耕还林积极性较高，农村区域经济实现可持续发展的可能性更高。

对于贵州省×县 A 村农户而言，直到 2007 年 5 月，村里还没有通公路和自来水，尤其是地势较高的地区，村民生产生活条件极其恶劣。为了彻底解决这些地区农户的生产生活问题，当地政府采取了全面覆盖和重点扶持的政策措施。一方面，实施退耕还林的生态流域保护和修复工程，从而实现反贫困的目标；另一方面，对于生存环境极其艰苦地区的村民，在政府的帮助下迁移到条件较好的地区。2012 年 1 月，笔者再次来到这些地区调查时，当地村民的生产生活条件有所改善，主要表现在以下几个方面：第一，绝大多数村民都获得了低保，根据村民家庭的收入水平来确定最低生活保障的补助金额；第二，实施餐具补助项目，即缴纳 100 元获得一个电磁炉、电饭煲以及其他餐具；第三，发放淹田补助费，当地村民的农田因为修建水库而被淹没了，根据每人每年 1000 元的补助方式发放；第四，实施取暖补助，对每户家庭发放 200 千克优质煤；第五，实施农业生产补贴政策。

农户生产生活得以改善的同时，部分农户与政策措施相违背的生产生活行为应该值得关注。笔者在最近一次调研中发现，一些自然村的生存条件最为艰苦，当地农户在政府的扶持下应该全部迁出。然而，事与愿违，在 2007—2011 年的 4 年时间里，不但存在未迁出本村的农户，而且还有回迁户，回迁户意味着从条件较好的地区回迁到原来条件较差的地区。通过调查发现，回迁户并不是农户家庭所有成员回迁到原居住地，而是部分家庭成员仍然在迁出地居住，部分家庭成员回迁到原居住地。这样配置家庭成员的居住方式，一方面，可以获得农户家庭迁出时的优惠政策；另一方面，回迁的家庭成员仍然可以耕作原有耕地，而且其他家庭全部迁出，回迁的家庭成员可以无偿耕种迁出农户的耕地，从而使耕地面积增加。同理，未迁出农户也是因为能扩大耕地面积的考虑而不愿意迁出。通过此案例发现，农户决策行为并不是依据政策措施的预期目标即农户全部迁出条件艰苦的地区，而是依据其家庭净收益最大化来进行生产生活决策。

因此，政府推行退耕还林的政策时，A 村农户根据家庭净收益最大化来进行生产决策。在短期内，退耕还林会使农户的净收益下降，但政府的退耕补偿费可以减轻这一损失。当农户政府公信度不高且农户因为居住地条件的限制从事非农行业机会较小时，如果退耕补偿费不能拨付，那么农户的生计就会成为很大问题。风险厌恶的农户就不会选择退耕还林的生产决策行为。A 村地区耕地具有细碎化、土质贫瘠的特点，耕地和荒地之间没有明显的界线，这样，为当地村民根据家庭净收益最大化原则使用荒地退荒还林而套取退耕补偿费提供了条件。从短期来看，农户退荒还林获得了一定的收益；但从长期来看，使用荒地退荒还林从而套取退耕补偿费，获得的经济效益仅仅是退耕补偿费；退耕还林种植的是经果林，其长期经济效益优于耕地的经济效益，农户的农业劳动投入小于耕地的劳动投入，这为农户从事非农行业提供了条件。因此，农户退耕还林是有利于其家庭净收益最大化，但是，短期内农业产量的下降会导致一定的损失。

二　农户退荒还林行为对于农村区域经济的影响

政府推行退耕还林政策时，A 村农户采取退荒还林来套取退耕补偿费的生产决策行为，不利于该地区农村区域经济的发展。当地政府推行退耕还林政策，不但为了生态修复和保护，而且也是实现反贫困的重要手段。退耕还林种植的是经果林，农业附加值相对较高。而农户使用荒地退荒还林，因为土质贫瘠，长期来看，农业收益较低。一旦退耕补偿期结束，农户的收益与退耕还林前的收益一样。如图 12 - 5 所示，图中横坐标和纵坐标分别表示时间和农业收益。当没有退耕还林政策时，农业收益如直线 ABEK 所示，各年的农业收益处于一个相对稳定的水平。当政府在时间 t_1 推行退耕还林政策，且农户响应政府号召进行退耕还林时，农户的农业收益有两种可能的情况：情况一：农户没有获得了政府支付的退耕补偿费，则农户的收益曲线为 GHKI。其中，面积 BGHK 为退耕还林短期农业损失，时间 t_2 表示农户退耕还林的经济效益逐步体现，时间 t_4 表示退耕还林的农业经济效益开始高于当初退耕耕地的经济效益。情况二：农户获得了政府支付的退耕补偿费，则农户的农业收益曲线分为有退耕补偿时期的 FE 段和退耕补偿结束后的 HKI 段，则农户退耕还林短期损失为面积 BFE 和面积 EHK。无论是否获得退耕补偿费，从长期来看，农户退耕还林的长期净收益高于退耕还林的短期损失。退耕补偿费具有降低退耕还林短期损失的作用。当政府在时间 t_1 推行退耕还林政策时，农户使用荒地退荒还林来套取退耕补偿费，则农户的农业收益曲线分为退耕前的 AB 段和退耕补偿结束后的 EK 段，以及退耕补偿时期的 CD 段即农户的农业收益加上退耕补偿费（BC 段）。农户退荒还林的短期收益为退耕补偿费，长期收益还是当初的农业收益，也就是说，农户退荒还林不存在长期收益。

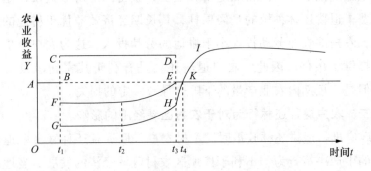

图 12 − 5　农户农业收益随时间变化的趋势

由图 12 − 5 可知，政府在时间 t_1 推行退耕还林政策时，农户要么采取退荒还林来套取退耕补偿费，要么退耕还林来获取长期净收益，因此，农户必然会在退荒还林和退耕还林两者之中做出选择。政府没有支付退耕补偿费的情况下，就短期而言，农户选择退荒还林比选择退耕还林多出的收益为面积 BGHE，即农户退耕还林的短期损失。在此状态下，农户选择退荒还林不会遭受损失，不存在任何风险；在政府支付退耕补偿费的情况下，则农户退荒还林和退耕还林在退耕补偿期 t_1 段至 t_3 段的收益曲线分别由 BE 段和 GH 段向上平移退耕补偿费的距离即向上平移 BC 段的距离。农户选择退荒还林比选择退耕还林多出的收益为面积 CFED，由平移法可知，面积 BGHE 和面积 CFED 相等。因此，无论是否存在退耕补偿费，在短期内，农户退荒还林比退耕还林高出的农业收益是不变的。有没有退耕补偿费的区别在于，农户退荒还林是否获得短期收益，农户退耕还林是否降低了短期损失。

就 A 村农户而言，绝大多数农户处于贫困或半贫困状态，如果政府没有支付退耕补偿费的情况下，农户退耕还林导致的短期损失使农户生计难以维持，农户选择退耕还林存在的风险较大，理性选择就是退荒还林。使用荒地退荒还林难以起到生态修复和保护的作用，同时，在荒地上种植经果林所得到的农业经济效益较低，退荒还林无法获得长期经济效益。也就是说，退荒还林既不能实现生态修复和保护，也不能起到反贫困的作用，农户只获得退耕补偿费。当退耕补偿时期结束时，农户的生产决策行为恢复到政府推行退耕还林政策之前的状态，无法实现农户从事非农行业和获得持续不断农业收益的目标。因此，农户选择退荒还林短期内对于反贫困起到了一定的作用，但是，对农户长期收益没有影响，既不利于改善农户长期生产生活，也不利于农村区域经济长期的发展。

第四节　农户家庭资源配置行为对农村区域经济的影响

上文分析了农户家庭优化配置劳动力资源的原则和依据，研究发现，农户根据家庭净收益最大化来配置家庭劳动力，农户家庭是否存在剩余劳动力取决于劳动力优化配置的结果，同时，简要地提到了农业补贴对劳动力优化配置的影响。本小节将系统地研究农业补贴如何影响兼业家庭劳动力的优化配置，从而对农业净收益产生影响。农户家庭净收益的变化又会对农村区域经济产生什么样的效果。

一　农户如何优化家庭资源配置

由第五章分析可知，就兼业家庭而言，中间要素投入的边际农业净收益为正，表明兼业家庭对于农业生产的投入相对不足。如果政府推行农业生产补贴政策且兼业家庭把农业生产补贴全部投资到农业生产上，那么就能有效地提高兼业家庭农业收益。但是，兼业家庭在非农行业上能获得更高的收益，这会激励部分兼业家庭把农业生产补贴资金投入到非农业，从而使农业要素投入进一步的不足，导致农业净收益的下降。另外，部分兼业家庭因担忧今后不能获得农业生产补贴而不得不把农业生产补贴投入农业，从而增加了农业生产要素投入的配置以实现精耕细作而提高农业收益。

因此，农业补贴对于农业净收益的影响取决于农户配置农业补贴资金和家庭劳动力的综合作用。如果农户配置农业补贴资金和家庭劳动力于非农业，那么农业净收益就会减少；反之，农业净收益就会增加。在数据给定的条件下，可以用双边随机前沿模型（Kumbhakar and Christopher，2009）估计农业净收益因兼业家庭优化配置农业生产补贴和劳动力所发生的变化。估计的模型如式（12.24）所示，其中，I_i 表示农户 i 的农业净收益，β 为系数向量，X_i 为农户家庭特征变量，包括农户家庭的耕地面积、户主教育水平、户主民族等方面的变量；ξ_i 为总干扰项，其由三部分组成，第一部分为农户把农业生产补贴和劳动力配置到农业生产上所得到的农业净收益增加量 θ_i；第二部分为农户把农业生产补贴和劳动力配置到非农业而导致的农业净收益减少量 μ_i；第三部分为一般意义上的随机干扰项 v_i。

$$\ln(I_i) = X_i\beta + \xi_i \tag{12.24}$$

其中，$\xi_i = \theta_i - \mu_i + v_i$。为了同时估计出系数向量 β 和农户配置农业生产补贴及劳动力领域，采用最大似然估计法（MLE）来估计模型（12.24）。由模型（12.24）可知，农业净收益增加量 θ_i 和农业净收益减少量 μ_i 具有单边特性，假设 θ_i 和 μ_i 是独立同分布（i. i. d）且都服从指数分布，θ_i 的均值和方差分别为 δ_θ 和 δ_θ^2，μ_i 的均值和方差分别为 δ_μ 和 δ_μ^2。同时，还假定 θ_i、μ_i 和 v_i 相互独立，一般干扰项 $v_i \sim$ i. i. d. $N(0, \delta_v^2)$。由此假设，根据 Kumbhakar 和 Christopher 可得，总干扰项 ξ_i 的概率密度函数如式（12.25）所示。

$$f(\xi_i) = \frac{\exp(a_i)}{\delta_u + \delta_\theta}\Phi(c_i) + \frac{\mathrm{exkp}(b_i)}{\delta_u + \delta_\theta}\int_{-h_i}^{\infty}\phi(z)$$

$$= \frac{\exp(a_i)}{\delta_u + \delta_\theta}\Phi(c_i) + \frac{\exp(b_i)}{\delta_u + \delta_\theta}\phi(h_i) \tag{12.25}$$

其中，$\Phi(\cdot)$ 和 $\phi(\cdot)$ 分别为标准正态分布概率函数和密度函数。其余参数具体形式如下：

$$a_i = \frac{\delta_v^2}{2\delta_u^2} + \frac{\xi_i}{\delta_u}; \quad b_i = \frac{\delta_v^2}{2\delta_\theta^2} - \frac{\xi_i}{\delta_\theta}; \quad h_i = \frac{\xi_i}{\delta_v} - \frac{\delta_v}{\delta_\theta}; \quad c_i = -\frac{\xi_i}{\delta_v} - \frac{\delta_v}{\delta_u}$$

由式（12.25）可得对数似然函数式（12.26）：

$$l(X, \eta) = -\ln(\delta_u + \delta_\theta) + \ln[e^{a_i}\Phi(c_i) + e^{b_i}\phi(h_i)] \qquad (12.26)$$

其中，通过求出对数似然函数的最大值，即可以估计出所有参数向量 $\eta = [\beta, \delta_\theta, \delta_\mu, \delta_v]$ 的取值。可进一步推导出 θ_i 和 μ_i 的条件分布如式（12.27）和式（12.28）所示：

$$f(\theta_i | \xi_i) = \frac{\lambda \exp(-\lambda\theta_i)\Phi(\theta_i/\delta_v + c_i)}{\exp(b_i - a_i)[\Phi(h_i) + \exp(a_i - b_i)\Phi(c_i)]} \qquad (12.27)$$

$$f(\mu_i | \xi_i) = \frac{\lambda \exp(-\lambda\mu_i)\Phi(\mu_i/\delta_v + h_i)}{\Phi(h_i) + \exp(a_i - b_i)\Phi(c_i)} \qquad (12.28)$$

其中，$\lambda = 1/\delta_\mu + 1/\delta_\theta$。该模型的目的是估计出农业净收益增加量 θ_i 和农业净收益减少量 μ_i。在式（12.27）和式（12.28）基础之上，可以分别推出兼业家庭把农业补贴投入农业生产导致的净收益增加量 θ_i 和兼业家庭把农业补贴投入非农业导致的净收益减少量 μ_i 的条件期望，如式（12.29）和式（12.30）所示：

$$E(1 - e^{-\theta_i} | \xi_i) = 1 - \frac{\lambda}{1 + \lambda} \frac{[\Phi(c_i) + \exp(b_i - a_i)\exp(\delta_v^2/2 - \delta_v h_i)\Phi(h_i - \delta_v)]}{\exp(b_i - a_i)[\Phi(h_i) + \exp(a_i - b_i)\Phi(c_i)]}$$

$$(12.29)$$

$$E(1 - e^{-\mu_i} | \xi_i) = 1 - \frac{\lambda}{1 + \lambda} \frac{[\Phi(h_i) + \exp(a_i - b_i)\exp(\delta_v^2/2 - \delta_v c_i)\Phi(c_i - \delta_v)]}{\Phi(h_i) + \exp(a_i - b_i)\Phi(c_i)}$$

$$(12.30)$$

由式（12.29）和式（12.30）可推出农户配置农业补贴和家庭劳动力的净效应 NE 为：

$$NE = E(1 - e^{-\theta_i} | \xi_i) - E(1 - e^{-\mu_i} | \xi_i) = E(e^{-\mu_i} - e^{-\theta_i} | \xi_i) \qquad (12.31)$$

由以上的双边随机前沿模型可知，首先通过最大似然法估计系数向量 $\eta = [\beta, \delta_\theta, \delta_\mu, \delta_v]$，其次求出式（12.29）和式（12.30），最后就可推出农户配置农业补贴和劳动力的净效应 NE。

二 农户优化家庭资源配置对农业净收益影响

（一）数据来源和变量选取

估计以上模型使用的数据同样来自国际食物政策研究所（美国）、中国农业科学院和贵州大学 2007 年对贵州省×县 A 村、B 村和 C 村农户进行的住户调查。本书所选取的因变量为农业净收益、自变量包括户主和家庭特征变量以及农户居住地的二元变量。首先，就因变量农业净收益而言，因为无法衡量农户家庭农业劳动的报酬，所以，农业净收益等于农业总产值扣除中间要素投入，但并没有剔除家庭农业劳动的报酬。其次，就自变量的选取而言，耕地面积很大程度上影响了农业净收益和农业生产补贴的金额，因此耕地面积作为自变量之一，由表 12－1 可知，农户家庭平均的耕地面积为 3.72 亩，人均耕地面积就更小，且耕地细碎化现象严重，加之土质贫瘠，因此，每户农户家庭农业净收益均值较小。户主个体特征与农户家庭是否从事非农业存在一定的相关性，从而影响农业净收益。因此，选取务农程度、是否为汉族、受教育程度和婚姻状况为户主个人特征的自变量，其中，户主务农程度分为四种——只务农、不务农、兼业和只上学不务农——分别赋值为 1、2、3 和 4；兼业家庭户主民族为汉族的有68%；户主受教育程度从文盲、小学未毕业等直到大专及以上，分别赋值1—8，数值越高表明户主受教育程度越高；户主婚姻状况分为未婚、已婚、离婚和丧偶分别赋值1—4；家庭是否有病人、老人和小孩需要照看也会影响农户生产生活情况，因此，自变量也包括家庭每年生病人次数以及家庭老人和小孩数；是否接受农业科技培训和农户所在村的虚拟变量也作为自变量。变量的描述性统计如表 12－1 所示。

表 12－1　　　　　　　　兼业家庭状况的描述性统计

变量名	总体		兼业家庭			
	平均值	标准误	平均值	最小值	最大值	标准误
农业净收益（元）	631	8963	723	－97839	42946	8484
耕作面积（亩）	3.79	2.91	3.72	0	17.9	2.84
户主务农程度	1.89	0.98	1.87	1	4	0.98

续表

变量名	总体		兼业家庭			
	平均值	标准误	平均值	最小值	最大值	标准误
户主是否为汉族	0.69	0.46	0.68	0	1	0.47
户主受教育程度	2.63	1.43	2.63	1	8	1.45
户主婚姻状况	2.12	0.51	2.12	1	4	0.52
家庭生病人次数/年	2.52	1.84	2.44	0	10	1.81
家庭老人和小孩人数	1.45	1.31	1.41	0	8	1.29
家庭是否接受农业科技培训	0.023	0.152	0.023	0	1	0.148
B 村	0.2	0.4	0.19	0	1	0.39
C 村	0.46	0.5	0.48	0	1	0.5

注：剔除了农业净收益大于 10 万元/年和小于 -10 万元/年的异常值；因为农村老人劳动年限较长和小孩自理能力较强，所以，本书对老人和小孩的界定分别为大于 65 岁和小于 12 岁的人群。

（二）回归方程的估计结果

基于模型（12.24）所得的回归结果如表 12 - 2 所示，其中，因变量为对数的农业净收益，为了分析问题的方便，表 12 - 2 采用最小二乘和双边随机前沿估计方法，同时给出了样本总体和兼业家庭的估计结果。由表 12 - 2 可知，双边随机前沿模型估计系数的显著性与最小二乘法一致，同时兼业家庭最小二乘法调整的 R^2 为 0.21，表明可观测到的因素能够解释农业净收益份额为 21%，这反映出总干扰项 ξ_i 在解释农业净收益中的重要性，说明双边随机前沿模型拟合的效果较好。除非特别说明，以下分析都是以双边随机前沿模型下兼业家庭回归结果分析问题。估计结果显示，就兼业家庭而言，耕作面积在 1% 的显著水平下影响农业净收益，农户耕作面积提高 1%，农业净收益提高 0.78%。值得注意的是，接受农业科技培训可以使农业净收益提高 24.2%。农业科技培训使农业净收益提高较大的原因可能是农户种植经济价值更为可观的农作物，例如，调查发现，有的农户种植竹荪获得较为可观的经济效益，但是，没有接受农业科技培训是很难种植这类作物的。虽然接受农业科技培训能显著地提高农业净收益，但是，表 12 - 1 中显示只有 2.3% 的家庭接受过农业科技培训，因此，加大该地区农业科技培训的投入力度能有效地提高农业净收益。同时还发现，农户所在的地理区位对于农业净收益的影响也较为显著，地理区位反映了交通便利程度，地理区位越好交通越便利，出售农产品的交通成本就越低，农业净收益就越高。

表 12 - 2　　　　　　　　　双边随机前沿模型系数估计

变量名	最小二乘法		双边随机前沿模型	
	总体	兼业家庭	总体	兼业家庭
耕作面积（亩）	0.837	0.9	0.738	0.776
	0.091 ***	0.107 ***	0.132 ***	0.08 ***
户主务农程度	− 0.089	− 0.086	− 0.046	− 0.033
	0.053	0.063	0.041	0.05
户主是否为汉族	0.08	0.07	0.111	0.11
	0.152	0.172	0.142	0.13
户主受教育程度	0.08	0.07	0.067	0.058
	0.036 *	0.042	0.028 *	0.033
户主婚姻状况	− 0.19	− 0.256	− 0.134	− 0.165
	0.099	0.113 *	0.08	0.103
家庭生病人次数/年	− 0.006	− 0.011	− 0.014	− 0.021
	0.03	0.036	0.024	0.028
家庭老人和小孩人数	0.075	0.058	0.071	0.06
	0.041	0.05	0.031 *	0.038
家庭是否接受农业科技培训	0.7	0.909	0.46	0.48
	0.317 *	0.393 *	0.196 *	0.242 *
B 村	0.474	0.499	0.438	0.518
	0.175 **	0.203 *	0.173	0.163 **
C 村	0.407	0.381	0.382	0.423
	0.163 *	0.188 *	0.158 *	0.139 **
常数项	5.85	5.95	6.19	6.16
	0.32 ***	0.36 ***	0.362 ***	0.301 ***

变量名	最小二乘法		双边随机前沿模型	
	总体	兼业家庭	总体	兼业家庭
调整的 R^2	0.2	0.21		
LR（χ^2）			121.1	148.5
P 值			0	0
样本数	574	425	574	425

注：A 村作为参照组，＊＊＊、＊＊和＊分别表示估计系数在 1%、5% 和 10% 的显著性水平下显著，因变量为农业净收益的对数，耕作面积也为对数形式。

（三）方差分解：农业补贴影响农业净收益的效应分析

表 12 - 3 汇报了农户配置农业补贴和劳动力因素效应的分析结果，其中，随机误差项 δ_v、农业补贴和劳动力非农配置 δ_μ 和农业配置 δ_θ 都通过以上双边随机前沿模型估计出来，且都在 5% 的显著性水平下显著。由 $E(\theta - \mu) = \delta_\theta - \delta_\mu = -0.3161$，表明大多数兼业家庭把农业补贴和劳动力投入到非农业，总体而言，农业补贴降低了农业净收益，但农业补贴提高了非农业净收益，农户家庭净收益是增加的。农业净收益无法解释部分的总方差（$\delta_v^2 + \delta_\mu^2 + \delta_\theta^2$）为 1.2775，这其中 88.9% 由农户配置农业补贴和劳动力所贡献；在农户配置农业补贴和劳动力总效应中，农业补贴非农业配置相对于农业配置几乎处于一个绝对的优势地位，达到 70.5%，农业补贴配置在农业上在总效应中仅为 29.5%。这表明，农业补贴并没有达到提高兼业家庭农业净收益的作用，农户更趋向于把农业补贴和劳动力投入到非农业。

表 12 - 3　　　　　农业补贴影响农业净收益的效应分析

	变量含义	符号	系数估计值
资源	随机误差项	δ_v	0.3765
配置	农业补贴和劳动力非农配置	δ_μ	0.8949
机制	农业补贴和劳动力农业配置	δ_θ	0.5788

	变量含义	符号	系数估计值
方差 分解	随机项的总方差	$\delta_v^2 + \delta_\mu^2 + \delta_\theta^2$	1.2775
	资源配置因素影响比重	$(\delta_\mu^2 + \delta_\theta^2)/(\delta_v^2 + \delta_\mu^2 + \delta_\theta^2)$	88.90%
	农业补贴和劳动力非农配置影响比重	$\delta_\mu^2/(\delta_\mu^2 + \delta_\theta^2)$	70.50%
	农业补贴和劳动力农业配置影响比重	$\delta_\theta^2/(\delta_\mu^2 + \delta_\theta^2)$	29.50%

（四）农业补贴和劳动力优化配置对于农业净收益的影响

本部分主要关注农户配置农业补贴和劳动力在农业生产和非农业中各自导致的农业净收益变化量，对应的估计式（12.29）和式（12.30）。式（12.29）表示农户把农业补贴和劳动力配置到农业生产中获得的农业净收益增量百分比，式（12.30）表示农户把农业补贴和劳动力配置到非农业中导致的农业净收益减量百分比。就总体样本而言，农户把农业补贴和劳动力配置到农业生产中使农业净收益增加37%；而把农业补贴和劳动力配置到非农业中导致农业净收益减少46.52%。就兼业家庭而言，部分农户把农业补贴和劳动力配置到农业生产中使农业净收益增加36.7%；而另一部分农户把农业补贴和劳动力配置到非农业中导致农业净收益减少46.64%，如表12-4所示。综合作用下，就总体样本和兼业家庭而言，农户配置农业补贴和劳动力的净效应式（12.31），分别导致农业净收益下降9.52%和9.94%。根据表12-1中总体样本和兼业家庭的农业净收益均值分别为631元和723元，那么农业补贴导致总体样本和兼业家庭的农业净收益分别减少60元和72元。

图12-6、图12-7和图12-8更为直观地体现了农户对于农业补贴和劳动力的配置对于农业净收益的影响。这三张图是根据式（12.29）、式（12.30）和式（12.31）绘制出的柱状图。由图12-6可知，农户把农业补贴和劳动力配置于非农业影响农业净收益的分布具有向左拖尾的特征，意味着只有少数兼业家庭把农业补贴和劳动力全部配置到非农业，从而导致兼业家庭不再务农的情况。由图12-7可知，农户把农业补贴和劳动力配置到农业使农业净收益的增量百分

比主要集中于 40% 及以下，表明大多数兼业家庭并没有把所有的农业
补贴和劳动力配置到农业生产之上。由图 12 - 8 可知，就配置农业补
贴和劳动力而言，大多数兼业家庭的优化配置使得农业净收益下降，
这表明农户更倾向于把农业补贴和劳动力投入到非农业，以获得更高
的家庭净收益，从而使农业净收益下降。

表 12 - 4　　　　　　　　农业补贴影响农业净收益的净效应

变量	总体		兼业家庭	
	均值（%）	标准误（%）	均值（%）	标准误（%）
农业净收益增量：$E[1-\exp(-\theta)$ $\|\xi]$	37	20.95	36.7	15.36
农业净收益减量：$E[1-\exp(-\mu)$ $\|\xi]$	46.52	15.64	46.64	20.76
净效应：$E[\exp(-\mu)-\exp(-\theta)$ $\|\xi]$	-9.52	1.58	-9.94	1.58

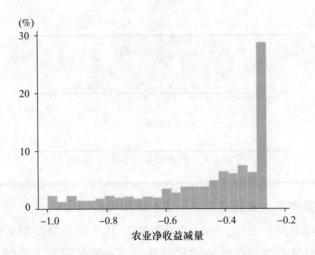

图 12 - 6　家庭资源非农业配置对净收益的影响

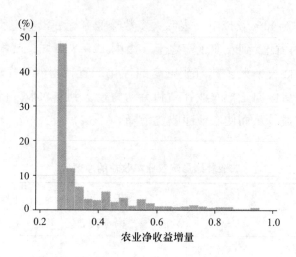

图 12 – 7　家庭资源农业配置对净收益的影响

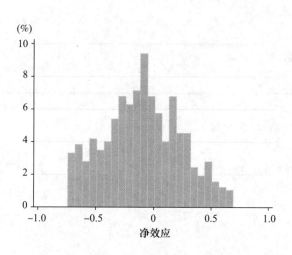

图 12 – 8　家庭资源配置的净效应

三　农业净收益的变化对于农村区域经济的影响

通过以上分析发现，由于兼业家庭具有从事非农业的优势，这会诱导兼业家庭把农业生产补贴和劳动力投入到非农业，从而获得更高的家庭净收益，但这必然不利于农业生产经营。农村区域经济的发展既离不开农业也离不开非农业，但是，通过以上数据发现兼业家庭占农户家庭总数的74%，如果以此推算，那么就会有大量的农业补贴资金被农户投入到非农业，从而损害了农业补贴政策激励农户发展农业的积极性。

下降的农业净收益对农村区域经济产生了正反两方面的作用。一方面，非农业净收益高于农业净收益，这就会激励农户把物质资源和劳动力投入到非农业，从而促进当地非农业经济的发展，推动农村劳动力进一步的转移。另一方面，由于农业生产经营以家庭为单位，农户把家庭资源和劳动力更多地投入到非农业，短期而言，这不利于农业的发展。在农村地区，或多或少存在耕地抛荒的现象，这表明农村非农业的发展挤压了以家庭为单位的农业生产经营方式。

当以家庭为单位的农业净收益低于非农业净收益时，农村经济的发展必然出现非农业经济飞速发展与农业产量下降并存的局面。例如，我国粮食生产从1998—2003年连续五年下降而非农业经济却持续增长就是一个明显的例子。但是，农业产量的下降只是短期现象，否则的话，小到不利于农村区域经济的发展，大到不利于国家长期稳定和可持续发展。为应对以家庭为单位的农业净收益不具备竞争力的局面，不少地区开始试行规模化农业生产经营方式。笔者在四川某县调研时发现，当地出现了种粮大户，其农业生产经营方式为：通过土地流转以800元/亩·年的价格向农户租入土地，把细碎的耕地集中成为一个整体，从而实现规模化和机械化经营，提高了每亩耕地的农业净收益，达到了农业净收益与非农业相竞争的水平。就农业生产补贴而言，规模化经营的种粮大户也会把补贴资金全部投入到农业生产经营中去，以获取更高的农业净收益。有的地区则是把耕地流转给农业生产经营公司，当地农户成为该公司的工人，从而实现了规模化经营的生产模式，提高了农业净收益。可以预计，未来农村区域经济的发展，一方面会因地制宜发展具有特色的非农经济，另一方面以家庭为单位的农业生产经营方式会逐渐转变为以公司为单位、规模化和机械化的农业生产经营方式，以提高每亩耕地的农业净收益。

第十三章 研究结论

第一节 新农合门诊补偿政策研究结论

本书研究了新农合门诊补偿政策对于农户需求行为的影响。简要地介绍了新农合门诊补偿政策如何影响具有不同就医习惯的两类农户，由于数据的局限性，并没有详细地分析新农合门诊补偿政策如何对第一类农户医疗需求行为产生影响。而第二类具有不及时治疗习惯的农户又会导致两种可能的状态——农户患病后未采取治疗措施，但身体能自然康复即为状态一；农户患病后未采取任何措施，小病拖成大病，从而住院治疗即为状态二。新农合门诊补偿政策对状态一和状态二医疗需求行为的影响，从而导致医疗费用的变化即为本书所述新农合门诊补偿政策的收入效应和替代效应。通过建立代表性农户因新农合门诊补偿政策导致医疗费用发生变化的模型，分析了新农合门诊补偿政策对医疗费用产生影响的路径，即新农合门诊补偿政策直接影响农户医疗需求行为，从而间接导致医疗费用的变化。估计出因新农合门诊补偿政策导致第二类农户医疗费用增长 0.5%。

新农合门诊补偿政策对第二类农户医疗需求行为的影响表现在：一方面，新农合门诊补偿政策促使农户状态一及时进行门诊治疗。虽然这增加了医疗费用，但是能使农户迅速地恢复健康，减轻了因为患病而对家庭收入能力的冲击，而且还能避免农户患病后未采取任何措施而自然康复所经历的痛苦。另一方面，新农合门诊补偿政策促使农户状态二下降低住院治疗的概率高达 12.3%，这表明新农合门诊补偿政策使农户及时进行门诊治疗避免拖成大病，有效地抵御了健康风险的冲击，因此，新农合门诊补偿政策很大程度上缓解了现阶段农户"因病致贫"和"因病返贫"的现象，对于建设社会主义和谐社会起到了积极的作用。新农合门诊补偿政策导致第二类农户医疗费用仅仅增加 0.5%，但却使具有不及时进行治疗习惯的农户改变就医行为，这在很大程度上优化了医疗资源的配置，提高了新农合农户健康的福利水平。

因为医疗费用能较好地代表健康需求，所以，新农合门诊补偿政策改变了农户健康需求行为。政府推行的新农合门诊补偿政策使农户患病后及时进行治疗，表明农户因门诊补偿提高了其自身健康需求。农户健康状况因门诊补偿而获得改善的同时，社会医疗支出并没有大幅提高，说明新农合门诊补偿政策是一个较为成功的政策措施。由于顾虑新农合既保大病又保小病会打破以县为统筹单位的新农合资金收支平衡，当初各级政府在推行新农合政策时，实施保大病而不保小病的补偿措施。在只保大病的背景下，新农合资金逐年持续盈余，使新农合资金累计盈余量较高，各级政府才试探性地实施了既保大病又保小病的政策措施。该政策既提高了农户健康状况又使新农合资金收支平衡没有被打破，说明新农合的政策措施效果在逐渐提高，农户健康福利水平也随之提升。

新农合门诊补偿政策提高了农户健康存量，从而提高了农户健康消费的天数，这意味着农户从事生产的劳动供给增加。从短期来看，农户因新农合门诊补偿政策而提高了劳动供给量，从而推动农村产量的增加，这意味着新农合门诊补偿政策推动了农村经济的增长；从长期来看，当农户根据新农合门诊补偿政策不断调整健康消费量和单位劳动物质资本存量，从而实现最优健康消费量和单位劳动最优资本存量，农户健康消费和生产决策最终处于新的均衡状态，这意味着新农合门诊补偿政策提高了最优健康消费量和最优单位劳动物质资本存量，但新农合门诊补偿政策不会继续推动农村经济的增长，因此，新农合门诊补偿政策不是长期推动农村区域经济增长的因素。

第二节　退耕还林政策研究结论

综上所述，由于 A 村大多数农户处于贫困或半贫困状态，对风险的厌恶程度高同时经受不起退耕还林的短期农业收益损失，如果政府没有发放退耕补偿费，那么农户的生计难以维持，因此，农户没有选择退耕还林。但是，农户又想获得退耕补偿费，于是使用荒地进行退荒还林，加之 A 村交通不便且地方政府有利用退耕补偿费间接反贫困的动机，于是农户退荒还林获得了退耕补偿费，农户提高了对政府的信任。在此情况下，当有关部门提供免费树苗进行扶贫时，当地农户没有栽种的原因在于把耕地留作将来退耕还林，以获得林业收益和退耕补偿费。由此可知，政府惠农政策落实的快慢取决于政府公信度对农户生产行为的影响，当农户的政府公信度不高时，农户面临的主观风险较大，此时，理性选择就是观察一段时间或者耕种政府。这就是为什么政府出台的各种惠农政策总是要经过一段时间才能惠及每位农户，例如，农村合作医疗推广、农业新品种普及等。

使用荒地退荒还林难以起到生态修复和保护的作用，同时，在荒地上种植经果林所得到的农业经济效益较低，退荒还林无法获得长期经济效益。也就是说，退荒还林既不能实现生态修复和保护，也不能起到反贫困的作用，农户只获得退耕补偿费。当退耕补偿时期结束时，农户的生产决策行为恢复到政府推行退耕还林政策之前的状态，无法实现农户从事非农业和获得持续不断农业收益的目标，而这正是政府推行退耕还林政策的初衷。因此，农户选择退荒还林短期内对于反贫困起到了一定的作用，但是，对农户长期收益没有影响，既不利于改善农户长期生产生活，也不利于农村区域经济长期的发展。

第三节　农业补贴政策研究结论

本章研究了农户家庭劳动力最优配置、贫困地区农业剩余劳动力和农业生产补贴之间的关系。首先，推导了农户根据净收益最大化决定家庭劳动力在农业和非农业之间的配置。其次，检验支持了净收益最大化是农户配置家庭农业劳动力的依据。最后，研究得出兼业家庭会把农业生产补贴和劳动力投入到非农业以获取更高的家庭净收益，从而降低了农业净收益，这不利于农业的生产经营。

农村区域经济的发展既离不开农业也离不开非农业，但是，研究发现兼业家庭占农户家庭的比例高达74％，如果以此推算，那么就会有大量的农业补贴资金被农户投入到非农业，从而损害了农业补贴政策激励农户发展农业的积极性。农业净收益的下降对农村区域经济产生了正反两方面的作用。一方面，非农业净收益高于农业净收益，这就会激励农户把物质资源和劳动力投入到非农业，从而促进当地非农业经济的发展，推动农村劳动力进一步的转移。另一方面，由于农业生产经营以家庭为单位，农户把家庭资源和劳动力更多地投入到非农业，就短期而言，这不利于农业的发展。在农村地区，或多或少存在耕地抛荒的现象，这表明农村非农业的发展挤压了以家庭为单位的农业生产经营方式。

当以家庭为单位的农业净收益低于非农业时，农村经济的发展必然会出现非农业经济飞速发展与农业产量下降并存的局面。为应对以家庭为单位的农业净收益不具备竞争力的局面，不少地区开始试行规模化农业生产经营方式。可以预计，未来农村区域经济的发展会因地制宜发展具有特色的非农经济，同时，以家庭为单位的农业生产经营方式会逐渐转变为以公司为单位、规模化和机械化的农业生产经营方式。

第四节　收入流动性研究结论

　　较高的收入差距导致南美国家社会剧烈动荡和陷入"中等收入陷阱",而我国较高的收入差距和严重的收入极化问题却没有引发社会剧烈动荡。原因在于居民收入水平不是一成不变的,低收入居民可以通过持续不断的努力而变为高收入阶层,这种激励机制避免了富者越富、贫者越贫的收入僵化现象,这说明今天的穷人可能会变成明天的富人;反之亦然。陷入"中等收入陷阱"的南美国家不但收入差距较高而且收入流动性较低,这意味着富者越富、贫者越贫,穷人难以通过自身努力成为富人。只要有希望成为富人,现在贫困并不重要,但是,一旦希望都不存在了,那么社会必然会动荡不安,这就是南美国家的困局。

　　居民收入流动性越高,社会能承受的收入差距就越大。因此,我国能承受多大的收入差距,取决于收入流动性的高低。虽然改革开放打破了传统的收入分配体制和格局,使收入差距迅速上升,但是,也大大激励了居民工作的积极性、主动性和能动性,使社会出现了大量的"万元户"等白手起家者,这意味着居民收入流动性较高。这说明我国较高的收入差距伴随着较高的收入流动性,收入流动性的正面作用抵消了收入差距的负面影响,从而保证了社会稳定,经济持续增长。改革之初,中国人口主要集中在农村地区,农村地区的安定团结至关重要,可喜的是,研究发现,农村地区居民收入流动性比城市更高,这意味着农村居民成为富人的可能性更高,这保证了农村地区的社会和谐。相比较而言,城市收入流动性相对较低,社会治安状况也不如农村。

　　研究发现,在我国较高收入差距的背景之下,居民收入流动性表现为下降趋势,与此同时,经济新常态意味着经济增长速度将放缓。在这些不利因素之下,如何扭转收入流动性下降趋势应该是收入分配改革首要考虑的问题。研究发现,人力资本缓解了工资收入流动性的下降趋势，这归因于人力资本报酬效应，即上升的人力资本回报率缓解了工资收入流动性的下降趋势。政府应该从以下三个方面入手：

其一，加快完善劳动报酬价格由市场决定的机制。我国生产要素定价机制不健全，要素收益尤其是劳动报酬价格被低估，这不利于提高居民收入流动性。劳动报酬价格要由市场决定的前提条件就是要改变劳动者在工资定价中的谈判地位，由工资的接受者转变为工资制定的参与者，在我国工会组织没有发挥这一职能的背景下，加快实施工资协商机制，让劳动者参与到工资制定中来，从而提高劳动报酬价格，这有利于改变居民收入流动性。

其二，完善政府监管职能，构建自由竞争的人才市场。越是自由竞争的人才市场，就越能实现人力资本与工作岗位的优化配置，从而使得人力资本决定居民工资收入，那么工资收入的交换流动性就会越高，从而降低了工资差距，提高了社会福利水平。

其三，完善劳动合同制度，以加快人才充分自由流动。现有一些企业强制要求高技能劳动者签订较长时期的劳动合同，以保证高技能型人才队伍的稳定，而对于低技能劳动者要么不签订正式劳动合同，要么签订劳动合同时期较短，以便于调节企业职工规模。这样的制度安排无论是对于高技能还是低技能劳动者来说都不公平，限制了人力资源的充分自由流动性，市场机制就难以调节劳动报酬价格。因此，政府应该要完善劳动合同制度，对企业加以监管，保证人力资源队伍的充分自由流动。

在中国经济"新常态"下，益贫式增长应该是政府首要目标，各级政府不但要关注产业升级和经济结构转型，更要关注经济增长过程中如何让穷人获益的问题。根据本书研究结论，益贫式增长不一定降低居民收入差距，这是由于益贫式增长在缩小穷人与富人收入差距的同时，引起了居民社会经济地位的大幅流动，这又扩大了居民收入差距，当后者的作用力大于前者时，益贫式增长就会扩大居民收入差距。如果益贫式增长扩大了居民收入差距，意味着居民社会经济地位大幅流动，今天的穷人能变成明天的富人；反之亦然。说明居民相对收入流动性（收入地位的变化）较高，在较高收入流动性下社会能承受较高的收入差距。如果益贫式增长缩小了居民收入差距对于社会来说福利水平在上升。因此，只要经济增长实现了益贫式增长，无论收入差距如何变化，社会福利都是在提高的。虽然我国农村收入差距高于城市并且这种收入差距没有呈现出下降趋势，但是，值得庆幸的是，农村收入增长表现为较高益贫式增长的同时伴随着居民社会经济地位的大幅流动，表明农村居民收入不是一成不变的，低收入者可以通过外出务工、从事非农行业等措施，不断地努力可以成为高收入居民，这种激励机制避免了农村收入僵化和社会剧烈动荡。与此同时，虽然城市收入差距低于农村，但是，表现为波浪式上升的趋势，并且益贫式增长程度不及农村。在我国城市化进程不断加快的今天，城市人口所占比例与日俱增，长期而言，如何把城市经济增长转变为益贫式增长是政府应该首要考虑的问题。

就现阶段我国益贫式增长而言，研究发现，当研究益贫式增长考虑到绝对收入流动性时，不但弱绝对益贫式增长程度大于以往研究结论，而且弱绝对益贫式增长处于上升趋势。与此同时，居民收入增长体现为二阶益贫式增长，即低收入群体的平均收入增量或者平均收入增速都大于高收入群体。就社会角度而言，在二阶益贫式增长下，社会福利水平尤其是低收入群体的社会福利水平都增加了，但增速是递减的。由于我国具有较高的绝对收入流动性，保证了居民收入增长表现为二阶益贫式增长，从而提高了社会福利水平。然而，一方面，我国居民收入流动性处于下降趋势；另一方面，中国经济"新常态"标志着经济增速将变缓，这两个方面的不利因素将会对我国益贫式增长产生不利影响。如果政府不加以相应的干预措施，益贫式增长将处于下降趋势，这不利于缩小社会的安定团结。因此，本书再次证明了在中国经济"新常态"下，益贫式增长应该是政府收入分配改革的首要目标。各级政府经常提到要转变经济增长方法，那么新经济增长方式的内涵中就应该明确提到实现益贫式增长目标，并且作为考核各级政府经济发展水平的首要指标。

参考文献

［1］蔡昉：《破解农村剩余劳动力之谜》，《中国人口科学》2007 年第 2 期。

［2］蔡昉：《农村劳动力剩余及其相关事实的重新考察》，《中国农村经济》2007 年第 10 期。

［3］蔡昉：《人口转变、人口红利和刘易斯转折点》，《经济研究》2010 年第 4 期。

［4］曹芳：《粮食补贴改革研究——以江苏省的调查为例》，《当代财经》2005 年第 4 期。

［5］曹光乔：《农业机械购置补贴对农户购机行为的影响》，《中国农村经济》2010 年第 6 期。

［6］陈波：《直接补贴、科技兴农与粮食生产》，《统计与决策》2005 年第 11 期。

［7］陈飞：《农业政策、粮食产量与粮食生产调整能力》，《经济研究》2010 年第 11 期。

［8］陈珂：《基于发展预期的农户退耕还林后续产业参与行为影响因素分析》，《林业经济问题》2011 年第 1 期。

［9］陈前恒：《农户动员与贫困村内部发展性扶贫项目分配》，《中国农村经济》2008 年第 3 期。

［10］陈庆贵：《政府公信度考核本身就是一种公信》，光明网，2007 年 6 月 28 日第 4 版。

［11］陈文龙：《温州试水政府公信度考核》，《都市快报》2007 年 6 月 24 日第 3 版。

［12］陈薇：《粮食直接补贴政策的效果评价与改革探讨》，《农业经

济》2006 年第 8 期。

[13] 崔海兴：《退耕还林工程对耕地利用影响的实证分析》，《农村经济》2009 年第 3 期。

[14] 邓小华：《粮食流通体制改革的经济效应分析》，《农业经济问题》2004 年第 5 期。

[15] 丁少群：《政策性农业保险经营技术障碍与巨灾风险分散机制研究》，《保险研究》2011 年第 6 期。

[16] 范红忠：《家庭内部和家庭外部的农村剩余劳动力及民工荒：基于湖北汉川的农户调查》，《世界经济》2010 年第 11 期。

[17] 封进：《中国农村医疗保障制度：一项基于异质性个体决策行为的理论研究》，《经济学》（季刊）2007 年第 4 期。

[18] 封进：《中国农村医疗保障制度的补偿模式研究》，《经济研究》2009 年第 4 期。

[19] 封进：《新型农村合作医疗对县村两级医疗价格的影响》，《经济研究》2010 年第 11 期。

[20] 高梦滔：《健康冲击下的农户收入能力与村级民主》，《中国人口科学》2006 年第 1 期。

[21] 高梦滔：《新型农村合作医疗与农户卫生服务利用》，《世界经济》2010 年第 10 期。

[22] 高涛：《政策性农业保险巨灾风险分担机制模拟》，《中国农村经济》2009 年第 3 期。

[23] 顾昕：《公共财政体系与新型农村合作医疗筹资水平研究》，《财经研究》2006 年第 11 期。

[24] 郭颂平：《地区经济差距、财政公平与中国政策性农业保险补贴模式选择》，《保险研究》2011 年第 6 期。

[25] 韩喜平：《我国粮食直接补贴政策的经济学分析》，《农业技术经济》2007 年第 3 期。

[26] 胡巧芳：《新农合"门诊统筹"研究进展分析》，《卫生经济研究》2010 年第 8 期。

[27] 哈尔·范里安：《微观经济学：现代观点》，费方域译，上海三

联书店、上海人民出版社 2006 年版。

[28] 金莲：《农村义务教育政策对农村贫困的影响评估》，《中国农村经济》2007 年专刊。

[29] 孔玲：《对我国粮食直接补贴政策的分析与评价》，《农业科技管理》2006 年第 6 期。

[30] 李功奎：《农地细碎化、劳动力利用和农民收入——基于江苏省经济欠发达地区的实证研究》，《中国农村经济》2006 年第 4 期。

[31] 李明桥：《新型农村合作医疗门诊补偿政策对农户医疗需求与费用的影响》，《农业技术经济》2011 年第 4 期。

[32] 李明桥：《人力资本对工资收入流动性的影响》，《云南财经大学学报》2015 年第 5 期。

[33] 李明桥：《收入结构对农村贫困状况的影响》，《南京农业大学学报》2016 年第 6 期。

[34] 李鹏：《粮食直接补贴政策对农民种粮净收益的影响分析》，《农业技术经济》2006 年第 1 期。

[35] 李毅伟：《对种粮农民直接补贴的政策效应与完善思路》，《农村经营管理》2006 年第 3 期。

[36] 黎洁等：《可持续生计分析框架下西部贫困退耕山区农户生计状况分析》，《中国农村观察》2009 年第 5 期。

[37] 梁世夫：《粮食安全背景下直接补贴政策的改进问题》，《农业经济问题》2005 年第 4 期。

[38] 廖秀建：《粮食直接补贴政策的经济分析》，《全国商情》2007 年第 11 期。

[39] 林毅夫：《林毅夫："中国奇迹"的经济学解释》，《理论导报》2010 年第 3 期。

[40] 罗向明：《收入调节、粮食安全与欠发达地区农业保险补贴安排》，《农业经济问题》2011 年第 1 期。

[41] 罗向明：《地区补贴差异、农民决策分化与农业保险福利在分配》，《保险研究》2011 年第 5 期。

[42] 刘克春：《粮食生产补贴政策对农户粮食种植决策行为的影响与作用机理分析》，《中国农村经济》2010年第2期。

[43] 梁润：《医疗保险的福利效应》，《南方经济》2010年第6期。

[44] 卢洪友：《中国医疗服务市场中的信息不对称程度测算》，《经济研究》2011年第4期。

[45] 罗光强：《财政支粮政策、粮食产出稳定性及其影响研究》，《农业技术经济》2010年第4期。

[46] 马彦丽：《粮食直接补贴政策对农户种粮意愿、农民收入和生产投入的影响》，《农业技术经济》2005年第2期。

[47] 穆月英：《我国农业补贴政策的SCGE模型构建及模拟分析》，《数量经济技术经济研究》2009年第1期。

[48] 彭克强、鹿新华：《中国财政支农投入与粮食生产能力关系的实证分析》，《农业技术经济》2010年第9期。

[49] 冉圣宏：《生态退耕对安塞县土地利用及其生态服务功能的影响》，《中国人口·资源与环境》2010年第3期。

[50] 邵传林：《退耕还林：农户、地方政府与中央政府的博弈关系》，《中国人口·资源与环境》2010年第2期。

[51] 史耀波：《劳动力移民对农村地区反贫困作用的评估》，《中国农村经济》2007年专刊。

[52] 施红：《政策性农业保险中的保险公司激励机制研究》，《保险研究》2010年第5期。

[53] 司晓杰：《粮食补贴政策的协同效应分析》，《经济与管理》2009年第11期。

[54] 宋璐：《农村老年人医疗支出及其影响因素的性别差异：以巢湖地区为例》，《中国农村经济》2010年第5期。

[55] 宋长鸣：《退耕还林背景下桑蚕茧技术效率及生产弹性分析》，《林业经济》2011年第6期。

[56] 帅传敏：《中国农村扶贫项目管理效率的定量分析》，《中国农村经济》2008年第3期。

[57] 田秀娟：《农户对新型农村合作医疗制度的综合评价》，《中国

农村经济》2010 年第 5 期。

[58] 汪小勤：《基于农业公共投资视角的中国农业技术效率分析》，《中国农村经济》2009 年第 5 期。

[59] 王厚俊：《政府公信度对农户退耕还林行为影响的实证研究》，《农业经济与管理》2010 年第 3 期。

[60] 王姣：《中国粮食直接补贴政策效果评价》，《中国农村经济》2006 年第 12 期。

[61] 王术华：《退耕还林后期农户复耕意愿选择研究分析》，《林业经济问题》2010 年第 6 期。

[62] 吴仁寿：《评论：政府公信度纳入绩效考核值得推崇》，光明网，2007 年 6 月 29 日。

[63] 肖国安：《粮食直接补贴政策的经济学解析》，《中国农村经济》2005 年第 3 期。

[64] 肖海峰：《农民对粮食直接补贴政策的评价与期望》，《中国农村经济》2005 年第 3 期。

[65] 解垩：《与收入相关的健康及医疗服务利用不平等研究》，《经济研究》2009 年第 2 期。

[66] 解垩：《城镇医疗保险改革对预防性储蓄有挤出效应吗?》，《南方经济》2010 年第 9 期。

[67] 谢旭轩：《退耕还林对农户可持续生计的影响》，《北京大学学报》2010 年第 3 期。

[68] 谢旭轩：《应用匹配倍差法评估退耕还林政策对农户收入的影响》，《北京大学学报》2011 年第 4 期。

[69] 王绍光：《学习机制与适应能力：中国农村合作医疗体制变迁的启示》，《中国社会科学》2008 年第 6 期。

[70] 杨友孝：《我国粮食直接补贴政策的理论分析》，《经济理论》2006 年第 6 期。

[71] 叶雷：《政府公信度考核与政府再造》，四川新闻网，2007 年 6 月 24 日。

[72] 于洋：《政策性补贴对中国农业保险市场影响的协整分析》，

《中国农村经济》2009 年第 3 期。

[73] 臧文如:《财政直接补贴政策对粮食数量安全的效果评价》,《农业技术经济》2010 年第 12 期。

[74] 张广科:《新型农村合作医疗制度目标及其实现路径》,《中国人口科学》2010 年第 4 期。

[75] 张佩颖:《中国成为"世界的工厂"》,《市场报》2011 年 7 月 18 日第 13 版。

[76] 张晓波:《中国经济到了刘易斯转折点了吗?》,《浙江大学学报》2009 年第 9 期。

[77] 赵德余:《解释粮食政策变迁的观念逻辑:政治经济学的视野》,《中国农村经济》2010 年第 4 期。

[78] 赵志刚:《农户医疗需求的约束因素分析——以京郊农民为例》,《中国农村观察》2006 年第 3 期。

[79] 赵忠:《我国农村人口的健康状况及影响因素》,《管理世界》2006 年第 3 期。

[80] 赵显洲:《关于"刘易斯转折点"的几个理论问题》,《经济学家》2010 年第 5 期。

[81] 钟钰:《中国农村劳动力的变动及剩余状况分析》,《中国人口科学》2007 年第 6 期。

[82] 朱信凯:《新型农村合作医疗中的"逆向选择"问题:理论研究与实证分析》,《管理世界》2009 年第 1 期。

[83] 朱明珍:《退耕还林工程对农户劳动力供给的影响分析》,《林业经济》2011 年第 7 期。

[84] Aakvik, A., "Bounding a Matching Estimator: The Case of a Norwegian Training Program", *Oxford Bulletin of Economics and Statistics*, No. 63, 2001, p. 115.

[85] Abadie, A., Drukker, D., Herr, J. L. and Imbens, G. W., "Implementing Matching Estimator for Average Treatment Effect in Stata", *The Stata Journal*, Vol. 1, No. 2, 2001, p. 1.

[86] Abadie, A. and Guido W. Imbens, "Sample and Bias-Corrected

Matching Estimators for Average Treatment Effect", *NBER Working Paper*, No. 283, 2002, p. 20.

[87] Alston, J. M. and Hurd, B. H., "Some Neglected Social Costs of Government Spending in Farm Program", *American Journal of Agricultural Economics*, No. 72, 1990, p. 149.

[88] Alston, J. ed., *A Meta-Analysis of Rates of Return to Agricultural R&D, Ex Pede Herculem?* Washington, D. C. : International Food Policy Research Institute, 2000, p. 113.

[89] Becker, Gary S., *Human Capital*, New York: Columbia University Press (for Nat. Bur. Econ. Res.), 1964, p. 58.

[90] Becker, Gary S., "A Theory of the Allocation of Time", *Economics*, No. 75, 1965, p. 493.

[91] Benedict, M. R., *Farm Policies of the United States*, New York: McGraw-Hill, 1953.

[92] Bruce A. Babcock, "The Politics and Economics of the U. S. Crop Insurance Program", The National Bureau of Economic Research, *Working Paper*, No. c12109, 2010, p. 58.

[93] Bullock, D. S., Salhoferam, K. and Kola, J., "The Normative Analysis of Agricultural: A General Framework and Review", *Journal of Agricultural Economics*, Vol. 50, No. 3, 1999, p. 512.

[94] Caliendo, M., Hujer, R. and Thomsen, S., "The Employment Effects of Job Creation Schemes in Germany—A Microeconometric Evaluation", *IZA*, No. 1512, 2005, p. 58.

[95] Chan, Anita, Ben Kerkvliet and Jonathon Unger, "Comparing Vietnam and China: An Introduction", *Economics*, 1999, p. 1.

[96] Danel A. Sumner, Julian M. Alston and Joseph W. Glauber, "Evolution of the Economics of Agricultural Policy", *American Journal of Agricultural Economics*, 2010, p. 401.

[97] Dardis, R., "The Welfare Cost of Grain Protection in the United Kingdom", *Journal of Farm Economics*, No. 49, 2009, p. 597.

[98] Dardis, R. and Learn, E., "Measures of the Degree and Cost of Economic Protection of Agriculture in Selected Countries", *Economic Research Services*, *USDA Technical Bulletin*, No. 1384, 1967, p. 102.

[99] Davis, J. S., *Wheat and the A. A. A*, Washingto D. C. : Brooking Institution, 1935.

[100] DiPreter, T. and Gangl, M., "Assessing bias in the Estimation of Causal Effect: Rosenbaum bounds on Matchin Estimators and Instrumental Variables Estimation with Imperfect Instruments", *Working Paper*, WZB, 2004, p. 43.

[101] Ethan Ligon, "Supply and Effects of Specialty Crop Insurances", The National Bureau of Economic Research, *Working Paper*, No. W16709, 2011, p. 150.

[102] Fan, Shenggen, "Effects of Technological Change and Institutional Reform on Production Growth in Chinese Agriculture", *American Journal of Agricultural Economics*, No. 73, 1991, pp. 266 – 275.

[103] Fan, Shenggen, Hazell, P. and Thorat, S., "Government Spending, Agricultural Growth and Poverty in Rural India", *American Journal of Agricultural Economics*, Vol. 82, No. 4, 2000a, p. 20.

[104] Fan, Shenggen, Zhang, L. and Zhang, X., "Growth, Inequality, and Poverty in Rural China: The Role of Public Investment", *Environment and Production Technology*, no. 66. 2000b, p. 150.

[105] Fan, Shenggen, Linxiu Zhang and Xiaobo Zhang, "Growth and Poverty in Rural China: The Role of Public Investments", *Economics*, 2002, p. 70.

[106] Fan, Shenggen, Cheng Fang and Xiaobo Zhang, "Agricultural Research and Urban Poverty: The Case of China", *Journal of World Development*, Vol. 31, No. 4, 2003, p. 733.

[107] Fujita, M., Krugman, P., Venables, A. J., *Spatial Economy: Cities, Regions and International Trade*, The MIT Press, 1999.

[108] Green, David J. and Richard Vokes, W. A., "Agriculture and

the Transition to the Maeket in Asia", *Journal of Compare Economics*, *No. 25*, *1998*, *pp. 250 – 280.*

[109] Grossman, Michael, *The Demand for Health: A Theoretical and Empirical Investigation*, New York: Columbia University Press For The National Bureau of Economic Research, 1972.

[110] Guido W. Imbens and Jeffrey M. Wooldridge, "Recent Developments in the Econometrics of Program Evaluation", *Journal of Economic Literature*, No. 5, 2009, p. 86.

[111] Gustav Ranis and John C. H. Fei, "A Theory of Economic Development", *The American Economic Review*, Vol LI, No. 4, 1961, p. 533.

[112] Hazell, P. and Haddad, L. , "Agricultural Research and Poverty Reduction", *IFPRI* 2020 *Discussion Paper*, 2001.

[113] Howell, L. D. , "Benefits versus Cost of Price Supports", *Quarterly Journal of Economics*, No. 68, 1954, p. 115.

[114] Jerry R. Skees and Michael R. Reed, "Rate Making for Farm-Level Crop Insurance: Implications for Adverse Selection", *American Journal of Agricultural Economics*, Vol. 68, No. 3, 1986, pp. 56.

[115] Jin, Songqing, Jikun Huang, Ruifa Hu and Scott Rozelle, "The Creation and Spread of Technology and Total Factor Productivity in China's Agriculture", *American Journal of Agricultural Economics*, Vol. 84, No. 4, 2002, p. 916.

[116] Johnston, Stanley R. , Aziz Bouzaher, Alicia Carriquiry, Helen H. Jesen and Laksminarayan, P. , "Production Efficiency and Agricultural Reform in Ukraine", *American Journal of Agricultural Economics*, Vol. 76, No. 3, 1994, p. 629.

[117] Johnson, D. G. , *Forward Prices for Agriculture*, University Press of Chicago Press, 1947.

[118] Josling, T. , "A Formal Approach to Agricultural Policy", *Journal of Agricultural Economics*, No. 20, p. 175.

[119] Kerr, J. and Kovavalli, S. , "Impact of Agricultural Research on Poverty Alleviation: Conceptual Framework with Illustrations from Literature", *Environment and Production Technology*, No. 56, 1999, p. 203.

[120] Koopmans, Tjalling C. , "On the Concept of Optimal Economic Growth", In the Econometric Approach to Development Planning. Amsterdam: North Holland, 1965.

[121] Kumbhakar, S. C. and Parmeter, C. F. , "The Effect of Match Uncertainty and Bargaining on Labor Market Outcomes: Evidence from Firm and Worker Specific Estimates", *Journal of Productivity Analysis*, Vol. 31, No. 1, 2009, pp. 1 – 14.

[122] Lardy, Nicholas, *Agriculture in China's Modern Economic Development*, Cambridge: Cambridge U. Press, 1983.

[123] Lechner, M. , "A Note on the Common Support Problem in Applied Evaluation Studies", *Discussion Paper*, SIAW, 2000.

[124] Lin, Justin Yifu, "Education and Innovation Adoption in Agriculture: Evidence from Hybrid Rice in China", *American Economic Review*, Vol. 73, No. 3, 1991, p. 34.

[125] Lin, Justin Yifu, "Rural Reforms and Agricultural Growth in China", *American Economic Review*, Vol. 82, No. 1, 1992, p. 34.

[126] Lin, J. Y. , "Rural Reform and Agricultural Growth in China", *American Economic Review*, Vol. 82, No. 1, 1992, pp. 34 – 51.

[127] Mario J. Miranda, "Area-Yield Crop Insurance Reconsidered", *American Journal of Agricultural Economics*, Vol. 73, No. 2, 1991, p. 120.

[128] Mario J. Mianda and Joseph W. Glauber, "Systemic Risk, Reinsurance, and the Failure of Crop Insurance Markets", *American Journal of Agricultural Economics*, Vol. 79, No. 1, 1997, p. 89.

[129] McMillan, John, John Whalley and Lijing Zhu, "The Impact of China's Economic Reforms on Agricultural Productivity Growth", *Journal of Political Economy*, Vol. 97, No. 4, 1989, p. 781.

[130] McMillan, John, *Reinventing the Bazaar: A Natural History of Markets*, NY: W. W. Norton & Co., 2002.

[131] Meyer, B. D., "Natural and Quasi-Experiments in Economics", *Journal of Business & Economic Statistics*, Vol. 13, 1995, p. 151.

[132] Nours, E. G., Davis, J. S. and Black, J. D., *Three Years of the Agricultural Adjustment Administration*, Washington D. C.: Brookings Institution, 1937.

[133] Nerlove, M., *The Dynamics of Supply: Estimation of Farm Supply Response to Price*, Baltimore: Johns Hopkins University Press, 1958.

[134] Nguyen, Tin, Chen Enjiang and Findlay Christopher, "Land Fragmentation and Farm Productivity in China in the 1990s", *China Economic Review*, Vol. 7, No. 2, 1996, p. 169.

[135] Perkins, "Completing China's Move to the Market", *Journal of Economics Perspect*, Vol. 8, No. 2, 1994, p. 23.

[136] Philip H. Brown, Erwin Bulte and Xiaobo Zhang, "Positional Spending and Status Seeking in Rural China", *Journal of Development Economics*, Vol. 96, No. 1, 2011, p. 139.

[137] Ramsey, Frank, "A Mathematical Theory of Saving", *Economical Journal*, No. 138, 1928, p. 543.

[138] Rosenbaum, P. R. and Rubin, "The Central Role of the Propensity Score in Observational Studies for Causal Effects", *Biometrika*, Vol. 70, No. 1, 1983, p. 41.

[139] Rosenbaum, P. R. and Rubin, "Constructing a Control Group Using Multivariate Matched Sampling Methods that Incorporate the Propensity Score", *American Statistics*, Vol. 6, 1985, p. 34.

[140] Rosenbaum, P. R., *Observational Studies*, New York: Spring, 2002.

[141] Schultz, T. W., *Agriculture in an Unstable Economy*, New York: McGraw-Hill, 1945.

[142] Sen, Amartya K., "Peasants and Dualism with or without Surplus Labor", *Journal of Political Economy*, Vol. 74, No. 5, 1966, p. 425.

[143] Stephen Morris, Matthew Sutton, Hugh Gravelle, "Inequity and Inequity in the Use of Health Care in England: An Empirical Investigation", *Social Science and Medicine*, No. 60, 2005, p. 1251.

[144] Taylor, J. R., "Rural Employment Trends and the Legacy of Surplus Labour 1978 – 1986", *The China Quarterly*, No. 116, 1988, p. 736.

[145] Lewis, W. A., "Economic Development with Unlimited Supplies of Labor", *The Manchester School*, Vol. 22, No. 2, 1954, p. 139.

[146] Wallace, T. D., "Measures of Social Costs of Agricultural Programs", *Journal of Farm Economics*, No. 44, 1962, p. 580.

[147] Wan, G. H. and Cheng, E. J., "Effects of Land Fragmentation and Returns to Scale in Chinese Farming Sector", *Applied Economics*, Vol. 33, No. 2, 2001, p. 183.

[148] World Bank, *World Development Report* 2000/2001, Washington, D. C. : World Bank, 2011.

[149] World Bank, *China Quarterly Update*, World Bank Beijing Office, 2007.

[150] Zhao Yaohui, "Migration and Earnings Difference: The Case of Rural Chian, Economic Development and Cultural Change", Vol. 47, No. 4, 1999, p. 767.